学校理科で探究する生活科学

― 生活科学的アプローチによる学校理科の学習転換 ―

エネルギー・電磁波・放射能

桐山信一 著

大学教育出版

序　文

　私たちは、交通事故や病気などの様々なリスクに取り囲まれて生きている。とりわけ放射能は、見えない、感じない、すぐに影響が出ないなど、その恐怖は得体が知れない。2011年3月11日に起こった東京電力福島第1原子力発電所事故の1週間後、国は17日までの放射性降下物のデータを公表しないまま、18日になって食料の暫定基準値を発表した。放射性セシウムに関しては、野菜や米、肉類について1キログラムあたり500ベクレルという、世界一甘い部類の基準である。国民の大多数はこれを鵜呑みにして、これ以内だと安全であると思っている。また、放射能についても、ベクレルという単位自体もよくわかっていないし、その人体への影響について科学的に理解しているとは到底言えない。すなわち、批判的・合理的態度に欠けていることに加えて、知識も少ないように見える。これは、決して国民一人ひとりの責任ではなく、国の理科教育に責任の大部分がある。筆者の高校物理教員時代を振り返ってみると、中学・高校の理科について一般に言えることは、次の2点である。

　・生徒が卒業して生活者になったとき、役立つような知識が少ない。
　・科学的リテラシーにつながる指導が、ほとんど行われていない。

　たしかに、学校理科で習う原子力に関連する知識は極めて乏しいし、国の作った原子力副読本などには、批判的な内容が記述されていない。したがって、批判力と知識がない生徒にとっては、「原子力は温暖化ガスを出さない」などの欺瞞が見抜けず、一方的な原子力推進授業となる可能性が高い。

　一方、現在では生活科学と総称される学問は、従来の衣食住の学問以上の内容を有し、環境科学的な広がりを見せている。筆者は、学校理科の中に、卒業生が市民・生活者となって展開する"生活科学"的な要素を内蔵させなければならないと考えている。それは、学校理科を純粋科学や産業科学だけではなく、主に生活科学につなごうとする試みでもある。

　本書の読者としては、小学校教員を志望する学生諸氏、中学・高等学校の理科教員を志望する学生諸氏、小学校の現職教員諸氏、中学・高等学校の現職理科

教員諸氏を対象に考えている。本書は4章立てとした。第1章では、学校理科の現状と課題を踏まえ、生活科学の学問的態度を参考にしながら、学校理科において科学的リテラシーを身に付けるための指導法である生活科学的アプローチについて検討する。学校理科で学ぶ主たる内容は、自然認識における基本概念である「波・粒子」と「エネルギー」である。第2章では、「波」について、人間と電磁波、太陽紫外線、放射線に関連する内容における生活科学的アプローチの実例を示す。第3章では、「粒子」「エネルギー」について、「熱機関」「エントロピー」「粒子的モデル」「原子核と放射能」「原発事故・核実験と放射能拡散」に関連する内容における生活科学的アプローチの実例を示す。第2・3章に示した実例は、今後の教育実践のたたき台となるものであり、中には考え違いがあるかもしれない。読者におかれては、これらを批判・検討していただきながら、読者個々の生活科学的アプローチを展開されることを切に望む。共々に、日本の理科教育を少しでもよい方向に転換させていきたいと考える次第である。最後に、第4章では生活科学的アプローチで培う科学的リテラシーに関連させながら、学校理科のこれからを考えたい。

2012年3月

桐山信一（*Dr.Kiriyama*）

学校理科で探究する生活科学
―生活科学的アプローチによる学校理科の学習転換―
【エネルギー・電磁波・放射能】

目　次

序　文 ……………………………………………………………… i

第1章　学校理科と生活科学 ………………………………………… 1
第1節　学校理科の現状と課題　1
1. 子どもの理科離れの始まり―10年以上前の状況―　1
2. 国を滅ぼす教師の理科ばなれ　9

第2節　生活科学と科学的リテラシー　14
1. 学校における家庭科の実施とその意味　14
2. 家政学から生活科学へ　15
3. 生活科学系の学会　16
4. 生活科学と科学的リテラシー　18

第3節　学校理科の生活科学的アプローチ　20
1. 学習者の体験活動・探究的活動を重視する教育への転換　20
2. 理科・物理の学習転換変換と生活科学　22

第2章　学校で学ぶ電磁波から生活科学へ …………………………… 26
第1節　人間と電磁波　26
1. 学校での電磁波学習　26
2. 電界と磁界の理解　29
3. 変動する電磁場（電磁波）の生成　32
4. 電磁波学習の生活科学的アプローチ I
　　―基準値と人体影響を調べる―　34
5. 電磁波学習の生活科学的アプローチ II
　　―身の回りの電磁波を測る―　40
6. 学校理科の電磁波学習における生活科学的アプローチの必要性　45

第2節　人間と太陽紫外線　45
1. 太陽紫外線の生活科学的アプローチ I
　　―太陽光に紫外線は存在するか？―　46
2. 太陽紫外線の生活科学的アプローチ II
　　―登山で日焼けするのはなぜか？―　47

3. 太陽紫外線の生活科学的アプローチⅢ
　　　　―箔検電器が紫外線測定器？― *51*

第3節　人間と放射線　*57*

　　1. 光量子　*57*

　　2. 自然放射線　*60*

　　3. 放射線学習の生活科学的アプローチ
　　　　―放射性鉱物を用いたγ線の実験―　*64*

第3章　学校で学ぶエネルギーから生活科学へ …………………… *70*

第1節　技術の基礎Ⅰ―熱と仕事―　*70*

　　1. 学校でのエネルギー学習　*70*

　　2. 熱量の概念と仕事の概念　*73*

　　3. 1ジュールの仕事は1ジュール（0.24カロリー）の熱になるのか？　*75*

第2節　技術の基礎Ⅱ―熱機関―　*81*

　　1. 蒸気機関の技術　*82*

　　2. 生活科学的アプローチによる熱機関の学習Ⅰ
　　　　―蒸気機関の製作と始動―　*83*

　　3. 気体の法則から得られた絶対温度目盛り　*87*

　　4. カルノー効率　*90*

第3節　水スターリング熱機関の教材化　*93*

　　1. 水スターリング熱機関の研究史　*93*

　　2. 水スターリング熱機関の作動原理　*94*

　　3. 生活科学的アプローチによる熱機関の学習Ⅱ―高校生による水スターリング熱機関の製作を通した熱機関の概念理解―　*96*

　　4. H管で作る水スターリング熱機関の力学的特性　*101*

　　5. 熱機関の概念（周期的動作）の理解に向けて　*103*

第4節　不思議な熱機関―水飲み鳥―　*108*

　　1. 水飲み鳥の作動と理科教材化　*110*

　　2. 水飲み鳥とアインシュタイン　*112*

　　3. 水飲み鳥はなぜ首を振るのか？　*112*

    4. 水飲み鳥の温度測定　*115*

    5. 水飲み鳥の熱的動作解明に向けて　*118*

    6. 熱的な作動に関するモデル　*121*

第5節　エネルギーとエントロピー　*125*

    1. 熱学第2法則―不可逆過程の物理―　*125*

    2. エントロピー　*129*

    3. エントロピー論入門―物質循環からみた熱機関―　*134*

第6節　粒子モデルの世界観　*140*

    1. 錬金術　*140*

    2. 現代の粒子モデル　*142*

第7節　原子核と放射能　*150*

    1. 原子核　*150*

    2. 放射性崩壊　*153*

    3. 生活科学的アプローチによる原子核の学習Ⅰ―半減期―　*155*

    4. 生活科学的アプローチによる原子核の学習Ⅱ―放射能の強さ―　*157*

    5. 原発事故でばらまかれた放射性物質　*158*

第8節　原発事故・核実験と放射能拡散　*159*

    1. 原子力発電　*159*

    2. 放射能と人体影響　*165*

    3. 放射能汚染の生活科学的アプローチⅠ―福島原発事故による定時降下物データから見る土壌汚染の評価―　*169*

    4. 子どもの鼻血は福島原発事故による被曝が原因か？　*176*

    5. 放射能汚染の生活科学的アプローチⅡ
　　　―人はどのくらい被曝するか―　*180*

    6. 核実験と放射能汚染―ソ連の核実験とカザフスタン住民の被曝―　*182*

第4章　生活科学的アプローチで培う科学的リテラシー
　　―学校理科のこれから― …………………………………… *189*
　1. 近代化による社会の行き詰まりと変革　*189*
　2. 科学的リテラシーの必要性
　　―原子力教育の推進派シフト・世論操作から―　*190*
　3. 学校理科のこれから
　　―生活科学的アプローチによる批判的思考の育成―　*191*

索　引……………………………………………………………… *193*

第1章

学校理科と生活科学

第1節　学校理科の現状と課題

1.　子どもの理科離れの始まり―10年以上前の状況―

（1）　教育行政から見た子どもの理科学力・学習状況

　今から10年以上も前に、1998年の学習指導要領改訂（小学校では2002年度から実施）にむけて次のような議論があった。

　1996年8月に中央教育審議会第一次答申「21世紀を展望した我が国の教育の在り方について」が出され、今、子どもたちに最も求められる事柄として、「ゆとり」のなかで「生きる力」を育むことが重要課題として提言された。そして、育成されるべき「生きる力」については、変化の激しいこれからの社会において、子どもたちに必要となることであるとして、

- 自分で課題を見つけ、自ら学び、自ら考え、主体的に判断し、行動し、よりよく問題を解決する資質や能力
- 自らを律しつつ、他人とともに協調し、他人を思いやる心や感動する心など、豊かな人間性
- たくましく生きるための健康や体力

との3点が示された[1]。このような指摘を受けて、1998年7月に、教育課程審議会答申「幼稚園、小学校、中学校、高等学校、盲学校、聾学校及び養護学校の教育課程の基準の改善について」が出され、新学習指導要領の骨子が固まって

いった。答申では、現行の教育課程のもとにおける子どもたちの学習状況は全体としてはおおむね良好であるとしている。その根拠として、IEA（国際教育到達度評価学会）の国際調査結果などで見ると、日本の子どもたちの学力は国際的に見ても高い水準にあることがあげられている。しかし、この調査結果のほか、研究指定校等における実践や各種の資料・調査などを含めて総合的にみると、次のような問題もあると指摘している[2]。

ア）教育内容を十分に理解できない子どもたちが多い。
イ）自ら調べ、判断し、自分なりの考えをもちそれを表現する力が十分育っていない。
ウ）多角的なものの見方や考え方が不十分である。
エ）積極的に学習しようとする意欲等が（諸外国に比べて）低い。

これらは、子どもたちの理科の学力や学習状況の背後にある一般的傾向であるとともに、過度の受験競争の影響で多くの知識を詰め込む授業になっている現場の実態を浮き彫りにしている。こうした状況から、学習内容の厳選による「ゆとり」の確保、基礎・基本の徹底、総合的な学習の時間の設定による「生きる力」の育成といった内容の教育課程が示されることになった。前年の1997年11月に出た教育課程審議会の中間まとめ「教育課程の基準の改善の基本方向について」では、子どもたちの理科の学習状況についてのより具体的な分析が行われた。そのなかで、各教科の内容における、「4 理科 ア 現状と課題」において、次の3点が課題として示された[3]。

① 植物の名称や化学変化で生じる物質名のような単純な自然現象についての知識は身に付いているが、知的好奇心や探究心が十分育っていない。
② 観察や実験は従前に比べてよく行われるようになってきているが、実験結果に基づいて考察し、根拠を考えたり、自分で課題を見出し解決する力や科学的な思考力が十分育っていない。
③ 学校段階が進むにつれて、抽象的な学習内容の増加や観察・実験の機会の減少などにより、理科に関する興味・関心が薄れている状況も見られる。

①②の探究心や科学的思考は、「生きる力」の中核とも考えられ、2002年度実施の理科教育において十分に育成されるべきものと考えられた。
①については、1999年に実施されたIEAの第3回国際数学・理科教育調査の

第 2 段階調査（38 ヵ国約 18 万名の中学生、日本では約 5,000 名の中学 2 年生が参加）の結果において同様の指摘があるので紹介する[4]。蓋のない容器に入れた酢とオリーブオイルが、ともに数日間のうちに蒸発して量が減っていたことから、論理的に推論される結論を、

　(1) 酢はオリーブオイルよりもはやく蒸発する。
　(2) オリーブオイルは酢よりもはやく蒸発する。
　(3) 酢もオリーブオイルもどちらも蒸発する。
　(4) 水分を含んでいる液体だけが蒸発する。
　(5) 蒸発には、直射日光が必要である。

の 5 つの選択肢から選ばせるものである（理科問題 20（N4））。全体成績が 3 位の日本の正答率は 50%で、国際平均値の正答率 48%とほぼ同じであったが、全体成績でトップであった台湾が正答率 44%と国際平均値を下回った。科学的探究に重要な役割を果たす論理的推論のスキルが、日本も含め成績上位国といえども十分に育成されてない実態がわかる。生徒の正答（3）以外の各選択肢への反応率は（1）が 15%、(2）が 5%、(4）が 20%、(5）が 9%であった。問題文には何が蒸発したかの情報は与えられていないにもかかわらず、「水分を含んでいる液体だけが蒸発する。」を選択した生徒が 2 割程度いることから、自分の知識に基づいて判断する生徒が少なくないと考えられる。4 年前の類似問題でも、国際平均値の正答率 62%に対して、日本の正答率は 30%と低かった。これらのことから、日本の生徒たちは、問題文で与えられた情報だけから論理的に推論しないで、自分が知っている情報も加えて各選択肢の文章の正誤を判断した上で、最も正しいと思われる文章を選ぶ傾向が強いことが示唆されるとしている。ちなみに、正答率が 70%以上と高かった 5 ヵ国中 4 ヵ国が、イギリス、シンガポール、アメリカ合衆国、オーストラリアの英語圏の国であった。

　②については、同調査において、教師の演示実験や生徒実験の実施頻度も向上していることが示されている。実験について、「いつもある」「しばしばある」「たまにある」「一度もない」の 4 つの選択肢で回答が求められた。日本は、演示実験が 75%（国際平均値 74%）、生徒実験が 79%（同 63%）であり、1995 年との差では、演示実験で 9%、生徒実験で 2%の上昇であったとされている。

　③については、学年間のデータではないが、やはり同調査に 1 つの傾向がみ

られる。生徒に理科の好き嫌いを4つの選択肢（大好き、好き、きらい、大きらい）で尋ねた設問の回答のうち、「大好き」および「好き」と答えた生徒の割合では、日本は55%で国際平均の79%よりも大きく下回り、韓国（52%）とともに国際的に最も低い。1995年の調査では、56%であり変化していない。理科得点上位国のなかで、日本と韓国は生徒の理科嫌いが多いが、全体成績が2位のシンガポール（86%）は理科嫌いが少ないという特徴があるとしている。

このように、2000年をむかえるころの子どもの学習に不足している事柄は、子どもたちの探究心と科学的な思考力、自分で課題を見いだし解決する力であり、理科（自然）に関する興味・関心の低迷であった。このような状況のもと、1999年に学習指導要領が改訂され、ゆとり重視の教育が実施された。

これらは、2011年の現在、果たして克服されたのであろうか、あるいは克服に向かっているのであろうか。

（2）理科離れを知るために─物理の学習状況と問題点を例に─

第17期日本学術会議物理学研究連絡委員会は、審議結果をとりまとめ、2000年6月26日に「物理学研究連絡委員会報告　物理教育・理科教育の現状と提言」と題して発表した[5]。その中で、1998年に大学入試センターが国立大学362学部の学部長を対象にアンケート形式で行った「学生の学力低下に関する調査」では、半数以上の学部が、学力全般および様々な側面について「低下している」あるいは「やや低下している」と回答している事実、予備校から発表されたデータでも、全般的な学力低下の中でも特に数学・物理等の理系科目での低下が著しいとされている事実を引いて、高校卒業生の学力低下の現実を憂慮している。2001年8〜9月にかけて、4年制全国670大学の学長あてに実施されたアンケート調査結果でも、「かなり低下している」または「やや低下している」との回答が80%にもなっていて、82%の大学で授業にも支障がでているとのことである[6]。低下の具体的内容の上位2つは、

① 積極的に課題を見つけ、解決しようとする意欲が乏しい。　　66.4%
② 物事を論理的に考え表現する能力が低い。　　　　　　　　　65.9%

であった。ここにも、日本の理科教育・物理教育が行き詰まっている現状が垣間見られる。

学ぶ意欲に乏しく論理的な思考力が低い状況は、学習者の教育課程と無関係ではあり得ない。高等学校学習指導要領では、改訂の度に理科の単位数や科目選択のさせ方が大きく変化した。1960年改訂の高等学校学習指導要領では、理科の必修単位は12単位であった。1970年改訂で6単位に激減し、1989年度および1999年改訂の学習指導要領では4単位にまで減ってしまっている。選択制が定着・普及したために、理科のすべての科目について履修者が減少している。そのあおりで、物理の履修者は激減した。このことについても、先の「物理教育・理科教育の現状と提言」では、

　……1970年改訂以来、改訂のたびに進められてきた高等学校教育課程の選択の拡大は、全体を見ると幅広くカバーしているように見えて、その実、一人一人の生徒は極端に偏った内容しか学ばない制度である。これが果たして日進月歩の科学技術の発展に対応できるものであり、国民の利益にかなうものかどうか……

真剣に検討する必要があると指摘している。また、同報告では、

　……今回は内容の厳選がうたわれ、理解度が低いと判断された内容が、小学校から中学へ、あるいは中学から高校へ移されたが、中学から高校に移行統合された物理関連分野の項目には、"力とばねの伸び"、"質量と重さの違い"、……、"力の合成と分解"、"仕事と仕事率"等がある。ところが、高校の理科は選択であるため、新課程（1999年度版）の物理Ⅰを履修する生徒はせいぜい現行課程（1989年度版）の物理ⅠBと同じ30％弱、あるいはそれ以下であろうと予想される。つまり、これまでは中学で全員が学習していたこれらの基本概念を、70％以上の生徒が学習せずに高校を卒業することになるおそれがある……

として、さらなる学力低下につながるであろう

　……特に深刻な事態が次期学習指導要領の改訂で発生した……

とまで述べている。もっとも、次の項目が高等学校の理科総合Aに移行していて、理科総合Aが選択されれば「特に深刻な事態」は防ぐことはできた。

　　力とバネの伸び　　水の加熱と熱量　　比熱
　　電力量　　　　　　力の合成と分解　　仕事と仕事率

しかし、指摘されたような可能性は否定できなかった。高等学校の物理Ⅰや理科総合A（物理・化学分野）では、中学校理科の内容の指導にかなりの時間を

とられるようになると考えられた。

　次に、物理授業の実態から生徒の学習状況を振り返ってみたい。日本物理教育学会物理教育実状調査研究委員会は、1990～1992年度大学入学者（約3万6千人）を対象に、「高校物理についてのアンケート」と題し、物理の履修状況、学習内容、物理の受験の有無などについて調査を行った[7]。その調査によると、高校の物理授業では、平均38%で実験を伴う授業がおこなわれているが、反面、62%もの高い割合で実験授業が行われていないことになる。おそらく、中学理科よりは実験実施率は低いように思われる。

　質問項目をゴシックで示した。以下、いくつかの傾向を抜粋して述べる。質問ア）では、物理の授業を面白かったとする割合（①＋②）は28%に止まる。質

質問ア）物理の授業は面白かったか。		質問イ）物理の授業はわかりやすかったか。	
①大変面白かった	6%	①大変わかりやすかった	6%
②面白かった	22%	②わかりやすかった	24%
③どちらともいえない	39%	③どちらともいえない	37%
④つまらなかった	17%	④わかりにくかった	19%
⑤大変つまらなかった	12%	⑤大変わかりにくかった	11%

質問ウ）物理の授業は問題演習の時間だったという印象はあるか。		質問エ）物理教科書はわかりやすかったか。	
①強くそう思う	5%	①強くそう思う	2%
②そう思う	18%	②そう思う	18%
③どちらともいえない	20%	③どちらともいえない	36%
④そうは思わない	41%	④そうは思わない	24%
⑤全くそうは思わない	12%	⑤まったくそうは思わない	10%

質問オ）高校で物理を学んでよかったと思うか。		質問カ）物理現象に興味があるか。	
①強くそう思う	10%	①ある	55%
②そう思う	33%	③どちらともいえない	33%
③どちらともいえない	32%	④ない	11%
④そうは思わない	9%		
⑤まったくそうは思わない	6%		

問イ）では、わかりやすかったとする割合は 30%である。また、質問エ）では、教科書が分かりやすいとする割合（①＋②）も 20%にすぎない。このような状況を厳しく見れば、"教室の 7～8 割の生徒が理解できず、実験もあまりなく、面白みを感じない授業"であるということになる。しかし、質問ウ）では、授業が問題演習の時間であったと感じる割合は 23%にすぎず、授業は問題演習以外の別の要素を含むと見る学習者がかなり存在することが推測される。質問カ）では、物理現象に興味がある割合が 55%と高い。また、質問オ）では、高校で物理を学んでよかったとする割合（①＋②）が 43%と、質問ア）イ）ウ）の肯定的割合に比べると高い。

今から 10 年前、高校生は物理の授業はわかりにくく、面白くなく、物理教科書もわかりにくいが、物理という学問に一種の期待感をもっていたのではないだろうか。事実、別の質問では、物理を大事な学問であると思う割合が約 70%と高かった。

（3） 理科離れの核心——物理離れの始まり——

1993 年は、2 つ前の学習指導要領（1989 年改訂）による教育課程が定着しはじめ、バブル崩壊後の不景気が始まりだした年である。この年に、全国理科センター研究協議会（全理セ）は、東京都立教育研究所と大阪府教育センターの提案により、「何故、物理履修者は減少したのか、履修者を増加させるにはどうしたらよいか」をテーマに、全国の教育センターなどにアンケート調査を精力的に行った。結果は、岐阜県立教育センターによって、次のような集約が行われた[8]。

何故、物理履修者は減少したのか。以下、8 項目について集約している。

① 理科の社会的基盤の低下：科学技術を支えるための理科教育の重要性が忘れられようとしている、理工系進学者の将来は今の若者にとって魅力のあるものではなくなっているなど。

② 大学入試で不利：物理は時間をかけても得点につながりにくい、入試で科されないなど。

③ 小中学校の理科学習：小中学校での物理領域の学習のつまずき、生活環境の変化による自然体験不足など。

④ 理科Ⅰの内容：当時、高校の必修であった理科Ⅰで、物理分野の内容・構

成に問題があり、物理嫌いが増えた。
⑤ 受験中心のカリキュラム編成：進学に対する効率的なカリキュラムにより、物理は理工系進学者の一部が選択する科目になっているなど。
⑥ 物理に対する生徒の意識：生徒は物理を身近なものと感じていない、物理のような理論的・系統的な理解を敬遠する生徒が増えたなど。
⑦ 物理の授業形態：受験に対応した指導が中心で、観察・実験があまり行われていないなど。
⑧ 物理教師の現状：部活動の指導などで十分な教材研究ができず、観察・実験をする余裕がない、教師が物理教育の意義を認識していないなど。

以上は、1993年の段階での教育センターによる分析ということもあって、学習指導要領とそれに基づく物理の扱い（理科Ⅰ必修から理科の完全選択制に移行したことなど）については、正面からの批判的検討を欠いていた。しかし、①③④以外はすべて、理科の完全選択制などと何らかの関係があると思われる。そのことを含めて考えると、以上の分析は次の3つの要因として整理することができよう。

要因1　生徒をとりまく社会的要因　①②

社会全体では科学に対する依存度が高まっているが、文系出身者の優遇、理系の将来像の魅力のなさ、入試での不利などの結果、理科（物理）が軽視されている状況がある。

要因2　生徒をとりまく生活的要因　③⑥

生活環境の変化による自然体験不足、科学技術の飛躍的進歩のなかで日常生活における物と知識の分離、生徒が物理を身近なものと感じていないなどの生活環境要因。

要因3　生徒をとりまく教育的要因　③④⑤⑦⑧

進学に対する効率的な知識注入のカリキュラム、小中学校での物理領域の学習のつまずき、忙しい教師・物理教育の意義を認識していない教師など、カリキュラム・教育内容と方法・教師の実態に関わる要因。

教育の現場では、要因2、3の解決を目指した取組対策が行われなければならないであろう。要因3では、高校の物理教師、中学の理科教師、さらには理科を指導する小学校教師に関する問題が見られる。次に、あまり明らかにされること

のない"教師の理科離れ"について考察を加える。

2. 国を滅ぼす教師の理科ばなれ

（1）小学校教師の理科離れ

　これまでに述べたように、子どもの「理科離れ」が始まって久しい。これらを克服すべく、2010年度改訂の学習指導要領では理科の授業時間を大幅に増やし、実験活動も積極的に取り入れられた。しかし今、教師自身の「理科離れ」が深刻で学習内容の強化に対応できるかという不安の声が上がっている。この背景には、若手教師が子ども時代に受けた「ゆとり教育」（1998年度学習指導要領に基づく教育）で科学に対する興味を失ってしまったことや、理科を学ばなくても小学校教師になれる仕組みがあるといわれる。また、幼少期からテレビやゲームなどに時間を奪われ、昆虫採集や気象観測、機械類の分解など理科的指向性が育まれる体験は極端に少なく、そういった遊び場も減ってきているためいわゆる"理科好き"が育ちにくい環境も原因に挙げられることが多い。このような教育を受け育った現在の若者が教師になることで、現在の小学校教員の理科嫌い・理科離れが起きているというように結論されることも多い。

　小学校教員の理科離れを直接研究したものは見つけにくいが、軸丸らによって、大分県下の小学生（3校の4～6年生児童395名）と教師（22校の375名）を対象に、理科の好き・嫌いや指導の得手・不得手などの調査が実施されている[9]。彼らの調査結果から、いくつか拾い出してみたい。

　　ア）教師の結果
　　　① 教員の得意教科は、1位 算数、2位 国語、3位 総合であった。
　　　② 教員の不得意教科は、1位 音楽、2位 社会、3位 理科となっていて、理科不得意は男性より女性に多い。
　　　③ 国語を不得意とする教師の比率が年齢と共に減少する一方、理科を不得意とする者の比率が年齢と共に増加するが50歳代では減る。
　　　④ 指導で最も苦労した実験は、振り子の働き、電磁石などの物理単元であり、どの単元にも含まれる物理内容を不得意領域としてあげた教師が多い。
　　イ）児童の結果
　　　⑤ 児童の好きな教科は、1位 体育、2位 図工、3位 理科となっている。
　　　⑥ 児童の嫌いな教科は、1位 国語、2位 算数、3位 社会となっている。

⑦　理科好きは、6年生では4年生の5分の1近くに減る。

これらは次のように解釈されている。

1　②のように、不得意教科の3番目が理科であることは、調査対象の小学校教員の98％が文科系であることに関係している。
2　③のように、理科は国語のように年齢とともに習熟するものではない。理科指導の基礎力である科学的力量は、むしろ年齢とともに低下する。
3　③で、50歳代で理科を得意とする者の比率が増えるのは、理科履修（当時の学習指導要領による科目と時間数が多かったこと）を裏付けている。
4　①⑤⑥では、国語や算数が教師の得意教科であるのに反して、児童にとっては嫌いな教科であるという矛盾がある。逆に、理科は実験準備・指導が教師にとって苦労のタネであるにも関わらず、児童は面白く感じている。
5　⑦にように児童は本来理科好きであるが、学年が上がるにつれて次第に理科嫌いに転じていく状況があり、原因として、教師の科学的な力量の不足が考えられる。

以上、軸丸らの研究によって、小学校教師の理科離れの一端が示されたものと考える。教員が生徒であったときに受けた教育の質と量、および科学的経験が、後に教師となったとき、実験指導を十分に実施できるための科学的力量に大きく影響することが理解されよう。筆者の勤め先でも、小学校教師の理科離れにつながるかもしれない気になる事象があった。2011年度に入ってはじめて教職大学院の「教材開発・理科」の受講者が0になった。1を助長するものであるかもしれない。小学校教師の理科離れが進む現状の中、理科の専科教員や実験補助員などの支援要請が増えているという。科学的力量の無い教師の姿が浮き彫りになってしまった。ここでいう教師の科学的力量とは、科学的内容についての知識の量ではない。理科教育は、内容を教えることも大切であるが、事実に基づく論理的・批判的思考法や科学・技術を自分なりに評価できる資質を養うことが必要で、それが日本の理科では軽視されている。小学校教師の現状は、こういった傾向をさらに加速するように見える。

（2）中学校理科教師の理科離れ

今から15年ほど前、筆者が奈良県立教育研究所の研究指導主事をしていた頃、中学校理科の新規採用教員約10名に研修を行っていた折り、非公式にではある

が、彼らに理科が好きかどうかを聞いてみた。予想に反して、約半数が好きではないが職業として理科教師を選択したということであった。確かに、彼らの表顔は中学校理科教師であるが、裏の顔は地方公務員であるから頷けないわけではない。それから3年ほどして、1999年4月から実施された新教免法では、教員養成課程で要求される教科専門に関わる科目の単位数が減少した。中学校理科1種免許では、40単位から20単位に半減している。その分、教職科目20単位を取ることになる。現在の学校現場の難しさに対応するためであろうか、教職科目20単位をとらせることは必要なことかもしれないが、理科に関する科目が半減することの影響は大きいと考えられる。理科教師志望学生にも次のような傾向がある。「理科教員養成の危機」と題する大野の報告では、教育学部の理科専修に入学した学生のうち、物理や地学を専攻する学生が生物や化学を専攻する学生に比べて極めて少ないことが示されている[10]。筆者の先輩にあたる富山大教育学部の物理教授から聞いた話であるが、理科専修の学生はまず理科教育講座へ行こうとする、次に生物、化学と続く。物理には学生は2年間に2〜3人、それも第2、第3希望ということで、地学に至ってはこの10年間、学生はいなかったということであった。筆者のゼミ（小学校教員養成の教育学部3・4年生）も、殆どが第2、第3希望の学生で占められるという状況である。また、大野は同報告で学生の実態を次のように説明している。

　　……教員養成大学・学部で大学レベルの物理実験をいきなりやるのは無理で、小中学校の実験教材でなければ学生達の多くが理解できなくなっている。学生も高度な実験を理解した上で子ども達のための実験を考えようとするのではなく、学校現場に出たときにすぐに使えて役に立つ実験を教えてください、それだけで十分ですと文句を言うようになっている。

このような学生が中学校理科教員になったとき、どのようなことが起こるか。いわゆる"すぐに使えて役に立つ実験"が繰り返されていくことは間違いない。本格的な理科教育が始まるのは理科を専門にする先生がいる中学校からである、と普通は考えられている。しかし、その専門のかたちが揺らいでいる。その先に見えるものは何だろうか。エネルギー資源も乏しく食糧自給率も米を入れても40%を切った日本。その米も、セシウムによる放射能汚染の危惧が拭えないでい

る。食物摂取による内部被爆を減らすのは、事実の科学的認識とそれに基づく合理的な行動であることは論を待たない。しかし、これまでに述べたような理科教育を受けた市民は、果たして事実の科学的認識方法を知っているのだろうか。国が都合よく決めたように見える暫定基準値のいわゆる"安全性"や、"直ちに健康に影響はない"といった国家や行政による情報を、何の批判的検討もせずにそのまま鵜呑みにせざるを得ないのではないかと危惧される。

(3) 高校物理教師の物理離れ

次に、高校物理教師の実態である。ここでは、裏のとれる話ではないが筆者が長年にわたって奈良県の高校物理教員として勤務していた現場経験から述べてみたい。高校の理科教育現場においても、物理教師の教材研究・教材開発は教師の他の仕事（校務分掌などの）に比べて随分軽視されているように見える。佐伯胖は、次のように指摘している[11]。

> 教師が子どもの文化的実践への橋渡しをする役割をもつということは、教師自身が文化的実践に積極的に参加していることが必要である。実際に学校外のさまざまな社会的活動に参加しているとか、研究会に参加しているとか、常に新しい文化のいとなみに接するようにつとめていなければならない。

しかし、教師の実態は（もちろん当時の筆者も含めて）、必ずしもこの指摘のようではなかった。特段の教材研究をしなくても、教科書を教える授業をすることは容易である。読者の皆さんが高校生だった頃、理科教科書を行き当たりばったりで講義しながら、時間が来たら内容の途中でも平気で終わるような生ぬるい授業を受けたことはないだろうか。また、多忙な校務や過酷な受験指導を建前に、生徒実験を敬遠する物理教師が多いとも言われる。他の教科・科目ではなく物理の教師になった者は、本来物理が好きか、物理を教えるのが好きなはずである。したがって、厳しいようだがいかなる理由があろうとも、

・教材の背後にある物理現象の研究をしない教師
・物理指導法の研究をしない教師

は、物理が嫌いであると判断されても仕方がないであろう。この現象を、筆者は"教師の第1種物理離れ"とよんでいた。反対に、前にも述べたように物理履修

者が減ったため、仕方なく化学などを教える場合は意味が違うので"第2種物理離れ"としておく。では、なぜこのようになってしまったのか。

　端的に言えば、第1種物理離れを起こしているのは、主として中年の教師であった。彼らは当時、上昇志向（管理職になりたい）と、趣味に生きる（マイペースで受動的な仕事ぶり）間で揺れていたように見える。どちらの態度からも、物理教育や理科教育の発展という普遍性に寄与しようという"心"は導き出されることはなかった。このような態度の成因については、現場の大変な状況があったことは事実である。しかし、決してそれだけではない。

　第1段階：教師が「やらされる勉強」に明け暮れた中高生であった時（おそらく昭和40年代後半あたりであろうか）に、その本因（経済的上昇志向と、60年安保以降の社会に対する無批判な生き方）が埋火のように内蔵されていった。

　第2段階：彼らが大学生になり、「やらされる勉強」の強制力がなくなって、本来ここで深めるべき批判的態度の育成を可能にする学問をしなくなり、そして、大学も（学生運動が下火となったことを歓迎して）それをしかたなく容認した。

　第3段階：学生が大学を卒業して理科・物理教師になってから、内蔵されていた本因が生活スタイルに顕在化してきた。

　以上が筆者の考えである。この仮説を検証するのは容易なことではないが、ある種のアンケート調査などを実施することにより、その一端が明らかになるかもしれない。簡単にいえば、自然科学の研究活動にしっかりとたずさわらなかった学生が物理教師になっている、ということになる。このような実態が、広く教師の教育研究文化の喪失として現れてきていた。このような実態は今どうなっているか、筆者は高校現場を離れて6年になり、学校現場の理科・物理教師の雰囲気を実感することができないでいる。

　小学校理科では、探究のスキルが各学年に設定されている。3年生は「比較」、4年生は「抽出」、5年生は「条件制御」、6年生は「多面的推論」である。このような合理的な論理的・批判的思考法は、中学校理科でさらに磨きをかけられ、そして高校理科で4科の専門（物理、化学、生物、地学）となって学習者は科学的態度を深めるはずであった。しかし、現実はこうはなっていない。繰り返す

が、今の理科教育は、事実に基づく論理的・批判的思考法や科学・技術を自分なりに評価できる資質を養うという側面があまりにも軽視されている。理科教育がこのまま何も変わらないとすれば、それは人々をどのように変え続け、その結果、日本という国家がどうなっていくのか、様々なシミュレーションが可能だが良い方向は見えない。

ギリシャのように、理由のある経済破綻によって一つの国家が衰退するのか、あるいは、教育の破綻によって衰退していくのか。いま、確実に我々に忍び寄ってきているのは理科教育の質の低下である。

第2節　生活科学と科学的リテラシー

1. 学校における家庭科の実施とその意味

1945年の敗戦をむかえ、日本は民主主義国家へと体制を変化させていった。1947年に新学制が発足し、民主的な生活基盤を築くことを目的に家庭科の共修が主張された。しかし、その実施は小学校のみであった。

1957年に旧ソ連が人工衛星スプートニクを打ち上げ、続いて1958年にはアメリカも打ち上げた。この「スプートニク・ショック」を受けて、日本では科学技術の振興が主張された。新しい科学技術を身に付けた産業労働者の育成を期して、新しい科学技術教育が産業界によって要請された。このころ、日本は高度経済成長期に入った。

中学校では1958年に改訂された「技術・家庭科」は、男子は電気・機械などの技術科、女子は被服・食物などの家庭科を学ぶという、男女別の教科となっていった。さらに、1970年の学習指導要領において、高校では女子のみが家庭科4単位が必修となり、1973年から高校女子家庭科が実施された。男子には、その時間に体育系の授業が追加されていた。1974年に市川房枝が代表世話人となり、「家庭科の男女共修をすすめる会」が発足し、家庭科の男女共修を進める運動が展開されはじめた。また、1975年に国際女性年世界会議が開かれ、1979年に国連が女性差別撤廃条約を採択したことを受けて、日本政府は同条約批准に向けて家庭科男女共修に取り組みだした。家庭科の男女共修については、中学校におい

ては1993年から、高等学校においては1994年から男女が共に学ぶ新制度において実施された。1993～1994年は、バブル経済が破綻した直後であり、日本は経済成長の停滞期に入っていった。

これらの戦後史を振り返ると、
・高度経済成長期には、男女が技術科・家庭科を別々に学ぶ状況
・経済成長の停滞期には、生活基本学習としての家庭科を男女が同一のカリキュラムで学ぶ状況

が実現された、というように理解することができよう。高等学校における男女の生活基本学習は、いわゆる"生活を科学する学び"を指向する方向であると考えられる。

2. 家政学から生活科学へ

1947年の学習指導要領によって、初等中等教育における「家庭科」が誕生したが、高等教育においては次のようである。

敗戦後、連合国総司令部（GHQ）幕僚部の部局の一つであった文化政策民間情報教育局CIE（Civil Information and Educational Section）は、教育・宗教などの文化政策を担当した。そのCIEの指導により、女子大学を中心に家政学部（Faculty of Home Economics）が設置された。一般に、家政学は家庭を守る婦人の為に明治時代から発展した学問であるが、家政学部設置により大学の学問としての家政学が成立した。家政学は、衣・食・住に関する諸問題を科学的に研究する学問であると考えられる。家政学部で学んだ学生が卒業時に免許の要件を満たせば、中学校・高等学校の家庭科教員の免許（教員免許状）を取得することが出来る。現在、東京家政学院大学をはじめ、家政学部を置く大学は10以上あるが、近年は、家政学は生活（環境）科学の方面へと進出している。

筆者が奈良県の公立高等学校に勤務していた頃、生徒達が進んだ奈良女子大と大阪市立大学の状況を以下に示す[12)13)]。1908（明治41）年に設置された奈良女子高等師範学校を前身とする奈良女子大学は、大学としての発足当初は、文学部、理家政学部の2学部であったが、1953年、理家政学部が理学部と家政学部に独立し、文学部、理学部および家政学部の3学部となった。1993年には家政学部が生活環境学部（生活環境学科、人間環境学科）に改組されている。大阪市

立大学は1949年4月の学制改革により、大阪市立商科大学などを前身に設置された公立総合大学である。家政学部家政学科には、食物学、被服学、住居学、児童学、社会福祉学の5つの専攻が置かれた。1968年に、家政学科を食物学科・被服学科・住居学科・児童学科および社会福祉学に分離増設している。1975年に家政学部を生活科学部と改称し、1990年には、5学科を3学科（食品栄養学科・生活環境学科・人間福祉学科）に再編成した。さらに、2000年に生活環境学科を居住環境学科に名称変更した。他大学の状況も調べてみると、1975〜1995年の間に、家政学は、生活科学あるいは生活環境学のような名称に変更されていたことがわかる。そして、この期間に家政学は、衣・食・住の分野から、自然科学的・工学的研究方法を取り込む形で、広い意味での環境系の学へと研究分野の広がりを見せたことがうかがわれる。

3. 生活科学系の学会

日本学術会議の協力学術研究団体を見ると、生活科学に関連すると思われるものは、日本家政学会（The Japan Society of Home Economics）のほかに、日本生活学会（Japan Society of Lifology）があり、教育系では日本生活科・総合学習教育学会がある。ここでは、日本家政学会と日本生活学会の設立趣意書などから学問の特徴を見てみたい[14)][15)]。

（1）日本家政学会

日本家政学会は、会員数3,267名（2010年3月31日現在）、6支部を有する。家政学に関する研究の進歩と発展を図り人間生活の充実と向上に寄与する目的で、1949年に設立された学術団体である。1982年には、文部省から社団法人として認可され、1985年には日本学術会議の登録学術団体となり、同会議に会員を送っている。1998年には50周年を迎え、日本の学術振興の一翼を担う学会となっているとされている。家政学の研究背景としては、概要が次のように示されている。1960年以降の急速な経済成長は、日本人の生活の物質的向上をもたらし、世界の長寿国となるなど健康面にも少なからず貢献した反面、家庭生活の面では、離婚の増大、青少年犯罪の増加、高齢化、少子化などの問題に直面し、豊かな消費生活の陰では深刻な資源・環境問題に直面している。家庭生活は、地域

共同体や国民経済のみならず国際経済や地球環境問題とも不可分の関係にあるため、社会の歪み・矛盾はいずれも家庭生活と密接な関係をもつ。地球規模の破壊にも、個人のライフスタイルが深く関わっているため、生活者の視点を抜きにして、環境破壊の問題は考えられない。社会のさまざまな問題解決には、家政学の視点が不可欠である。それは、家庭生活を空間的な広がりを持つエコシステムの中に位置づけ、家族や個人の生活を時間的な奥行きを持つライフスタイルの中で捉える視点である。以上のような状況認識のもと、家政学は、21世紀に向けて、生活を、社会を、地球を、経済原理ではなく生活原理に基づいて考え、生活者の側から見据えることが大切だと主張する。経済原理ではなく生活原理に基づいて考えるというところは、Home Economics は家庭経済（原理は経済原理である）と誤認されるおそれがあるからであろうか。その研究領域は、家庭・福祉、文化・芸術、技術・産業、情報・環境の4領域の広きにわたる。

（2）日本生活学会

日本生活学会は、1972年9月29日に設立された。本部は早稲田大学にあり、2011年度第38回大会の事務局は同大学創造理工学部建築学科におかれている。日本生活学会の設立主旨には概要、次のような内容が書かれている。

人間のいるところ、必ず生活がある。人間の歴史は、生活の歴史であり、今日人間の生活は危機に直面している。生活というもののもつ自明の日常性のゆえに、我々はそれを対象化し体系的な知的探求の主題とすることは稀であった。我々の提唱する生活学は、まさしく生活を客体化し、理論化しようとする試みにほかならない。その限りで、生活学は生活の研究批判の学である。同時に、我々は生活の中で展開される人間の可能性に、限りなき信頼と愛情とを持ち続けたい。その意味で、生活学は生活擁護の運動とつながる。生活の中で人間を発見し、人間を通して生活を見つめ、そのことによって人間にとっての「生きる」ことの意味を探求すること、それが「生活学」の立場である。

以上のような主旨で、既成の学にとらわれない新しい学問の場としての「日本生活学会」が設立された。学会誌「生活学論叢」創刊号が1996年に出版されているが、出版物「生活学」（ドメス出版）の論文カテゴリーは以下のようである。1990～1993年の期間は、生活原論／家族と生活／家族と住居／地域社会と生活／

集団と地域／住生活／生活文化・生活史／生活行動／ライフスタイル／生活環境 の多岐にわたる。1994年になると、食生活／住生活／高齢者／生活文化 のように簡略化され、1995年以降は論文のカテゴライズはなくなった。

　以上、2つの学会の研究態度に共通すると見られるのは、
　・家庭生活に関連する事象を研究対象とすること
　・従来の衣・食・住の研究方法を踏まえながら、自然科学や工学的方法を取り入れ、科学的に研究する構え
　・人間のライフスタイルから、エコシステムとして生活環境をとらえる
の3点である。こういう姿勢の研究を生活科学とよぶことにすれば、生活科学には一般の市民が頻繁に遭遇する問題を科学的に理解・研究していこうとする構えと態度が感じられる。そのことが、生物学や化学・物理学のような基礎科学と異なるところであり、生活科学は工学のような応用科学に近いのではないかと思われる。

4. 生活科学と科学的リテラシー

　学校で学ぶ理科は専門家を育成するためではない。もちろんそれも少しはあるが、広く科学的思考と合理的行動ができるような市民を育成する教育としてあるというのが事実である。生徒は市民となり、一生涯にわたり生活上の様々な問題の合理的解決を求められていく。その意味で、今さまざまに行き詰まりをみせる学校理科は、生活科学的な研究方法を参考にする学びを指向するのが自然であるように思える。学校理科においても、教材を生徒の身近に現れる事象にしっかりと関連させながら科学的に研究させる指導が必要になってきたのではなかろうか。これを、教えを中心に据える従来の学校理科的アプローチに対して、生活科学的アプローチとよぶ。

　今、どの国の学校理科もその教育目標として目指しているのが、科学的リテラシーである。科学的リテラシーという言葉や概念は、「生徒の学習到達度調査」（PISA：Program for International Student Assessment）に由来して広まってきた。PISAは、OECD（経済協力開発機構）の教育指標事業（INES）の一環として1997年に着手され、国際的に比較可能な調査を定期的に行うことにより、生徒の学習到達度に関する政策立案に役立つ指標を開発しようとしている。

読解力を中心とする第1回調査を2000年に、数学的リテラシーを中心とする第2回調査を2003年に、科学的リテラシーを中心とする第3回調査を2006年に実施した。2006年の調査には、日本の高校1年生約6,000人を含む約40万人が参加した。調査結果は大きな話題となり、トップの成績であったフィンランドが一躍世界の衆目を集めた。ちなみに、日本は参加56カ国地域中5位であった。PISA調査は、世界的に信頼度の高い調査としても注目され、実証的、客観的なデータによって教育の現状や政策を見る先駆けともなったといわれている。

　PISA調査における科学的リテラシーとは、

> 「自然界及び人間の活動によって起こる自然界の変化について理解し、意思決定するために、科学的知識を利用し、課題を明確にし、証拠に基づく結論を導き出す能力」

である。科学的リテラシーの考え方については、科学と技術が関係する様々な状況で、市民は何を知っていて、何に価値を感じて、何ができることが重要か、という問いが起点となり国際的に検討されたとされている[16]。

　1995年に、アメリカ合衆国では全米科学教育スタンダードが策定された。全米科学教育スタンダードは日本の学習指導要領解説理科編に相当するが、専門性と総合性においてそれを大きく超えている。全米科学教育スタンダードによると、科学的リテラシーとは、

> 「個人的な意志決定、または市民的および文化的な活動への参加、そして経済生産力の向上のために必要になった、科学的な概念およびプロセスについての知識および理解のこと」

である[17]。科学的リテラシーを身に付けた人とは、日常の好奇心から導かれる探究をし答えを見つけるか、意志決定できる人のことを意味し、そういう人は、一般的な報道で科学に関する記事を理解しながら読むことができ、結論の有効性について社会的会話に積極的に関わることができる、とされている。さらに、科学的リテラシーを身に付けた人は、

- 科学的情報の出所や、その情報が作成された科学的方法の理解のもとに科学的情報の質を評価すること
- 証拠に基づいた議論を生み出し、吟味し、結論を適切に導くこと

ができるとされている。

科学的情報の出所や情報の科学的作成方法を批判的に検討したり、証拠に基づいた議論によって結論の導出することなどは、日本の理科教育が学ばねばならない手法であるように見える。

その意味で、学校理科における研究的態度形成を重視する生活科学的アプローチによる指導は、科学的リテラシーの育成を目標にするということと整合性があると思われる。ただし、以上の提案は、学習者の科学的な態度形成に、学校理科の主眼が置かれなければならないということであって、理科を家庭科（＝生活の学習）のように教えようということではない。

第3節　学校理科の生活科学的アプローチ

一般に教育は、文化の伝達・継承・発展の行為を通して人間（性）の形成を促す行為である。つまり、理科などの教科の学習を通して学習者の人間性を育成することに教育の本義がある。しかし今、この2つの教育目的が乖離しているという指摘がある[18]。中学・高等学校では、上級学校への入試などを意識した知識の記憶・再生が行われ、それが生活や社会から孤立したものであるゆえ、人間形成につながっていかないといわれる。別の視点からは、学校で習う知識は「学校知識」とよばれ、実際の生活に役に立たないといわれたりする。このような学習の現実を、生活や社会を支える文化とつながった学習につくり換えることが大切である。この学習転換を、理科・物理教育において是非とも実現させていかなければならないし、その実践の努力と試行錯誤の積み重ねが理科・物理離れを防ぎ、引いては理科が人間形成の教科へと転身していくことにつながっていく。学校理科の学びは学習転換によりどう変わっていくのか、生活科学的な研究方法を参考にする方向にひとつのゴールがあるのか。この点について本節で述べる。

1. 学習者の体験活動・探究的活動を重視する教育への転換

全国理科センター研究協議会（全理セ）は、物理の履修者を増加させるにはどうしたらよいかという問いに対し、物理の授業改善（観察・実験を重視した授業、よく分かる授業、生徒が主体的に活動できる授業、魅力のある授業など）を含む14の提案を行った[19]。これらの提案の中で、教育上本質的な提言が含まれ

ていた。それは、「生徒の体験活動・探究活動を重視する物理教育への転換」である。以下、この提案について考えてみたい。

本章第1節で示した物理履修者減少の3つの要因から言えることとして、物理は、生徒の人間的成長や「生きる力」のためにはさほど重要でない科目になっていることが挙げられる。背後に、物理を学ぶことと生きることの分断、物理教育と「生活」との乖離が見える。同節で説明した「生きる力」という教育上の目標が流布していなかった1984年、元兵庫教育大学教授・同附属中学校長でデューイ研究家である杉浦美朗は、次のように述べている[20]。

「学習の主体としての子供が科学の方法そのもの―探究の方法そのもの―を身に付けること―自分自身の生き方とすること―こそ、問題解決学習と呼ばれるデューイの教育方法論の狙いとするところであります。」

ここに、「生きる力」の教育上の明確な在り方が述べられていたと見ることができる。また、当時ICU高校の物理教師であった滝川洋二は、1996年のイギリスでの「科学教育研究大会」で、同国の教育研究者が次のように指摘したと引用している[21]。

> 国際調査によると、日本の理科の得点は高いがイギリスは低い。しかしそれは、イギリスの教育が探究中心で、知識の定着を必ずしも優先していないからではないか。それに比べて日本の子どもの知識の定着は早い。しかし、その知識は表面的でテストで高得点をあげるのに役立っているに過ぎない。本当の意味の科学的な理解や創造的な能力は、探究にじっくり取り組むことで開発できる。その点で、日本は大変遅れている。

学校で学ぶ理科は、少しの専門家を育成するという目的とともに、広く科学的思考と合理的行動ができるような、多くの市民を育成することを使命としているというのが事実である。特に、物理は、あらゆる科学的概念の基本となるところが多く、広く一般教養として学ぶことが必要な科目である。しかし、教育現場では次のような現実が見られる。

① 専門的職業の基礎としての理系の物理では、観察・実験を抑えて大学入試を意識した方法論的な問題解法に陥っている。
② 文系の生徒が学ぶ物理では、生活に見られる事象から物理的トピックを扱うため、科学的概念の獲得が軽視されている。

今どちらの物理においても欠落しているのが、

③ 探究的な学習に取り組むことによって科学的力量を育むこと

である。探究的な学習に取り組むことは創造的な能力開発にもつながっていく。

2．理科・物理の学習転換変換と生活科学

（1）学校理科的アプローチと生活科学的アプローチ

探究的な学習の指導については、次の2つの立場がある。

ア）基礎知識があって、その上に探究的な学習を乗せる。

イ）基礎知識も含めて、探究的な学習の対象にする。

学校理科では、中学校・高等学校では特に、基礎知識を教え、それを用いて考えさせるという学習が多い。考えるためには基礎知識が必要で、考えよと言うだけでは思考はできないとする主張が強い。小学校では、理科学習はどの部分も探究的に進められるのが建前である。小学校の観察・実験は探究実験とよばれ、グループごとに実施方法を考えさせて行わせることが多い。中学校・高等学校では、あらかじめ決められた目標のもとセットされた検証実験を行う。これらを立て分けると、小学校では探究の方法を重視し、上級学校への入試がある中学校・高等学校ではやはり内容を重視していると言えよう。佐伯は、「小学校では個性的な探究の場が結構あるが、中学校、高等学校では勉強のほとんどが与えられた問題を与えられた式で解くということに終始する」と批判している[22]。学校理科的アプローチでは、

① いくつかの基礎知識の教授

② 基礎知識を元にした問題の解法練習

という学習の段階があり、教えを中心とした①の段階における内容知が重要視されて指導に時間がとられる。そのわりには、学習者の問題意識・関心興味の広がりがないことが多い。一方、現代社会に生きる我々の眼前には生活上の様々な問題が立ち現れてくる。それは思いもよらなかった問題であったり、高度な知識を必要とする問題もあるかもしれない。したがって、そういった諸問題を科学的・批判的に研究・考察し、それに基づいて合理的判断を下しながら行動につなげる態度が、現代に生きる市民にとって最も必要なことである。

生活科学的アプローチでは、現れた問題が先にあり、その解決に向けた調査の

途中で、基礎知識の学習もある程度行われる。ここでは、
① 現れた問題を解決可能な形（仮説）に書き直す手続き
② 仮説を検証する手続き
③ 調査の実施とその途中における学習
④ 仮説の妥当性の検討
⑤ 新たな問題の発見

という科学的研究方法（方法知）の習得に学習の主目的があり、学習者の探究的・科学的態度の形成が見込まれている。特に、①の段階は大切であり、疑問を見いだし、それを「問う力」が求められる。また、④の段階は「……は本当なのか？」との疑問が確かなほど、しっかりしたものになる。学校理科的アプローチではア）の立場が強く、生活科学的アプローチではイ）の立場が強く現れる。学習者にとって、どちらのアプローチが興味深いか、また社会に出てから役立つかを考えてみてほしい。筆者は、長い高校物理教員生活の中で、学校理科的アプローチを生活科学的アプローチへと学習転換させていくことの重要性を痛感してきた。学校理科は、少なくとも高等学校の選択必修までの科目は、知識積み上げ型、専門家育成型から脱却して、生活科学的アプローチによる学びを組み込んでいく方向に転身しなければならないのではなかろうか。

（2） 生活科学的アプローチにおける"教え"

しかしながら、生活科学的アプローチにおいても、まったく何もないところから考えるということは実際には不可能である。例えば、電磁波というのはどういうものなのか。現象に対する最も基本的な理解は必要である。ここでいう理解とは、概念・知識を用いて事象を言葉で説明したり、文章に書いたりできるという意味で、実際に使えるようになるという通常の解釈である。最近は、このような当たり前のことに対して"活用"という独特の学校言葉が使われている。理科における理解には、2種類ある。ひとつは理論的理解、もうひとつは実験的理解である。理論的理解は、実在に対する理論的枠組みによって、それが何であるかを判断する理解である。電磁波の理論的枠組みは物理学であるが、物理学ではこの世界には粒子と波動（場の変動による）しか存在しない。したがって、小中学校の理科（物理領域）における最も基礎的な知識は、「粒子」と「波」に関するも

のである。「粒子」と「波」は、少なくとも小学校理科の高学年段階から、発達段階に応じて繰り返し指導すべきものであると考えられる。

　一方、実験的理解とは、対象を観測したとき計器を作動させる実体（粒子か波）が存在するということの理解である。火花放電のそばでラジオのような計器が雑音を発するのは、火花放電から電磁波が発生しているためであるが、計器に雑音を生じさせる目に見えない実体が存在するということが、電磁波に関する最も基本的な実験的理解になる。生活科学的アプローチにおいても、すべてを学習者自らが学ぶというわけではなく、電磁波は粒子ではなく波動であるという最も基本的な理解に寄与できる"教え"は必要である。

　以上の考察から、教え中心の学校理科・物理を生活科学的アプローチによる学びに転換させることは、探究の方法、科学的な研究方法を指導することにあるということが理解されよう。

　本章に続く第2章、3章では、学校理科に登場する学習教材、科学部の生徒達が研究して得られた学習教材、教師の現場的研究で得られた学習教材などを、生活科学的アプローチという方向性から再編成し、その研究的面白さ、教育的大切さを示していきたい。これは、学校理科を純粋科学や産業科学だけではなく、生活科学にもつなごうとする試みである。また、第2章、3章には、今私たちの前に立ち現れた原発放射能による被曝問題を解明する学習内容を含めている。これらの学習内容は、現在の理科教育において、学校理科的アプローチから生活科学的アプローチへの学習転換のヒントになり得ると考えている。

【引用・参考文献】
1) 文部省：中央教育審議会第一次答申「21世紀を展望した我が国の教育の在り方について」(1996.8)
2) 文部省：教育課程審議会答申「幼稚園、小学校、中学校、高等学校、盲学校、聾学校及び養護学校の教育課程の基準の改善について」(1998.7)
3) 文部省：教育課程審議会中間まとめ「教育課程の基準の改善の基本方向について」(1997.11)
4) 国立教育政策研究所：数学教育・理科教育の国際比較第3回国際数学・理科教育調査の第2段階調査報告書、国立教育政策研究所研究紀要、第130集 (2001.3) pp.112-116.
5) 第17期日本学術会議物理学研究連絡委員会：「物理学研究連絡委員会報告　物理教育・理

科教育の現状と提言」(2000.6) pp.1-2.
6) 読売新聞：大学改革　全学長アンケート（2001.10.7 付）
7) 日本物理教育学会物理教育実状調査研究委員会：物理教育の実状（1990～1992 年度の大学入学者をもとにした）調査研究報告総括（1995.10）第 3 章
8) 岐阜県教育センター：平成 5 年度全国理科センター研究協議会物理部会資料
9) 軸丸勇士他 8 名：アンケートに見る小学校教師の理科指導の実態　大分大学教育福祉科学部附属教育実践総合センター紀要　No20（2002）pp.63-70.
10) 大野栄三：理科教員養成の危機　日本物理学会誌　vol56　No10（2001）pp.778-779.
11) 佐伯　胖、藤田英典、佐藤　学：学びへの誘い（東京大学出版会　2000）pp.40-47.
12) 奈良女子大学の沿革：http://www.nara-wu.ac.jp/history.html
13) 大阪市立大学生活科学部沿革：http://www.life.osaka-cu.ac.jp/outline/history/index.html
14) 日本生活学会設立趣意書：http://wwwsoc.nii.ac.jp/jsl/syuisyo.htm
15) 日本家政学会とは：http://wwwsoc.nii.ac.jp/jshe/about/index.html
16) 独立行政法人科学技術振興機構理科教育支援センター　理科支援ネット―これからの理科教育を考える―：http://rikashien.jst.go.jp/news/20080301.html
17) 長洲南海男監修、熊野善介・丹沢哲郎他訳：全米科学教育スタンダード―アメリカ科学教育の未来を展望する―（梓出版社　2001）pp.27-28.
18) 岡本正志：市民的教養の自然科学の具体的提案　日本物理教育学会誌　43（1995）p.400.
19) 前掲 8)
20) 杉浦美朗：デューイにおける探究としての学習（風間書房　1984）p.10.
21) 安斉育郎、滝川洋二他：理科離れの真相（朝日新聞社　1996）pp.74-75.
22) 佐伯　胖：学びを問いつづけて（小学館　2009）pp.42-43.

第2章

学校で学ぶ電磁波から生活科学へ

第1節 人間と電磁波

　電灯や太陽の光（可視光線）、紫外線、赤外線は、携帯電話や電子レンジで使われているマイクロ波、FMなどの電波と同様、ひとまとめにして電磁波とよばれる物理現象である。胸部レントゲン撮影のときに照射するX線、放射性セシウムから出るγ線（放射線）もエネルギーの高い電磁波である。本節の1.では、学校で電磁波・放射線はどのように学習されているか、各学校段階での新学習指導要領解説理科編から探る。2.では電界と磁界をいくつかの実験をもとに概観し、3.では電磁波放射の仕組みを、4.では電磁波の人体影響と現在の基準値について述べる。5.では、身近な電気製品、実験器具の出す電磁波や携帯電話からのマイクロ波を測る。最後に、6.では学校理科における電磁波学習のあり方に批判的検討を加える。

1. 学校での電磁波学習

（1）小学校理科
　まず、小学校第3学年の単元「光の性質」では、鏡などを使い、光の進み方や物に光が当たったときの明るさや暖かさを調べ、光の性質について理解させている。その中身は、
　① 日光は集めたり反射させたりできること。
　② 物に日光を当てると、物の明るさや暖かさが変わること。
の2点である。日光を観察すれば、それが直進すること、広がらないこと（平行

光線であること）がわかる。レンズで集光させたり（集光過程はレンズによる屈折現象である）、鏡で反射させたりできることは、日光が波（波動）としての性質をもつことを理解する原体験になる。物に日光を当てて、物の明るさや暖かさが変わることは、日光がエネルギーをもつことを理解する原体験となる。これらの原体験を積めること、上級学年には光に関する学習単元がないことからして、小学校第3学年の単元「光の性質」は重要である。小学校段階では、電磁波・放射線の学習はない。

（2） 中学校理科

中学校になると、第1分野の単元「身近な物理現象―光の規則性」において、身近な事物・現象についての観察、実験を通して、光の規則性を理解させ、日常生活や社会と関連付けて科学的に考えさせる。その中身は、

① 光の反射や屈折の実験を行い、光が水やガラスなどの物質の境界面で反射、屈折するときの規則性を見いだすこと。
② 凸レンズの働きについて実験を行い、物体の位置と像の位置および像の大きさの関係を見いだすこと。

の2点である。反射法則（入射角＝反射角）は定量的に、屈折法則（スネルの法則）については定性的に扱うのが特徴である。凸レンズの規則性については、レンズ公式まではいかない。紫外線、赤外線の学習単元は中学校段階でも見あたらない。電磁気分野については、電磁誘導・交流までの内容で、電波・マイクロ波などの学習単元はない。また、単元「科学技術と人間―エネルギー―」において、エネルギー資源の利用や科学技術の発展と人間生活との関わり、自然環境の保全と科学技術の利用の在り方について科学的に考察し判断する態度を養う。その中で、放射線の性質と利用にも触れることが示されている。放射線をどのような物理的実体として扱うのかは不明であるが、電磁波の学習内容がない以上、γ線を電磁波として扱うことはできない。α線（高速ヘリウム核）、β線（高速電子）については、粒子モデルによる説明が可能かと思われる。

(3) 高等学校物理

1) 選択必修科目「物理基礎」

高校になると選択制が始まる。一般の生徒が履修する可能性の高い科目「物理基礎」では、単元「電気の利用」で交流に関連して、電磁波が現代の社会生活に利用されていることに触れる。ここは、おそらく電波やマイクロ波の利用であると考えられる。単元「エネルギーとその利用」では、原子力に関連して、α線、β線、γ線などの放射線の特徴と利用、線量の単位を学ぶ。また、霧箱や測定器を用いて放射線の観察・測定を行い、放射線の利用と安全性の問題を考えさせることが示されている。

2) 選択科目「物理」

理科系の生徒が選択する「物理」では、単元「電磁波の性質とその利用」において、電気振動と電磁波の発生という物理現象をもとに、電磁波の基本的な性質、利用を学ぶと考えられる。この段階で電磁波の正確な物理イメージができる。単元「電子と光」では、電子と光の粒子性と波動性について学ぶ。そこで、光電効果などの学習を通して紫外線、X線が登場する。単元「原子核」では、原子核の構成、崩壊、核分裂、半減期、質量とエネルギーの等価性を学ぶ。この段階で、原発・原子炉の仕組みを理解する枠組みができる。ここでも、霧箱や測定器を用いて放射線計測を行う。

以上が、電磁波・放射線に関連する学校理科の学習内容である。結論すると、次のようになる。

> 結論1　小学校理科では、紫外線、赤外線を含む電磁波・放射線の学習はない。
>
> 結論2　中学校理科では、紫外線、赤外線の学習はなく、放射線の性質と利用の学習はあるが、電磁波としてのγ線の理解は難しい。α線、β線については、粒子としての展開が可能である。
>
> 結論3　高校物理では、電磁波の学習や放射線の測定が行われ、原子核の構成、崩壊、核分裂、半減期、質量とエネルギーといった概念をもとに、原発・原子炉の仕組みの学習が可能である。

2. 電界と磁界の理解

(1) 磁石の周りの空間＝磁界

　磁石には鉄粉を引きつけたり、磁針の向きを変えたりする働きがある。鉄粉や磁針に磁気力が働くからである。磁石の両端近くでは磁気力が最も強く、そこを磁極とよび、N極とS極が対になっている。磁石があると、その周囲の空間に鉄粉や磁針を置くと磁気力を受ける。磁気力が作用する空間を磁界（磁場）という。磁界の様子を見えるようにするには、磁石の上にガラス板などを乗せて鉄粉をふりかけ、ガラス板を軽くたたくなどすると、磁界をイメージできるような図形が得られる。最近では、鉄粉の代わりに細くて短い鉄の針金（鉄針）がたくさん入っている磁界観察槽が教材として販売されている[1]。その観察結果を下記に示す。鉄針は、磁石によって磁化され磁界の向きに並ぶ。

　鉄針の模様は、各点での磁界の方向を表す。磁界の強いところでは、はっきりと並び、弱いところではぼやける。図2-1-1のように、磁界の様子を表すのに、磁界の向きに沿って曲線を引き、これを磁力線という。磁界中に磁針を置けば、磁針は磁界の向きに並ぶ。磁界の向きは、磁針のN極に働く磁気力の向きにとる。磁界とは、力学的には単位の磁気量に働く力であるといえる。磁石のつくる磁力線は、N極から出てS極に入り、その分布によって磁界の強さと向きが示される。磁力線が密集するところほど磁界が強い。磁界は鉄粉などを動かすことができるため、磁石の周辺やコイルの中に存在する磁界の中にはエネルギーが蓄えられていると考えることができる。

　導線に電流が流れていると、導線の周りに磁針をおくと磁針は回転する。この

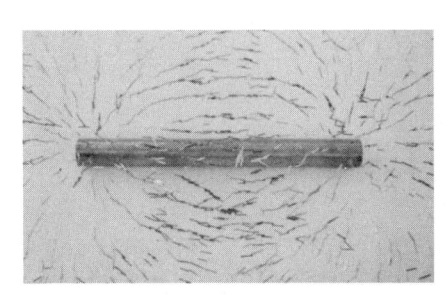

写真2-1-1　棒磁石の磁界　　　　図2-1-1　棒磁石の磁界

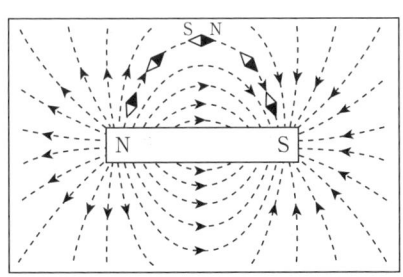

事実から、電流の周囲にも磁界ができていることが理解される。小中学校理科の学習内容だが、直線電流の周囲に生じる磁界の向きは、右ねじの法則として理解されている。

（2） 電界の考え方

　2種の物体を摩擦させると電気（電荷）が生じ、生じた電荷を静電気とよぶ。エボナイト棒を毛皮でこするとエボナイト棒に負電荷、毛皮に正電荷が生じる。負に帯電したエボナイト棒は小さな金属箔を引きつける。これは、エボナイト棒の負電荷により、図2-1-2のように金属箔の中で中和していた電気のうち、エボナイト棒と同種の電気がしりぞけられ、エボナイト棒と異種の静電気が引きつけられるためである。これを原子の構造から言い換えると、エボナイト棒と同種の電子（自由電子）がしりぞけられ、エボナイト棒と異種の正イオンが現れるためであると言える。このように、物体中の電気が帯電体を近づけただけで分かれる現象を静電誘導とよぶ。これを利用した静電気の検出器を箔検電器という。箔検電器には、目盛りのついたタイプもあり、太陽紫外線（UV-B）の検出などにも利用されている（本章第2節参照）。金属箔ではなく絶縁体でも、静電誘導が生じる。自由電子のない絶縁体では、電子の位置が少しずれ分極を起こしているだけで、電荷の分離は起こっていない。静電誘導の現象などから、静止した帯電体は、そのまわりに静電気力の働く空間すなわち電界（電場）をつくっていると

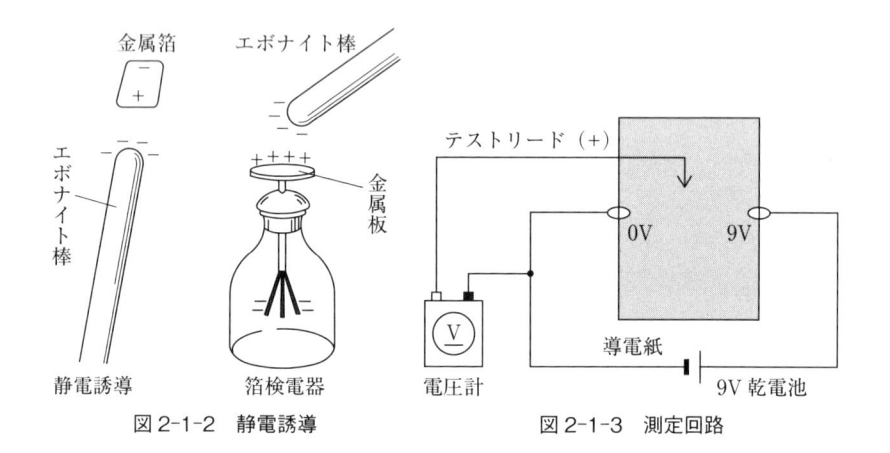

図2-1-2　静電誘導　　　　　　　　図2-1-3　測定回路

考えることができる。磁界の場合と同様に、単位の電荷に働く静電気力の大きさが電界の強さになる。

　電界は帯電物質（電子やイオン）を動かすことができるため、正負電荷の周辺やコンデンサーの電極間に存在する電界の中にはエネルギーが蓄えられていると考えることができる。

（3）等電位面の観察と電界のイメージ

　地図上の等高線をみると、等高線に垂直な向きが最も勾配がきつい。したがって、なめらかな斜面があり、斜面上に物体があれば、物体は等高線に垂直な向きにすべっていく。等高線に垂直な向きに、物体に力が働くためである。静電気の分野では、等高線にあたるのが等電位面であり、物体に働く力にあたるのが電気力線である。磁力線と同様な類推をすると、電荷のつくる電気力線は、正電荷から出て負電荷に入り、その分布によって電界の強さと向きが示される。

　以下、導電紙[2]を用いて等電位面を観察し、電界のイメージを得る方法を述べる。図2-1-3に測定回路を示す。

① 導電紙に乾電池を接続し、+9Vをかける。
② 直流電圧計のテストリード（-）を乾電池の負極につなぎ、テストリード（+）を導電紙に接触させる。
③ 電圧計が、4.5Vを示す所にホワイトペン（または修正用白ペン）で印を入れる。求める点はほぼ中央付近にある。
④ 同様に、2、3、4、6、7Vを示す所にホワイトペンで印を入れる。図2-1-4の左側のようになる。図2-1-4は、図2-1-3の導電紙を横にして示している。
⑤ 導電紙にコピー用紙を重ね、白点をなめらかな曲線で結ぶ（図2-1-4　中央）。その曲線が等電位面（線）になる。
⑥ 等電位面に垂直になるように、何本かの曲線を描く（図2-1-4　右側の矢印の入った曲線）。それが電気力線に相当する。

　電気力線は、図2-1-1の磁力線と同様なかたちをしている。電界中に置かれた電荷は、電気力線にそって静電気力を受ける。筆者は、勤務校の教育学部生（ほとんどが文科系）の科学関係の講義の中でこの実験を実施している。

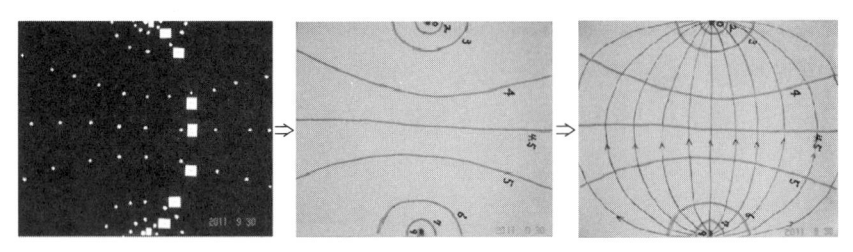

図 2-1-4　得られた等電位面（線）と電気力線（電界の様子）

3. 変動する電磁場（電磁波）の生成

2で見たように、静止した電荷は電界を作る。そして、電荷が等速度を含む定常運動をして生じる直流電流は磁界を作る。一方、電荷を振動させると交流電流が流れる。電荷の振動は、どのような"場"を作り出すだろうか。答えは、"変化している磁界と変化している電界"が作り出される、というものである。これらをまとめて、「変動する電磁場」あるいは簡単に「電磁波」という。これは、コイルのような回路を貫く磁力線が時間的に変化すると、回路に誘導電流が流れるという電磁誘導の法則があり、磁界の変化が電界の変化を生むことから導かれる。電磁波は振動したり時間的に変化したりする電荷の運動から生み出される。コンデンサー（蓄電器）に振動電圧が加わった場合や、コイルに振動電流が流れた場合、電磁波が発生する。これを電磁波の「放射」という。電磁波は空間を外に向かって進んでいく。図 2-1-5 に示すように、コンデンサーにたまった電荷をコイルに放電すると振動電流が流れる。コイルとコンデンサーに特殊な形状をほどこすと、電磁波を放射しやすくしている。これがアンテナといわれる形状にあたる。表 2-1-1 に、運動状態の異なる電荷によって、3種類の場が生成される事実を整理した。

表 2-1-1　運動状態の異なる電荷による3種類の場

電荷の運動状態	生成される"場"
静止（運動をしない）	電界（静電場）
等速度を含む定常運動（直流）	磁界（静磁場）
振動もしくは時間変化（交流）	電磁波（変動する電磁場）

（1） 電磁波の放射

　コイルとコンデンサーの直列回路である電気振動回路を極端に簡単にした棒状の金属が、その長さで決まる固有周波数をもつダイポールアンテナである（図2-1-5）。放電ギャップGに高電圧をかけて放電させると、電気的には1本の導体棒となり、高周波の電気振動を起こさせることができる。生成される電気力線は、次々と生じる新たな電気力線に押し出されるように外に出ていく。これが電波である。また、電流の周りに誘導される磁力線も大きさ向きが変化し、空間を横波となって広がっていく。このようにして、アンテナから遠く離れた所では、変動する電界と磁界は同位相で対になって電磁波として、電界Eと磁界Bのいずれの振動方向にも垂直な方向に伝わっていく（図2-1-6）。

　電磁波のエネルギー密度は、電界の振幅Eの2乗に比例する。また、電磁波理論では、

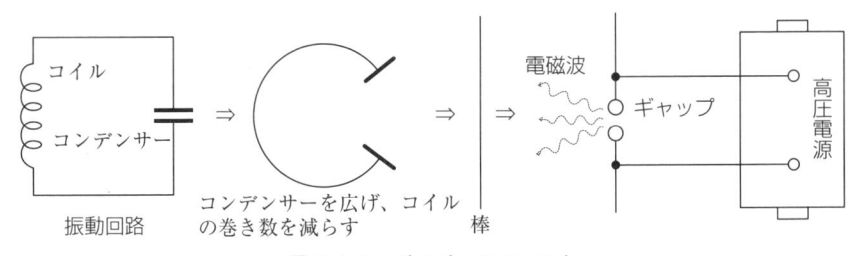

図2-1-5　ダイポールアンテナ

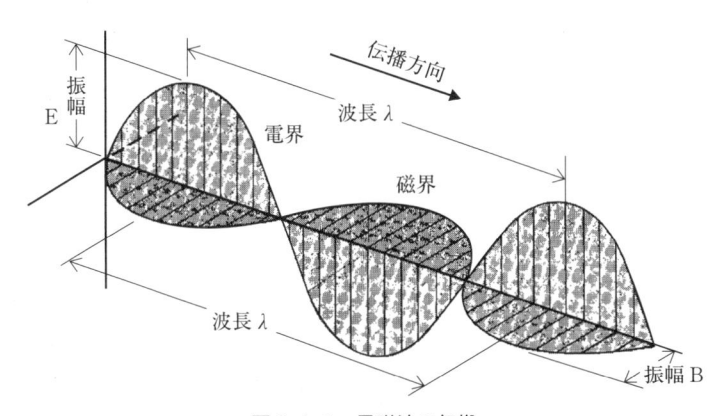

図2-1-6　電磁波の伝搬

$$B = E/c \quad \cdots\cdots \quad (1)$$

となり、磁界の振幅BはEに比例するため、電磁波のエネルギー密度は、Bの2乗にも比例する。ここで、cは光速である。

（2） 電磁波の伝搬

図2-1-6で、波長は波の山（谷）から山（谷）までの距離であり、波に特徴的な長さである。波源から1波長以上の距離に観測者がいれば、それを波として観測できる。電磁波の伝搬速度は光速度cと同じである。

$$c = 3.0 \times 10^8 \text{m/s}$$

電磁波は、1振動の間（1/f 秒）に1波長（λメートル）だけ進む。したがって、電磁波の波長λは周波数fと次の関係によって決まる。

$$\lambda = c/f \quad \cdots\cdots \quad (2)$$

携帯電話や電子レンジに割り当てられている電磁波は、マイクロ波とよばれ、波長が短く指向性がよい。また、熱作用も著しい。軍事用のレーダーは、マイクロ波の応用技術である。携帯電話の通信用マイクロ波の周波数には、835MHz（= 835×10^6Hz）が割り当てられている。式（2）から、携帯電話のマイクロ波の波長は約36cmになり、人の頭部がすっぽり入るサイズである。

$$\lambda = 3.0 \times 10^8 / 835 \times 10^6 \fallingdotseq 0.36 \text{m}$$

4. 電磁波学習の生活科学的アプローチⅠ―基準値と人体影響を調べる―

一般に、人体が非常に強い電磁波に曝されると、刺激作用や熱作用が起こる。刺激作用とは、人体に電流が生じることにより神経や筋の活動に影響を与えることで、熱作用とは人体に電磁波のエネルギーが吸収され、体温が上昇する作用である。およそ100kHz以下の低周波電磁波を浴びると、体内に電流が発生し、100kHz以上の高周波電磁波では、体温を上昇させる熱作用があるとされている。

電磁波の単位については次の通りである。電磁波の電界の大きさ（電界強度）を表すときは、キロボルト毎メートル（kV/m）、またはボルト毎センチメートル（V/cm）を用いる。磁界の大きさ（磁束密度）を表すときは、国際単位であるテスラ（T）を用いる。しかし、ガウス（G）やミリガウス（mG）を使用す

る事も多い。単位の換算は次の通りである。
  1 kV/m = 10 V/cm
  1 T = 10000G, 1μT = 0.01G = 10mG
また、エネルギーの指標となる電力密度の単位には、ミリワット毎平方センチメートル（mW/cm^2）、マイクロワット毎平方センチメートル（μW/cm^2）を使用する。

（1）WHOの見解から

　携帯電話の電磁波とがん発症の関連性について、世界保健機関（WHO）の専門組織で本部をフランス・リヨンに置く国際がん研究機関は2011年5月31日、聴神経腫瘍や（脳腫瘍の一種である）神経膠腫の危険性が限定的ながら認められるとの調査結果を発表した[3]。WHOの組織が携帯電話に関して発がん性を指摘したのは初めてとされる。国際がん研究機関は危険性の数値化はしておらず、最終的な結果を得るためには、今後、携帯電話の長時間使用について調査を続ける必要があるとしている。同機関の分類では、電磁波による発がんの危険性について得られている証拠の確実性は、鉛やコーヒーと同じ部類に入るという。当面の対策としては、耳に触れずに携帯電話のメールを使うなど直接電磁波に触れないような使用方法が重要だと指摘し、なるべく携帯電話本体に触れる時間を短くするよう提案した。国際がん研究機関は、1日30分間、10年以上使用を続けている場合、神経膠腫の発症危険性が1.4倍になるとした過去の研究結果を紹介し、発がん性の評価については、

　1）臨床的に十分な実証がある。
　2）臨床的には限定的な実証しかないが、動物実験では十分な実証がある。
　3）動物実験でも実証が十分とはいえない。

といった段階分けをしている。今回は、3）に分類されるということで、科学的な証拠は薄いと判断されているようである

（2）総務省などの規制値

　WHOや国際非電離放射線防護委員会（ICNIRP）では、法的な規制ではないが、電磁波に対するガイドラインが示されている。日本では、基本的にICNIRP

のガイドラインに準拠しているが、通産省（現経済産業省）の省令により施設基準としての電界の規制値を示している。また、総務省により、電磁波を対象とした電波防護指針を定め基準としている。

1) マイクロ波などの電波防護指針

現在、通信や放送に使われている電磁波は、光と同様に物質の原子を電離させるほどのエネルギーを持っていない電磁波である。総務省（旧郵政省）は2000年に法令を改正し、電波防護の基準値を設けた[4]。

① 電力密度基準

携帯電話の周波数835MHzでは、電力密度Pは式（3）により、

$P = 835 \div 1500 = 0.56 mW/cm^2$ （$560 \mu W/cm^2$）

になる。電力密度が表2-1-2に示した基準値を超える場所には、人が立ち入りできないよう柵等の安全施設を設ける必要があるとしている。

電子レンジのマイクロ波については、電気用品安全法と電波法施行規則に規定がある。電気用品安全法「電気用品の技術上の基準を定める省令別表第八2（95）ト項　電子レンジの外側に漏れ出る電波の電力密度」において、動作中、電子レンジの表面から5cmのあらゆる箇所において、扉を閉めた状態で$1mW/cm^2$以下、また扉を開ける際、動作が停止する直前の状態で$5mW/cm^2$以下というものである。

スイスでは、$4\mu W/cm^2$という厳しい防護基準が決められている。これは、ヨーロッパを中心に、生活環境・自然環境に対して被害をあたえる脅威については、科学的な証拠がなくても事前回避の措置を定めるという予防原則の考えが広がっているからであるといわれる。

② 局所吸収基準

人体が電波にさらされることによって単位質量の組織に単位時間に吸収されるエネルギー量を比吸収率（Specific Absorption Rate）といい、SARと略称

表2-1-2　電波防護の基準値

周波数 f	電力密度 P
30MHz ≦ f ≦ 300MHz	$0.2mW/cm^2$（$200\mu W/cm^2$）
300MHz ≦ f ≦ 1.5GHz	f÷1500　……（3）　この式で計算する。
f ≧ 1.5GHz	$1mW/cm^2$（$1000\mu W/cm^2$）

されている。SAR 値から、電磁波を発する機器から人体が一定の時間にどの程度のエネルギーを受けるかがわかる。携帯電話等の小型無線機の場合、局所 SAR 値が用いられる。局所 SAR とは、人体が電波にさらされることによって、任意の 10g 当たりの組織に 6 分間に吸収されるエネルギー量の平均値のことで、W/kg の単位で表されている。2002 年 6 月から、日本国内では総務省令で携帯電話などの機器に対して、局所 SAR が 2.0W/kg の許容値を超えないことが義務付けられた。

2）低周波電磁波の規制値

日本の交流周波数は 50 または 60Hz であり、発電施設のみならず家電製品の周囲にも同じ周波数の低周波電磁波が存在している。低周波電磁波に関しては、経済産業省が施設基準として電界の規制値を 3kV/m を設けている[5]。3kV/m という値は 1cm あたり 30V の電位差（電圧）で、髪がやや逆立つ程度であるといわれる。磁界の規制値は設けていない。

1998 年、WHO の関連機関である国際非電離放射線防護委員会（ICNIRP）が定めた電磁波の国際的ガイドラインによると、高圧送電線などから発生する超低周波電磁波（50Hz）の安全基準値を 1000mG としている。スイスでは、施設基準としての本規制値（$100\mu T = 1000mG$）以外に、住宅、病院、学校等の特に防護が必要な場所において、磁界の規制値（$1\mu T = 10mG$）を設定している。これは、日本の電波防護の基準値に相当する。10mG は、WHO の見解からしてかなり厳しい値である。また、全米放射線防護委員会（NCRP）が提唱する規制ガイドラインでは、人体に有害な電磁波は 2mG 以上であるとする厳しい制限も提案されている。

（3）電磁波の人体影響研究から

図 2-1-7 のように、太陽放射や稲妻にともなう自然発生の電磁波以外に、携帯電話などが急速に普及したため、人間も電磁波を発生させている（図 2-1-7 オ、ウ）。その人工の電磁波により自然が影響を受け（同カ）、自然の変化が人間に還元する（同ア）。

ここでは、マイクロ波の影響と考えられる事例について、人間の健康・生活への間接影響であるウ～カ～アの流れを 1）で、直接影響であるウ～エの流れを

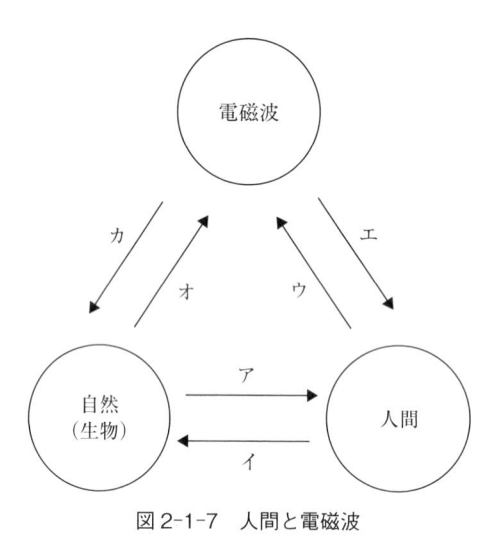

2）で述べる。3）では低周波電磁波の事例を紹介する。

1）ミツバチの減少 [6)7)]

2011年5月10日、国連環境計画（UNEP）が3月に発表したハチに関する報告書によると、この10年で世界中のミツバチの数が激減していることが分かった。それによると、北半球での減少が著しく、欧州では10～30％、米国では30％、中東では85％のミツバチが消えた。UNEPはその原因を農薬の使用や大気汚染だとしているが、スイスの科学者たちは携帯電話が最大の原因だとする見解を示している。携帯電話から発せられる電磁波がミツバチの方向感覚を狂わせるというものである。ミツバチは8の字ダンスをしながら、羽を1秒間に250～300回振動させ、仲間に食べ物の位置や距離などを伝達しているが、実験の結果、電磁波によりその正確性が損なわれることが分かったという。

インドのパンジャブ大学の研究者たちは、ミツバチの巣に携帯電話を取り付け、1日2回、15分間ずつ電源を入れる実験を3カ月間続けた結果、ミツバチは蜜を作らなくなり、女王蜂の生む卵の数は半減し、巣の大きさも大幅に縮小したという。また、英国インペリアル・カレッジ・ロンドンの生物学者、アンドリュー・ゴールズワーシーは、ミツバチの方向感覚のもとになる青色光受容体が携帯電話の電磁波や基地局の影響を受けて感覚を失い、巣へ戻れなくなるという。ミツバチの減少で失われるものは蜂蜜だけではない。ミツバチは世界中で、90種類の商品作物の授粉をしているとされ、その経済的価値は英国で年間2億9千万ドル、米国では120億ドルにも達すると言われる。ミツバチがマイクロ波で激減すれば、人間の食生活に大いに影響すると見られる。

図2-1-7　人間と電磁波

2) 子どもの注意欠陥・多動などの行動障害とマイクロ波[8]

　胎児期から7歳ごろにかけて母親の携帯電話からの電磁波にさらされた子どもは、そうでない子どもに比べて注意欠陥・多動などの行動障害を示す割合が高かったとの研究結果を、米カリフォルニア大ロサンゼルス校のチームが発表した。研究は疫学と公共保健の専門誌『JECH』の最新号に掲載された。それによると、同大のリーカ・カイフェッツらは2万8,000人の子どもを対象に、母親が自己申告した携帯電話の使用状況と行動障害との関係を調べた。妊娠中に携帯電話を使っていた母親のうち10％以上が、1日に4回以上通話したと申告した。また50％近くの母親が、携帯電話のスイッチを常時オンにしていたと答えた。チームによれば、母親が携帯電話をよく使っていたケースほど、子どもに行動障害が現れやすいことが分かった。ただ、携帯電話からの電磁波が子どもの行動障害に影響を及ぼす仕組みは不明である。母親が電磁波を受けることで体内のメラトニンと呼ばれるホルモンの分泌が変化し、胎児の脳の発達に影響するという説があるが、それも「憶測のひとつにすぎない」とカイフェッツは話す。携帯電話の使用状況と行動障害に非常に強い相関関係があるとはいえず、母親の申告の正確さにも疑問が残る。結局、携帯電話が行動障害の原因になるかどうかをこの研究から判断することは不可能とみられる。しかし、カイフェッツは、携帯電話が世界中に普及するなか、健康被害の可能性に注意を払うのは重要なことだと強調している。

3) 低周波電磁波の人体影響

　大阪・門真市には、巨大な鉄塔だけではなく実は見えない地中高圧送電線が広がっている。2005年6月に英国で公表された調査結果では、小児白血病が70％多く発症する区域は松下電器産業本社を含め門真市全域に広がっていることが分かったとされている。また、日本の疫学調査では、4mG以上で小児白血病発症2.6倍という結果が得られている[9]。

　また、電磁波をあびることが原因で発生する「電磁波過敏症」とよばれる諸症状がある。家電製品や・送電線・電車など、電気が流れているものに近づくと体調が変化する事に気付き、知覚するたびにそれが過敏に反応するようになり、不定愁訴になることがある。電磁波に過敏なため、身の回りにある微弱な電磁波を浴びただけで頭痛や吐き気などを感じるというものもある。現在は、精神的な要

因も排除できないとして症候群として捉えられているという。

5. 電磁波学習の生活科学的アプローチⅡ―身の回りの電磁波を測る―

ここで用いた電磁波測定器は、CellSensor™ CELLULAR PHONE/EMF DETECTION METER であり、測定対象は低周波磁場（50～60Hz）とマイクロ波である[10]。マイクロ波の対応周波数は、アナログ式およびデジタル式携帯電話の中心周波数（835MHz）であり、内蔵回路は835MHz±3dBに設定されている。最も簡単な測定として、CellSensorを電子ライターに近づけてライターに着火するとメーターが振れる。着火をよく観察すると火花が飛ぶ放電であり、図2-1-5のような放電による電磁波が発生しているためである。

（1）身近な電気製品からの低周波電磁波

低周波の周波数f（＝50Hz）から波長λを求めると、式（2）によって約6,000kmにもなる。これは地球半径に相当する距離である。

$$\lambda = c/f = 3 \times 10^8 / 50 = 6 \times 10^6 \text{m} = 6000 \text{km}$$

したがって、"波"というには波長が長すぎて、波であることを確認することは事実上不可能である。よって、低周波電磁波は低周波の変動磁界と考えた方が実際的である。実際、CellSensorでも測定値の単位はmG（ミリガウス）になっている。身近な機器から出る変動磁界の強度を調べた結果を、mG単位で示す。

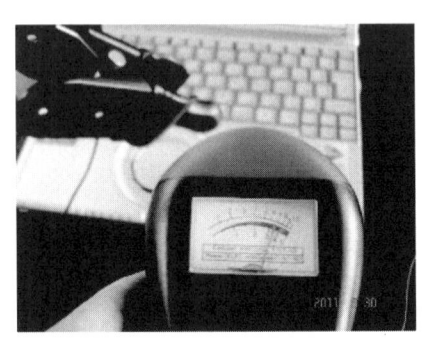

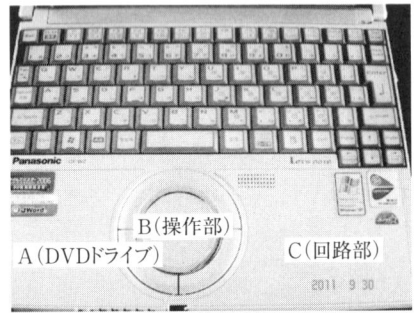

写真2-1-2　測定の様子　　　写真2-1-3　パソコンの測定個所

1）ノートパソコン

パソコンの磁界強度は測定箇所によってかなり変化する。

写真2-1-2のように、センサーを近づけていくと、すぐに1mGくらいまで上昇する。写真2-1-3で、パソコン上にセンサーを乗せて測定した値を下記に示す。パソコンは、筆者が講義に使っているもので、かなり旧型のモバイルPanasonic CF-W2である。

A（DVDドライブ）　〜0.5程度
B（操作部）　　　　1.2
C（回路部）　　　　50以上

写真2-1-4　ラジオによる測定

右手を乗せて操作することの多いC部は、A部の100倍に達する。これは、スイスの規制値10mGの5倍である。

変動磁界はラジオの雑音（ノイズ）レベルで測ることもできる。次のようにすればいい。

① AM電波を受信し（例えばNHK放送など）、同調が完了すると音声などがクリアに聞き取れる状態になる。
② 次に、ラジオ本体をパソコンや携帯電話などに近づけていくと、機器からの変動磁界をラジオが受信して雑音が入る。

写真2-1-4のように、ラジオのそばに携帯電話（au W62H）を置くと雑音で音声が聞き取りにくくなった。携帯電話をソフトバンクiPhone4に変えると、ノイズのみになった。

パソコンとラジオの距離を変えて、ラジオの雑音の状態を調べた結果を下記に示す。ラジオは小型のものを用いた（Soundpit AM/FMポケットラジオ RAD-F1601Z）。

パソコンから100cm　　雑音は入らない
　　　　　　50cm　　サーという雑音が少し入る
　　　　　　30cm　　音声と変わらないくらいの雑音が聞こえる

　　　　　20cm　　　　雑音で音声が聞き取りにくくなる
　　　　　10cm　　　　雑音で音声がほとんど聞き取れない
　　　　　5cm　　　　 雑音で音声がまったく聞き取れない

この実験から、パソコンから30cm離れた位置の変動磁界の強度は、受信電波の強度とほぼ同じであることがわかる。

２）扇風機（YAMAZEN　30cmリビング扇　YLT-CA301　100V/42W）

　背面のモーター部より約10cmの位置で測った値は以下の通りである。電源offの状態で0.4 mG、電源onで0.6 mGになった。風力は3段階になっていた。

　　　風力（弱）1.3　　　風力（中）1.5　　　風力（強）13

　風力を強にすると、急に1桁上がる。私たちが普通に使う状況では次のようになった。

　　　羽根面から30cmの場所　1.3　　　羽根面から60cmの場所　0.6

３）電気カミソリ（National ES7043）

　センサーと、肌に接触している刃の部分との距離を変えて測定した。

　　　刃の部分から10cm　0.4　　　刃の部分から5cm　0.4　　　刃の部分に密着 20

　電気カミソリは刃の部分を肌に密着させて使うが、スイスの規制値10mGの2倍になることがわかる。

４）単巻可変変圧器

　単巻可変変圧器は、商品名をスライダックといい、中学理科や高校物理の実験で使用することが多い。AC100Vの入力で、出力を0〜130Vまで変化させることができる。写真2-1-5のように、スライダックの中心部から測ったセンサー

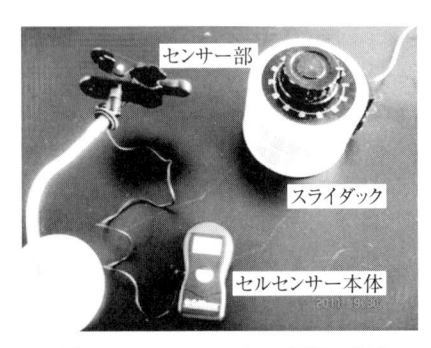

写真2-1-5　スライダック周辺の測定 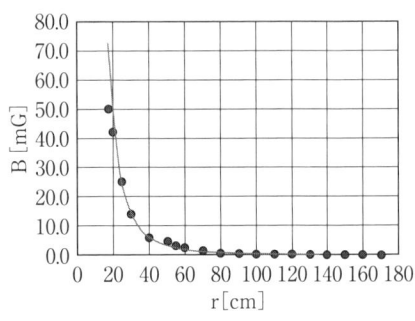　　　図2-1-8　スライダックの変動磁界

の位置 r を変えて磁界強度 B を測定した結果を図 2-1-8 に示す。距離 r が 40cm を切るあたりから急激に上昇することがわかる。この測定では、磁界強度 B は r の 2 乗にではなく、ほぼ r の 3 乗に反比例していた。変動磁界は波源から離れると急速に減少することが理解される。

$$B = k \cdot r^{-3} \quad \cdots\cdots (4)$$

式 (4) の k は比例定数である。距離が 18cm を切ると、50mG を超えてしまい測定器の針が振り切れてしまう。

(2) マイクロ波の測定

ここでは、身近な機器から出るマイクロ波強度を調べた結果を示す。示した数値の単位は mW/cm^2（ミリワット毎平方センチメートル）である。

1) 携帯電話

携帯電話（au W62H）のすぐそばに測定器を置いて、送受信したときの結果を下記に示す。

① 電　話　受信時　0.2 〜 0.3
　　　　　　送信時　0.2 〜 0.3
② メール　受信時　0.9 〜 1.0
　　　　　　送信時　〜 0.5

電話よりもメールの方が高く、特に受信時は表 2-1-2 に基づく基準値 0.56mW/cm^2 より高いことがわかる。ちなみに、SAR 値は、au W62H が 0.499 W/kg、iPhone4 が 1.17 W/kg であり、総務省の許容値 2.0W/kg よりは小さい[11]。

2) 電子レンジ

電子レンジ（SHARP RE-TD1）の中心部とセンサー部の距離を 25cm に固定して測定した結果を下記に示す。

　　A（扉左側）にセンサー部を向ける　　〜 0.4
　　B（扉中央）にセンサー部を向ける　　0.4 〜 0.6
　　C（扉右側）にセンサー部を向ける　　2.0 〜 3.0

A 〜 C の位置は写真 2-1-6 に示す。電子レンジの場合も、場所によりマイクロ波強度が 1 桁近く異なることがわかる。なお、センサー部をマイクロ波強度が最も強い C に向けて電子レンジに近づけていくと、最大で 7 〜 8mW/cm^2 に達し、

電気用品安全法による基準値（扉を閉めた状態で 1mW/cm² 以下）の 10 倍近くになる。

次に、センサー部を C に向け、電子レンジの中心部とセンサー部の距離を 32cm に固定して、電子レンジとセンサー部の間にアルミホイルを挿入してマイクロ波の遮蔽効果を測定した。用いたアルミホイルはオーブン用のもので、通常より 1.7 倍厚いものを用いた。厚さは公称 20μm（マイクロメートルまたはミクロン）である。マイクロ波の周波数 f（=2450MHz）から波長 λ を求めると、式(2) によって約 12cm になる。

$$\lambda = c/f = 3 \times 10^8 / 2450 \times 10^6 = 0.12 \text{m}$$

アルミホイルはマイクロ波の波長より大きくする必要があるため、30×24cm 程度に切り取り、A4 封筒に入れて、電子レンジ前面とセンサー部の間に入れた。結果を下記に示す。

アルミホイル　なし　　0.8 〜 1.0
　　　　　　　1 枚　　0.3 〜 0.4
　　　　　　　2 枚　　0.2
　　　　　　　3 枚　　0.15 〜 0.18

マイクロ波は、アルミホイルを 1 枚入れる毎に約半分に減少していることがわかる。

以上、測定場所によってはマイクロ波も低周波の変動磁界も基準値とよばれる値を超えることがわかった。その値が、我々の健康にどう影響するのか、あるいはしないのか、情報収集による合理的判断が求められる。このような学習にも科学的リテラシーを高める素材が存在しているように見える。

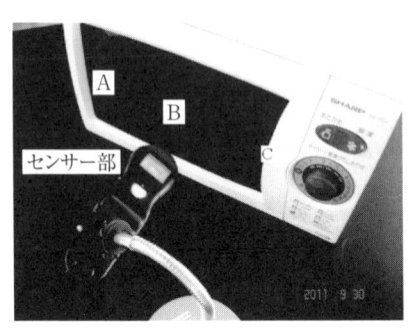

写真 2-1-6　電子レンジ周辺の測定の様子

6. 学校理科の電磁波学習における生活科学的アプローチの必要性

　選択必修の物理基礎では、電磁波の測定や人体影響について資料を用いて考察させる学習は十分可能であるように見える。中学校の選択理科においても、電磁波の測定などは可能ではなかろうか。生徒が卒業してから、実際に遭遇する可能性があるのは電磁波問題であると思われる。物理学習において、電界、磁界の定量的定義、アンペール則、電磁誘導、振動回路、交流……など学習内容の階層性は大切ではある。しかし、その学習に疲れ果て、電磁波まで辿り着けないようでは困る。外国の啓蒙書などに見られる議論の展開方法を十分参考にすれば、階層性を適度に保ちながらも、本節の4、5で示した生活科学的アプローチを取り入れた電磁波学習は可能であるように思える。リスク評価や予防原則、さらにはリスクベネフィットアナリシスといった合理的判断の訓練にもなるのではないだろうか。

第2節　人間と太陽紫外線

　最近の環境意識の中で、オゾン層の減少に伴う人体や生態系に有害な太陽紫外線（UV-B）への不安がクローズアップしてきた。新聞紙上でも、1980年代の値に対する90年代の著しい増加が報道された。しかるに、教育の内容は紫外線そのものではなくオゾン層にあり、学校の理科教育、環境教育でも太陽紫外線に直接関係するものは少ない。これは、紫外線観察・計測の難しさに原因がある。太陽光の中に紫外線があるとなぜいえるのか。紫外線測定器で測ると数値が出ることだけで、紫外線が存在するといえるのか。本節の1.では、紫外線発見の経緯にふれながら、太陽紫外線の存在を確認する実験について述べる。2.では、太陽紫外線強度の高度比較についてのフィールドワークの実例を紹介する。高等学校の物理Ⅱ（現行）で、光電効果の導入として教科書に取り上げられている方法は、よく磨いた亜鉛等の金属板を接続した箔検電器を負に帯電させ、金属板に殺菌灯等で発生させた紫外線を当てて電子を飛び出させ、箔を閉じさせる実験である。3では、この方法を戸外での太陽紫外線観察に利用した実験を示し、実施された教育実践について述べる。

1. 太陽紫外線の生活科学的アプローチⅠ―太陽光に紫外線は存在するか？―

　紫外線発見の歴史は、1801年にまでさかのぼる。リッター（J. W. Ritter）は太陽光による塩化銀の黒化を観察していて、可視スペクトルの紫側の末端（380nm付近）の外側の暗黒部分が可視スペクトルのどの部分よりも強い効果を与えることを見いだし、紫外線発見への道を開いたとされている[12) 13)]。

　筆者は、現職につく前、物理教師として奈良県立高田高等学校に奉職していたが、総合学習「探究」の主任もしていた。当時は、「探究」は環境学、福祉と共生、やまと学、海外事情の4科目構成であったが、後に教育基礎、芸術文化を追加して6科目構成に発展した。2001年度に入り、「環境学」で物理を核にしたクロスカリキュラム「大気と環境の問題」の授業案が完成し、紫外線の観察を主軸にしたクロスカリキュラムの授業が行われた[14)]。クロスカリキュラムとは、簡単にいえば、複数の教科・科目でひとつのテーマを探究する指導方法である。ここでは、その中から物理に関する指導を紹介する。

　本章第1節でも述べたように、生徒は小・中学校において紫外線をまったく学習していない。したがって、ここでは観察のねらいを次のような基本的事項に限定した。

　① 太陽光には、紫外線線分が含まれていること。
　② 紫外線は、エネルギーをもっていること。

　実際には、下記のような「ブラックライトによる塩化銀の黒化実験」が行われた。写真2-2-1に実験の様子を示す。

　① 飽和食塩水を2つ作り、硝酸銀溶液を加えて塩化銀の白色沈殿を作る。
　② 一方の白色沈殿に、ブラックライト（紫外線）を照射する。
　③ 他方の白色沈殿は、そのまま放置するか、豆電球の光をあてる。
　④ ブラックライトを照射した方と、放置した方を比較する。
　⑤ 放置した方を、太陽光にさらす。
　⑥ 白紙に蛍光ペンで文字などを書いた後、ブラックライトを照射する。

　実験では、操作②で塩化銀の白色沈殿が紫黒色に変化する（写真2-2-1　結果1）。操作⑤では、白色沈殿が数秒で紫黒色に変化するので生徒がびっくりする（写真2-2-1　結果2）。操作⑤により、太陽光のなかに紫外線が存在することが

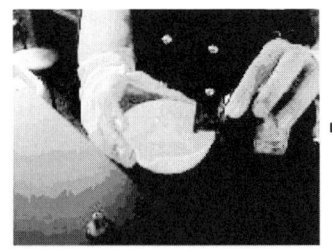

飽和食塩水に硝酸銀溶液を加える。 　　塩化銀の白色沈殿にブラックライトをあてる。

結果1　　　　　　　　　　　　　結果2

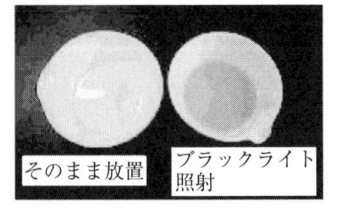

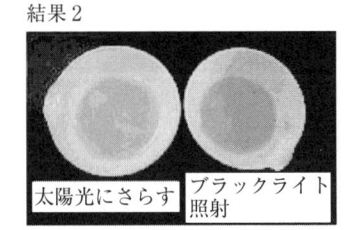

そのまま放置　／　ブラックライト照射　　　太陽光にさらす　／　ブラックライト照射

写真 2-2-1　塩化銀の黒化実験

驚きをもって理解される。操作⑥では、蛍光ペンで書かれた見えない文字が光って浮き上がって見えるので、紫外線自体は見えないが、紫外線には発光能力としてのエネルギーをもつことを生徒に想像させることができる。

　ただし、この実験では、ブラックライトから紫外線が出ているということを前提としている。太陽光にはブラックライトと同じ働きをする成分が存在するということしかわからない。したがって、ブラックライトから紫外線が出ているということは、わかっている事実として教えなければならない。

2. 太陽紫外線の生活科学的アプローチⅡ―登山で日焼けするのはなぜか？―

(1) 紫外線全量の高度比較

　「山で日焼けするのは太陽の紫外線が強いからではないか？」という科学部生徒の素朴な疑問から、奈良県北葛城郡新庄町（当時、現在は葛城市）と大和葛城山（標高960m）で紫外線全量（UV-A、UV-Bの総和）の同時測定をしようということになったのは2000年度のことである。文献では、400m上昇につき4%の増加[15]、あるいは1,000m上昇につき10～20%の増加[16]が報告されている。実際、松本市（600m）の紫外線量は、緯度の低い地点よりも大きいというデー

48

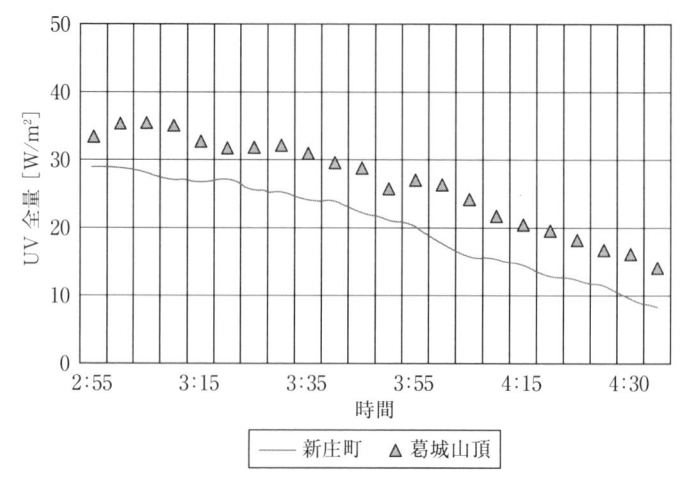

図 2-2-1　紫外線全量の高度比較（2000 年 8 月 23 日）

タもある[17]。

　同年の 8 月 23・24 両日は雲量 0 の風のない快晴となり、急遽山頂と御所市新庄町の同時測定が行われた。その結果、両者の UV 全量に大きな差が出ることが分かった（図 2-2-1）。この測定により、新庄町での紫外線が高田高校での値を、文献値以上に上まわることがわかり、山での日焼けが実感を伴って理解された。その理由として、部員達は山頂からの大和盆地のかすんだ景色を見て（写真 2-2-2）、

① 大気の汚れによって紫外線の透過が妨げられる
② 水蒸気（本当は水滴）によって紫外線の透過が妨げられる
③ 空気の分子によって紫外線の透過が妨げられる

と仮説を立てた。

　このとき同時測定に用いたのは、半導体紫外線センサー G5842 であり、評価の難しい散乱紫外線の影響を避け、直射紫外線だけの比較を行った。太陽放射スペクトルを 295nm から直線的に立ち上がる直線で近似し、センサーの分光感度データを取り寄せて数値計算を行った結果、G5842 の出力を V [mV]、太陽紫外線強度を I（全量）[W/m^2] とすると、I は次式で得られることが分かり[18]、この式で図 2-2-1 の直射紫外線量を求めた。

$$I ≒ 0.04 × V \quad \cdots\cdots (1)$$

式（1）は、太陽紫外線で成立し、他の光源では強度 I は、いつも出力 V に比例するとは限らない。その後、①説の検証に向かって、空気のきれいな橿原森林公苑と自動車が頻繁に通る奈良県橿原市の近鉄八木駅周辺の同時測定を行ったが、有意な差は検出できなかった。②③説の検証はまだ行われていない。

写真 2-2-2　葛城ロープウェイから見た大和盆地

（2）UV-B の高度比較

　2002 年度に、高価な UV-B 専用測定器（SHIMAZU　12 万円　写真 2-2-3）が 1 台入り、科学部の活動や総合学習「探究（環境学）」のグループ別学習でも UV-B の測定ができるようになった。

　さらに、環境学の 1 学期の授業（クロスカリキュラム「大気と環境の問題」）では、「紫外線チェッカー UV-mira」（株式会社タニタ　写真 2-2-4）を使用して、UV-B の測定を生徒実験として行っている[19]。どちらも、センサー面にほぼ垂直に長いボルトを立て、その影がなくなる向きがほぼ太陽の向きになる。直射光測定のため、SHIMAZU には円筒のアダプターを、mira は測定しやすいようにセンサー部を外部に取り出し、穴のあいた黒のフィルムケースで直射光を導

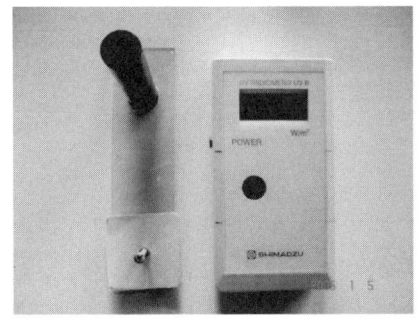

写真 2-2-3　UV-B 測定器（SHIMAZU）と科学部員製作の直射光の導入器

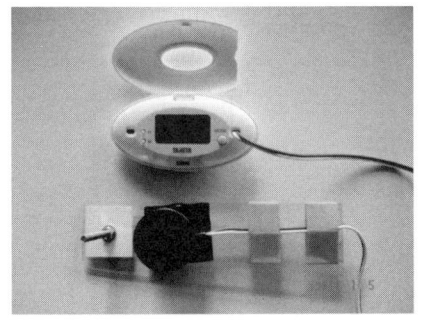

写真 2-2-4　UV-B 測定器（UV-mira）と科学部員製作の直射光の導入器

入している。UV-mira は1台5,000円と格安であり、操作も簡単で最大値が測れるという利点がある。しかし、7台の器差を調べたところ、UV-Aでは10%程度で授業における利用に問題はなかったが、UV-Bでは表示が1桁ということもあり、最大50%の器差が生じた。これは価格的に仕方のないことであろう。生徒に教えているデータの有効数字だが、例えば、0.2W/m^2が、0.15～0.24であるということを思い知らされた。2004年度に入り、念願のUV-Bの高度比較を行うことになった。比較場所は、高田高校と標高960mの葛城山頂である。測定器はSHIMAZUとmiraである。miraには大きな器差があるので、個々の値は信用できない。そこで、SHIMAZUの値を正しいと考え（これも十分に科学的妥当性があるとはいえない）、SHIMAZUとmiraを用いて同時測定を行い、両値の相関をとってmiraの値を較正することにした。その結果、両者のUV-B強度I（SHIMAZU）とI（mira）の関係が次のように決まった[20]。

$$I(SHIMAZU) ≒ 2×I(mira) \quad \cdots\cdots (2)$$

miraの値の2倍が、SHIMAZUの値に相当することになり、誤差も2倍で±0.1W/m^2となる。2004年7月23日に行われた測定結果を図2-2-2に示す。高田高校の測定にSHIMAZUを、葛城山頂での測定にmiraを使用した。図2-2-2では、登頂時刻の11時を過ぎると、明らかに標高960mの葛城山頂の値が高田高校の値

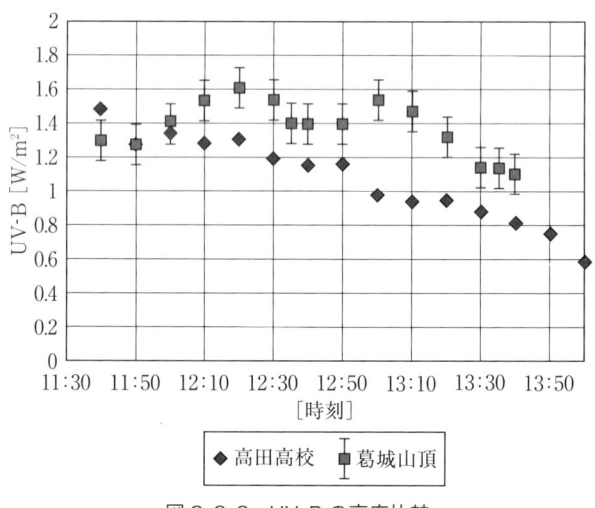

図2-2-2　UV-Bの高度比較

を上まわっていて、図2-2-1と同様の結果が得られた。

以上のような同時測定は、ほとんど行われておらず、公表された実例も数少ない。その意味では、環境物理学的に貴重なデータとなると考えられる。

3. 太陽紫外線の生活科学的アプローチⅢ―箔検電器が紫外線測定器？―

光の粒子性を理解するための紫外線による光電効果は、高等学校で主として理系の生徒が選択する物理Ⅱで教えられる（p57参照）。教科書では、図2-2-3のように、光電効果の導入によく磨いた亜鉛等の金属板をのせた箔検電器を負に帯電させ、金属板に殺菌灯等で発生させた紫外線を当てて電子を飛び出させて箔を閉じさせる実験が取り上げられている[21]。理科で紫外線を直接使う生徒実験はこれ以外には見あたらない。この実験では、光源と金属板の条件を統一すると、箔が閉じるのに要する時間は意外に再現性がよい。

そこで、高価なUV-B測定器を準備できない学校現場で、太陽紫外線の存在を観察するのに市販の目盛り付き箔検電器を利用できないかと考えた。利用の条件としては、次の2つの課題が挙げられる。

　課題1　箔検電器に、戸外で再現性のある電子注入ができなければならない。
　課題2　箔が閉じるのに要する時間と太陽紫外線量との関係を知る。

そこで、まず課題1をクリアするために電子を注入する方法を考え、装置を製作した。

（1）電子注入による箔検電器の帯電の考え方

身近な乾電池を使って、箔検電器の金属部にほぼ一定量の電子を簡単に注入できる装置を考案した[22]。この方法では、箔検電器の金属部にどのくらいの電子が注入されたのかが分かる。一般に、電池は電流を取り出すものだが、簡単な工夫で電子を取り出す（取り残す）こともできる。その考え方は、次のようなものである（図2-2-4）。

　① 直流電源を用いて、例えば平行板コンデンサーを充電し、電源を切り離す。コンデンサー

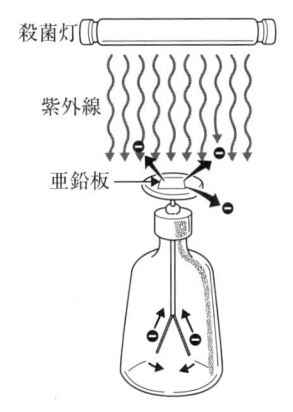

図2-2-3　光電効果の説明

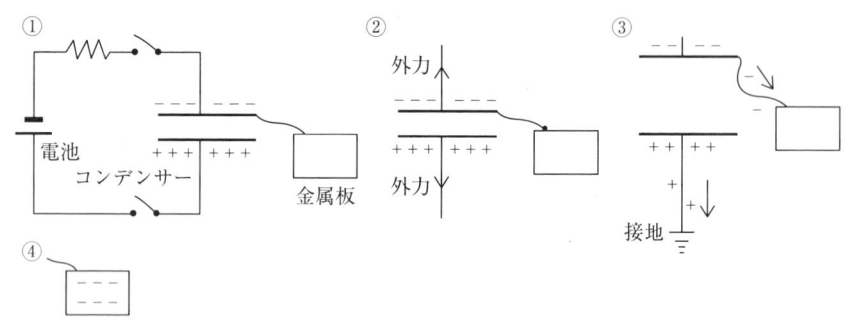

図2-2-4 電子注入の考え方

の一方の極板（負に帯電）には金属板が接続されている。
② 外力を加えてコンデンサーの両極板を無限遠まで徐々に引き離す。
③ 極板上の正負の電荷に働く静電気力がなくなった状態で、正電荷の存在する極板を接地し正電荷を逃がす。
④ もう一方の極板上に電子が残る。

この電子は、接続された金属板（例えば、箔検電器の金属部）に逃げていく。このようにして、金属板に電子を注入することができる。

目盛り付き箔検電器の両金属板にポリエチレンシート等の絶縁体を挟んで充電し、電源を切り離した後で絶縁体と一方の金属板を遠ざける方法[23]では、箔を開くことが難しく、操作中に摩擦電気を生ずることがある。

（2）電子注入器（電子供給器）の製作

乾電池を用いて製作した装置の回路を図2-2-5に、実物を写真2-2-5に示す。以下、その使用法を示す。

① 乾電池（006Pを4個使用）でラジオの同調用容量可変コンデンサー（通称ポリバリとよばれるバリコン）に充電して電源を切り離す。
② ポリバリの極板を回転させて電気容量を小さくしていくと、マイナス側の極板から出ている導線とクリップで接続された箔検電器の箔が少し開く。
③ さらに、電気容量を最小にすると同時に、プラス側の極板に接続されたボルトを指で触って正電荷を逃がすと箔が最大に開く。
④ このとき、すかさず導線を引っ張ってクリップを箔検電器から切り離す

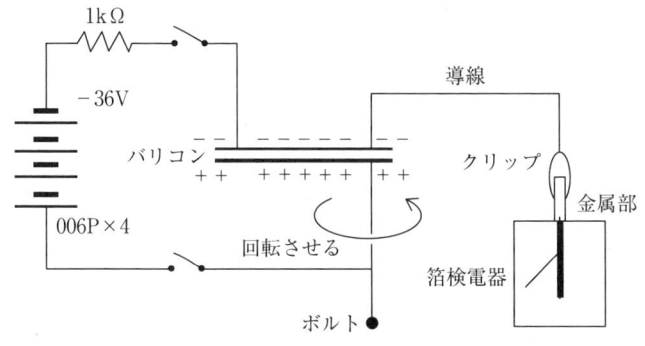

図 2-2-5　電子注入器の回路

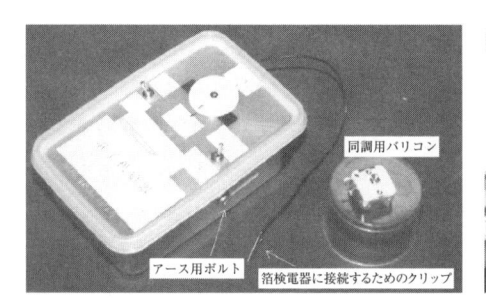

写真 2-2-5　電子注入器とバリコン

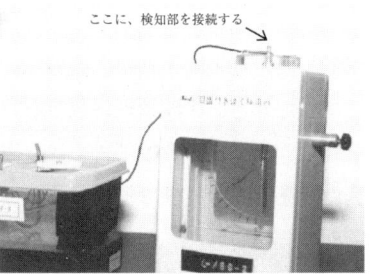

写真 2-2-6　電子注入器で箔を開かせているところ

と、箔が開いた状態になる（写真 2-2-6）。

この方法では、次のような利点がある。

(1) 箔検電器の金属部に移動した電子の数の評価
・バリコンの電気容量 C_0 と充電電圧 V が既知である。
・箔検電器の金属部の静電容量 C は、その表面積から計算すると 40pF 程度である。（$C_0 ≒ 200pF$、$V ≒ 36V$、$C ≒ 40pF$）

これらの数値から、金属部に移動した電子の数を見積もることができる。

(2) 帯電系列によらない、静電気の正負の絶対的判定

高等学校の物理では、帯電体の電荷の正負は、帯電系列によって知ることになっている。箔が開いた箔検電器の金属部に、毛皮で摩擦したエボナイト棒を近づけたとき、箔が閉じたとすると、箔は正に帯電していたことになる。それは、

帯電系列

$$(+)\ 毛皮──ガラス──絹──エボナイト\ (-)$$

のような、帯電系列からエボナイトが負に帯電している「知識」を使っている。このことに異論はないが、学習者には帯電系列は自明の事実ではないかもしれない。その点、製作した電子注入器の原理が学習者に理解されれば、帯電系列によらずに、帯電体の電荷を独自に判定することができるようになる。このことを使うと、科学クラブなどで身近なものの摩擦による静電気について研究させることも可能であり、実際に行わせていた。

（3） 教育実践例—中学校理科教員対象研修講座として—

　光電効果の生活科学的アプローチによる学習の一例として、電子注入器と箔検電器を用いた太陽紫外線の観察は、筆者が奈良県立教育研究所の研究指導主事をしていたとき、中学校理科教員を対象とした研修講座で実施された。このような学習は、中学校の選択理科では発展的な内容ではあるが、環境理解の視点を踏まえた授業として実施は可能であると考えられる。研修講座での観察は、次のような順序で行われた。

① 先生方に、電子注入器の原理を理解してもらう。中学校理科の先生なので（高校や大学で物理を基本から勉強していない可能性もあるので）、コンデンサーの基本から説明する。
② 紫外線の光電効果について説明する。
③ よく磨いた小さなAl板（検知部　写真2-2-7）を接続した箔検電器に電子を注入する。箔検電器をクリーンベンチに入れ、殺菌灯を点灯して検知部に紫外線（波長＝253.7nm）を当てる。（Alの限界波長は300nmであり、UV-Bの観察に適している）。
④ 1〜2秒で箔が閉じるのを観察し、光電効果を確認する。戸外（教育研究所の4階屋上）へ出る。
⑤ 箔検電器の検知部を太陽の方向に向ける。
⑥ 板などで検知部を日射から遮蔽し、電子を注入し箔を開かせる。
⑦ 板を取り去ると、数秒で箔が閉じるのを観察する。
⑧ 繰り返し行い、箔が閉じているときに大型のシャーレで検知部を日射か

ら覆うと、箔が開いたままになるという、ガラスの紫外線遮蔽効果を観察する。

⑨ 透明と白色のアクリル板、ペットボトル、布等の遮蔽効果およびその度合いを確認する。

講座当日は8月下旬の日差しの強い快晴に恵まれた。箔が閉じたとき、先生方から「オー」という驚きの声が聞こえた。UV-Bを確認するとともに、ガラスによる遮蔽効果も理解された。ガラス越しの日光浴は健康によいという雑談も科学的根拠があることになるといった話も出て大いに盛り上がった。

写真2-2-7 検知部

箔検電器を用いた太陽紫外線観察は、中学・高等学校の現場で生徒に探究的な学習として実施することも可能であり、奈良県立郡山高等学校で光電効果の学習として上田が実施している[24]。負に帯電させた箔検電器の金属部に亜鉛板を取り付け、戸外に出して太陽光にあてて、箔が閉じるまでの時間を測定させ、その短長で紫外線量の大小を推測させている。日本人の皮膚がん年間発生は、人口10万人当たり約10人であるが、30年前は1人程度であった。この10倍の増大はUV-Bが原因なのか……、時間があれば日常生活に関連する学習にもつないでいくことができる。

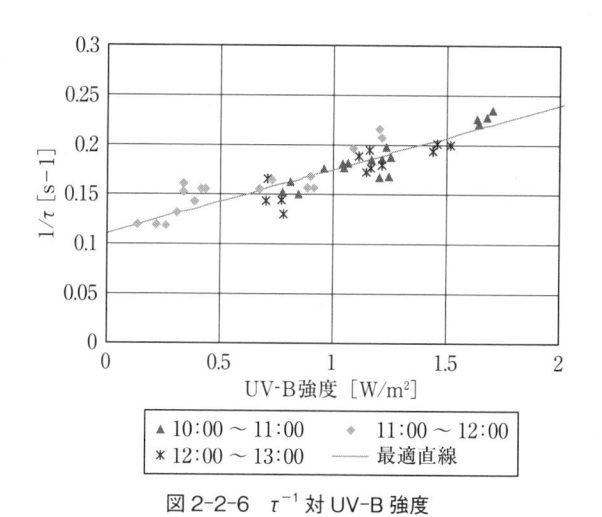

図2-2-6 τ^{-1} 対UV-B強度

以上のような生活科学的アプローチによる学習により、光電効果の学習内容が学校知識になってしまうのを防ぎ、学習者にとって太陽紫外線のような環境理解につながった意味のある学びになると考えられる。

(参考) UV-B測定の定量化モデルを作る

　検知部に照射される紫外線の強度が強いと、光電効果がたくさん起こり箔は速く閉じる。逆に、検知部に照射される紫外線の強度が弱いと、光電効果が少ししか起こらず箔はゆっくり閉じる。このような考えを推し進め、「UV-B強度は箔が閉じる時間 τ に反比例する、あるいは箔が閉じる時間の逆数 τ^{-1} に比例する」というモデルが作られた。目盛り付き箔検電器の金属板を取り除き、金属棒（Al棒）を短く切って作った紫外線検知部を接続する（写真2-2-7）。ここで、電子注入器によって注入された電子数を ΔN_e、検知部で単位面積当たり単位時間に光電効果を引き起こす単色光の光子数（単位面積当たり単位時間に放出される電子数）を n_{P2}、検知面の有効面積を ΔS とする。帯電した箔が閉じるのは、箔検電器に注入された電子がすべて外部に放出されたときであるから、n_{P2} は箔が閉じるのに要する時間 τ と次式の関係になる[25]。ここで、n_{P2} はUV-B強度に比例すると考える。

$$\tau = \Delta N_e / (n_{P2} \cdot \Delta S) \quad \cdots\cdots (3)$$

低圧水銀灯を用いて式（3）の検証が行われた。また、τ の逆数 $\tau^{-1}[s^{-1}]$ とUV-Bメーター（SHIMAZU）による直射UV-B強度の測定値 $I[W/m^2]$ の関係を調べた結果、図2-2-6のような結果が得られた。結果を式（3）のモデルで解釈することにより、τ^{-1} がUV-B強度の指標となることがわかった[26]。式（3）により、p51の 課題2 が解決された。

第3節　人間と放射線

1. 光量子

（1） 光電効果と波としての紫外線

　光電効果は金属に光（紫外線）を照射したとき、金属内部から電子が叩き出されるという単純な現象である。光が金属面に照射されて、光のエネルギーが金属内の電子に移り、電子がエネルギーを得ると、そのエネルギーによって内側にある正イオンの引力を振り切ることができれば、電子が外に飛び出す。光電効果は、このような現象であると考えられる。光電効果は1887年にヘルツによって発見され、その後レナードらの詳しい研究の結果、いろいろな特徴が明らかになった。その内の2つは次のようなものである。

　①　当てる光の振動数がある値ν_0以上でないと、光電効果は起こらない。
　②　振動数ν_0以上の光なら、どんなに弱くても光電効果が起こる。

振動数とは1秒あたりの媒質（電磁波の場合は、電界と磁界）の振動回数であり、周波数と同じ概念である。もし、金属に照射された光が波ならば、波の強さはその振幅の2乗に比例するから、光の強さも振幅の2乗に比例する。すると、光の振動数にはよらず振幅が大きければエネルギーも大きくなるため、電子が飛び出せるのに十分な量に達すれば、光電効果が起こるはずである。これは特徴①に矛盾する。また、振動数がν_0以上でも、振幅が小さければ十分なエネルギーを蓄えるのに時間がかかるため、電子はすぐには飛び出さないはずである。これは特徴②に矛盾する。このように、光を波と考えるモデルでは、光電効果は説明できないことがわかった。1905年、アインシュタインは次のような「光量子仮説」で、光電効果の説明に成功した[27]。

　光量子仮説：光は光速で動く"粒"であり、それを光子（光量子）とよぶ。光量子のエネルギーEは、電磁波の振動数νに比例する。

$$E = h\nu \quad \cdots\cdots (1)$$

　ここで、hはプランク定数とよばれ、$6.6.3 \times 10^{-34}$ J・s である。光量子のエネルギーは振動数で決まるから、特徴①を説明できる。また、光量子という1個1

個の粒子が金属中の電子に衝突して電子を飛び出させると考えると、いかに光が弱くても1個の光量子のエネルギーが高ければ光電効果は起こる。したがって、特徴②も説明できることになる。

現在では、光は波であると同時に粒子でもあるというモデルが採用されている。逆に、電子のような物質粒子についても、波としての性質を合わせ持っていて、その特徴を技術化して電子顕微鏡が発明された。

（2） 電離放射線―X線とγ線―

電磁波は、電離放射線と非電離放射線に大別される（図2-3-1）。電離放射線は原発事故で放出される放射性物質から出るガンマ線（γ線）や、レントゲン撮影のときのエックス線（X線）、皮膚ガンの原因と言われる紫外線の一部（UV-B、UV-C）であり、人体には危険な電磁波と考えてよい。非電離放射線は、身近な太陽光線（紫外線UV-A、可視光線、赤外線）と、周波数が3kHz～3THz（テラヘルツ　10^{12}Hz）までの電波である。電磁波の波長λ[m]と周波数ν[Hz]には、波動としての次の関係がある。波長と周波数は、反比例の関係にある。光速度cは$3.0×10^8$m/sである。式（2）は、p34の式（2）と同じである。

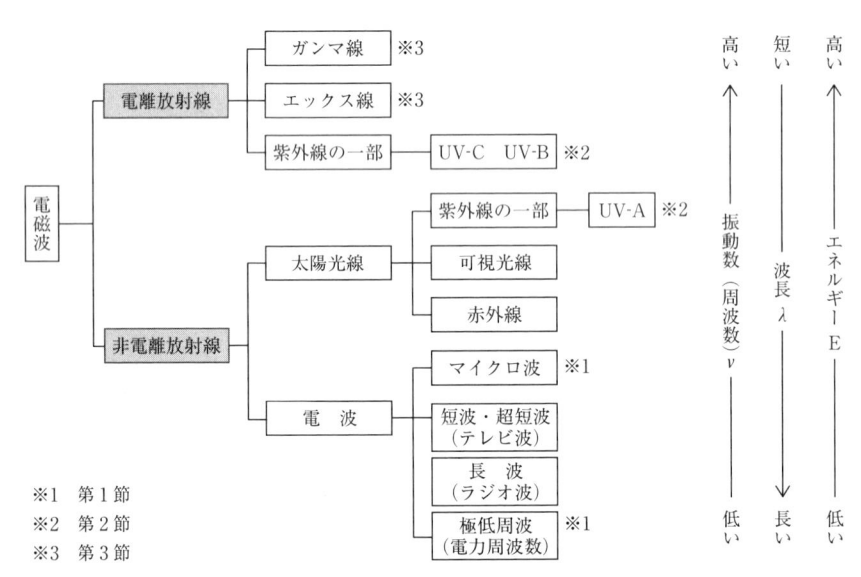

```
                    ┌ ガンマ線        ※3
        ┌ 電離放射線 ┼ エックス線      ※3
        │           └ 紫外線の一部 ─ UV-C　UV-B ※2
電磁波 ─┤
        │           ┌ 太陽光線 ┬ 紫外線の一部 ─ UV-A ※2
        │           │          ├ 可視光線
        └ 非電離放射線          └ 赤外線
                    │          ┌ マイクロ波            ※1
                    └ 電　波　 ┼ 短波・超短波
                               │ （テレビ波）
                               ├ 長　波
                               │ （ラジオ波）
                               └ 極低周波             ※1
                                 （電力周波数）
```

振動数（周波数）ν　高い→低い
波長λ　短い→長い
エネルギーE　高い→低い

※1　第1節
※2　第2節
※3　第3節

図2-3-1　電離放射線と非電離放射線

$\lambda v = c$ ……（2）

図2-3-1で、上にいくほど周波数が高くなり、それに反比例して波長は短くなるので粒子性が強く出る。式（1）から、エネルギーは周波数に比例するので、γ線（光量子）はエネルギーが最も高い。

マイクロ波、極低周波（50〜60Hz）は本章第1節で、UV-A、UV-Bについては第2節で扱った。次に、X線、γ線の放出源について説明する。

（3） 放射線はどこから出るか？
1） X線

1895年頃、放電管の研究をしていたウィルヘルム・レントゲンは、実験に用いた放電管の陰極から出る目に見えない「線」が、机の中の印画紙を感光させることを発見した。それは未知量を示す「X線」と名付けられた。X線は、電子を高い電圧で加速し、銅などの融点の高い金属物質に当てると、金属の軌道電子が遷移して発生する。加速電圧が高いほど、透過力の大きいX線になる。電子を当てる物質の種類によってもX線の透過力は異なる。ブラウン管テレビからも、微量のX線が発生している。医療用のX線は、図2-3-2のようなX線管という装置を用いて行われる。X線は、波長が1ピコメートル〜1ナノメートル（1pm〜10nm　10^{-12}〜10^{-9}m）程度の電磁波のことで、エネルギー範囲はγ線と一部重なる。X線とガンマ線とは、波長ではなく発生機構によって区別される。軌道電子の遷移による電磁波をX線、次の②で述べるように原子核内のエネルギー準位の遷移による電磁波をγ線とよぶ。

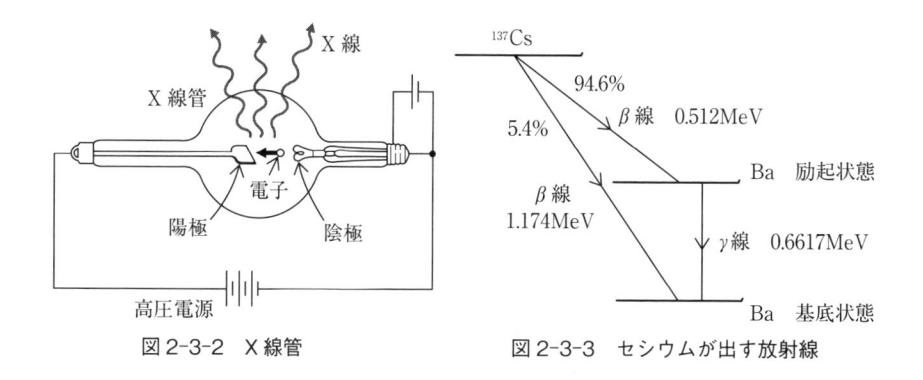

図2-3-2　X線管

図2-3-3　セシウムが出す放射線

2） γ 線

　物質が自発的に放射線を出す性質を放射能といい、放射能をもった物質を放射性物質という。また放射能をもつ同位体（原子番号が同じで質量数の異なる原子核）を放射性同位体という。放射能は、1896年頃ベクレルがウランについて発見し、1898年頃にはキュリー夫妻（ピエール・キュリー、マリー・キュリー）がウランより強い放射線を出すラジウムを発見し研究が進んだ。そして、天然に存在する元素では、原子番号が84以上の原子核は、すべて放射能をもつことがわかった。原子炉の圧力容器内では、ウランの核分裂によって様々な放射性同位体が作られている。セシウム137もその一つであり、137は質量数である。放射性同位体の出す電離放射線は、α線、β線、γ線がある。物質中の電子をはね飛ばしてイオンにする電離能力はエネルギーで決まり、物質を貫いて通り抜ける透過力は電離能力が大きいほど小さくなる。α線を集めると、ヘリウムガスになることから、α線はヘリウム原子核であることがわかった。また、β線は磁界中での運動から高エネルギーの電子であることがわかった。放射性同位体は、α線、β線を出すと別種類の原子核になり、これを放射性崩壊（radioactive decay）とよぶ。放射性崩壊によって次々と新しい放射性元素が作られていく。これを崩壊系列という。セシウム137が出す放射線とエネルギーを図2-3-3に示す。セシウム137は、β線を放出してバリウムに変わる（β崩壊）。また、そのバリウムがエネルギーの高い励起状態の場合は、γ線を放出してエネルギーの低い基底状態に移る。これを遷移（transition）という。エネルギーの単位MeVはメガ電子ボルトとよむ。1電子ボルト（eV）は、電子を1ボルトで加速するときに得られるエネルギーである。1MeVは10^6eVを意味し、1eVの100万倍になる。水分子の水素原子と酸素原子の結合や、DNAの分子間結合は数eV程度である。そこに、1MeV程のエネルギーをもったβ線やγ線が当たれば、分子の結合は完璧に破壊されてしまう。

2. 自然放射線

（1） 放射線の単位とエネルギー

　放射能の強さは、単位時間に崩壊する原子核の個数で表す。1秒に1個の原子核が崩壊する放射能の強さを、1ベクレル（Bq）とよぶ。放射能の強さを決める

のは、放射能をもった原子核の個数Nと、その半減期$T_{1/2}$である。半減期とは、放射性元素が崩壊によって半減するまでの時間であり、核種によって異なる。原子核の個数Nが多いほど、半減期が短いほど放射能Iは強い。原子核の物理についての一通りの説明は、第3章第7節で述べる。

　物質がどれくらい放射線を被曝して影響を受けるかは、単位質量あたりのエネルギー吸収量で表す。物質1kgあたり1ジュール（J）のエネルギー吸収があるとき、吸収線量が1グレイ（Gy）であるという。人体の組織が放射線に被曝したときの障害は、エネルギー吸収量だけでは決まらない。放射線の種類によって危険度が異なる。危険度を加味した人体への影響度を線量当量といい、単位シーベルト（Sv）で表す。X線、γ線、β線の1Gyは1Svに相当するが、α線の1Gyは20Svに相当すると定められている。原発事故で放出された最も危険なプルトニウムから出るα線の人体影響度は、γ線、β線の20倍に相当する。

　人体1kgに10Gyの放射線を浴びた場合の体温上昇は100分の3度くらいの微少なものである。しかし、10Gyの放射線を全身に浴びると100％死亡する。1999年のJCO事故でも、10Gy程度の被曝をした2人の作業員の方が急性放射性障害でなくなられた。体細胞の染色体がすべてぐちゃぐちゃに破壊され、細胞の再生能力を失ったためである。放射線の怖さはエネルギーではなく、人体への作用の仕方にある。放射線の遺伝子への作用や、今興味が持たれている汚染食物による内部被曝における、放射能（Bq）の人体影響（Sv）への読み替えの考え方などは、第3章第8節で述べる。

（2）自然放射線と生活

　人間は、人工の放射線以外にも日常生活の中で自然放射線を浴びている。自然放射線には、

① 宇宙線が原因となるもの
② 地球に存在する天然の放射性同位元素が原因となるもの

に分けられる。宇宙線は、太陽や宇宙空間の多様な天体から絶え間なく地球に注ぐ放射線で、大気圏に飛び込んでくる高エネルギーの一次宇宙線は陽子とヘリウム核である。それが大気中の原子と衝突して二次的に発生する二次宇宙線には、γ線、電子、中間子などがある。宇宙線による外部被曝は高度によって増加す

る。天然の放射性同位元素は、空気、地面、建物、食物、人体の中にある。地面や建物には、ウラン238やトリウム232から始まる崩壊系列によって生じる放射性元素があり、それが発するγ線により外部被曝する。そのうちのラドンは気体であり、吸入すると内部被曝をする。食物中の不可欠な元素であるカリウムには、放射性同位体カリウム40がある。人体に蓄積されたカリウム40による内部被曝は自然放射線による被曝の1割近くにもなる。その他の外部被曝、炭素14からの内部被曝などを含めると、人間は年間に約2.4ミリシーベルト（mSv）の自然放射線を浴びる。内訳は以下の通りである。

  外部被曝 宇宙線   0.39mSv
      地殻・建材 0.49mSv
      ラドンガス 1.26mSv
  内部被曝 カリウム40、炭素14 0.29mSv

これは世界の平均値であり、地質や標高によって、建物の建材や密閉度によって、地上での被曝量にはかなりの差が出る。日本では年平均1.25～1.5ミリシーベルト程度であるといわれる。次に（3）で、福島原発事故が起こる前の時点における、日本の自然放射線レベルを示す。

（3）日本各地の自然放射線量

　日本各地の自然放射線量（バックグラウンド放射能）については、地殻中のウラン、カリウム、トリウムの分布状態から求められた計算値、実際に現地で測定して得られた計測値が、様々なメディアによって公表されている。文部科学省の放射線計測協会が、簡易放射線測定装置「はかるくん」を貸し出して全国の自然放射線の計測を行い、その結果を都道府県別の平均値として公表している[28]。それによると、図2-3-4のように宇宙線と地殻からくる放射線の量は、岐阜県が全国の中でも非常に高い。原因は大地に放射線を出す花崗岩が多く含まれているからと言われている。また、関東は火山灰が積もってできた土地なので低いと言われている。ちなみに、東京都や福島県の平均値は、1時間あたり0.036～0.038マイクロシーベルト（μSv/h）程度である。ここで、

  1マイクロシーベルト（μSv）＝100万分の1シーベルト（Sv）
  1ミリシーベルト（mSv）＝1000分の1シーベルト（Sv）

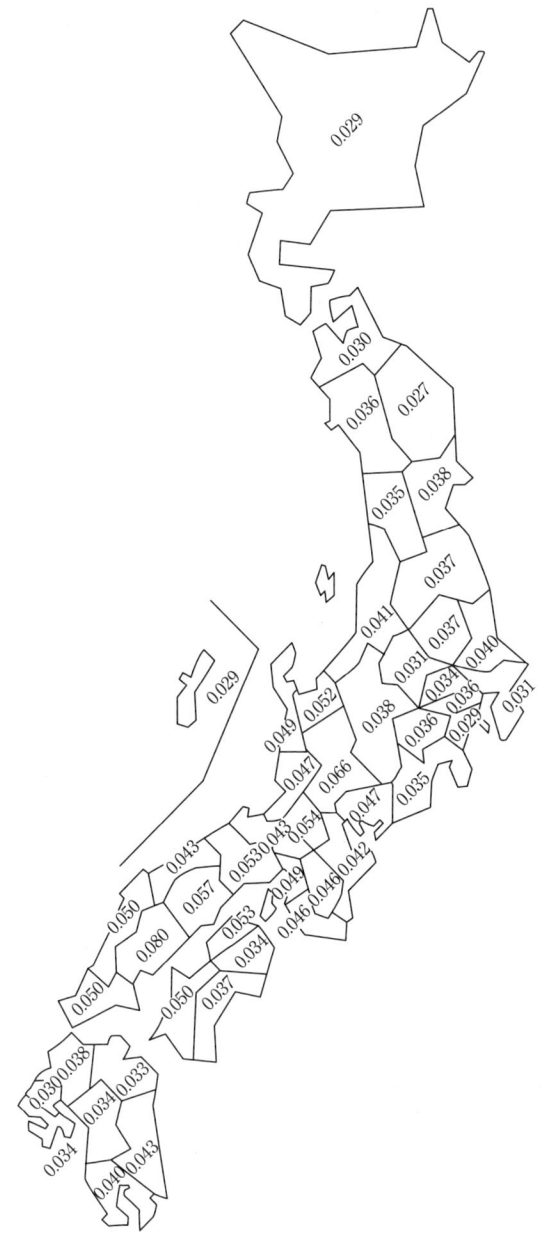

図2-3-4 日本各地の自然放射線量
(放射線計測協会実測値、単位はμSv/h (マイクロシーベルト毎時))

である。1時間値を年間値に直すのには、μSv/h で示された値に 8.76 をかけると mSv/year の単位になる。暗算する場合は、値に 9 をかければよい。

$$0.036 \times 24 \times 365 \div 1000 = 0.036 \times 8.76 \fallingdotseq 0.32 \text{mSv/year}$$

3．放射線学習の生活科学的アプローチ―放射性鉱物を用いたγ線の実験―

（1） ガイガー計数器の原理

　放射線は人体の五感には感じないので、放射線を検出するためには、霧箱、電離箱、ガイガー計数器が用いられる。また、その放射線の種類を特定して、種類ごとのエネルギーを測定するためには、シンチレーション計数器、半導体検出器が用いられる。

　特に、半導体検出器は食品検査などに用いられる高価な装置である。ここでは、空間線量率の簡易測定などに利用されるガイガー計数器（ガイガーカウンター）の原理を説明する。

　図 2-3-5 に計数器の本体である GM 計数管を示す。本体では、金属円筒を陰極、その円筒の中心に細い針金を配置して陽極とし、両極間に 1,000 ボルト（V）ほどの電圧をかける。放射線が本体の窓から管内に入射すると、気体分子を電離して、管内に正負のイオンが生じる。このイオンが引き金になって、陰極と陽極の間に放電が起きる。放電によって瞬間的に流れる電流（パルス）を増幅して放射線を数える。したがって、ガイガー計数器の計数率は、カウント毎分（count per minute　略して　c.p.m）で表される。したがって、測定場所の空間線量率

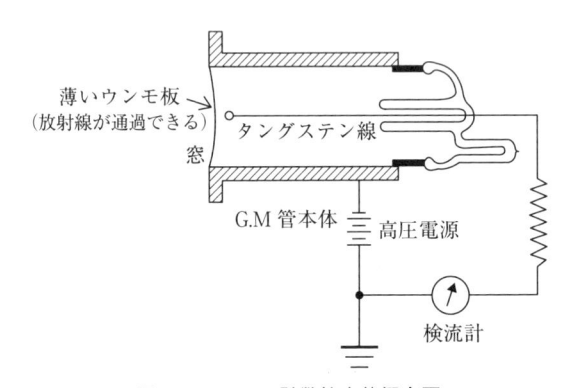

図 2-3-5　GM 計数管本体概念図

を知るには、装置の較正によって、単位をc.p.mからμSv/hに直さなければならない。

（2） 学校理科で実施できるγ線の減衰実験

使用したガイガー計数器は、筆者が2005年の原子力体験セミナーに参加した際にいただいた製作キットであり[29]、空間線量率を知るための較正表が添付されている。線源として用いた放射性鉱物[30]を写真2-3-1に示す。いずれも福島県の原産である。線源は教材として市販もされているが、放射性鉱物を用いると自然認識が広がるのではないかと考えられる。本測定では、サイズの小さいゼノタイムを用いた。ゼノタイムは燐酸イットリウムを主成分とする鉱物で、ウランやトリウムをわずかに含むため、放射能を持っている。

1） 実験結果

図2-3-6に、ゼノタイムとGM計数管の窓の距離rを変えて測った結果を示す。各測定値は3回測定の平均値である。横軸は距離r、縦軸は計数率Iであり放射線の強度に相当する。曲線は各データに対する最適曲線であり、この曲線では、計数率は距離の1.64乗に反比例して減少していた。一般に、放射線は線源からの距離の2乗に反比例して減るといわれるが、結果は異なっていた。この違いを学校理科で考察させるのは興味深い。一方法として、次の様なモデルも有効ではないかと思われる。距離の2乗に反比例して減る理論では、線源は点状であることに注意する必要がある。本測定の場合、線源は鉱物であるから点状ではなくある大きさに広がって分布している。それを図2-3-7のようなモデルで考えてみる。

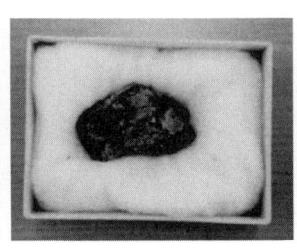

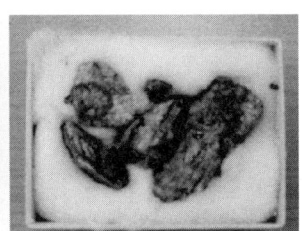

　　　ゼノタイム　　　　　フェルグソン石　　　　燐銅ウラン石

写真2-3-1　線源として用いた放射性鉱物

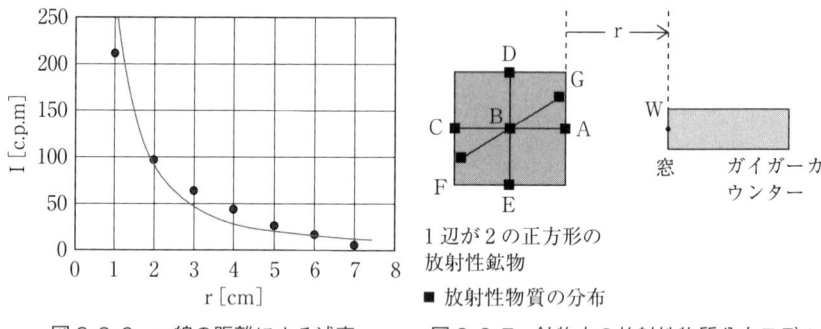

図2-3-6　γ線の距離による減衰　　図2-3-7　鉱物中の放射性物質分布モデル

　放射性物質が、1辺が2の正方形の中心と各辺の中央に分布するというモデルであり、実際は正方形ではなく立方体であるが、ここでは簡単のため2次元で考える。物質AからGM計数管の窓の中央Wまでの距離をrとする。Aからのγ線だけがWに到達する場合、計数率（Wの位置でのγ線強度）はrの2乗に反比例する。しかし、Aから距離1だけ離れたBと、距離2だけ離れたCのγ線が加わると、計数率に対するrの関係が変化してくる。A、B、Cからの寄与はそれぞれ次のようになる。

$$1/r^2 + 1/(r+1)^2 + 1/(r+2)^2 \fallingdotseq 1.4/r^{1.73} = 1.4 \cdot r^{-1.73}$$

左辺第1項がA、第2項がB、第3項がCからの寄与である。rを1～10まで1ずつ変えて左辺を計算し、10個の計算値がrの何乗に反比例するか調べると右辺のようになる。エクセルでグラフを作り、近似曲線を当てはめるとrの何乗に反比例しているか簡単にわかる。右辺をみると、見かけ上はrの1.73乗に反比例し、ゆるやかに減少するようにみえる。DとEのγ線が加わると、rの指数はより小さくなって、-1.65になることが導かれる。F、Gを加えて立体で考えると、-1.59になる。つまり、見かけ上はrの1.6乗に反比例するようになる。このように、広がりをもった線源がある場合、距離の2乗に反比例しては減らず、減り方はそれよりも緩やかになっていく。1辺が2の立方体を単位とする広がりを考え、3次元的に計算を進めると、rの指数が-1に近い計算結果も得られ、実際、rに反比例するような測定例もあった。一様に汚染された土壌があったとすると、そこでもこのような関係は成り立つので、土壌から2倍離れれば放射能が4分の1になると安易に考えてはいけない。

第2章　学校で学ぶ電磁波から生活科学へ　67

　八王子市の空間線量率は$0.08\mu Sv/h$程であり、計数率でいえば、装置の発光ダイオード（LED）が3秒に1回点灯する20c.p.m程度のものである。それでも、原発事故の影響で、2010年までの自然放射線量$0.036\mu Sv/h$の2倍以上にはなっている。それがゼノタイムの傍では200c.p.mまで上がった。LEDの灯りは、点きっぱなしになった。これは、福島県内の一般的な空間線量率と同じ$1.8\mu Sv/h$程の値である。本実験を筆者のゼミの学生に行わせたところ、彼らはこの事実に大変に驚いた。放射線は五感に感じないだけに、数値という抽象ではとらえにくい。LEDの連続点灯は学生には衝撃的であった。福島の放射線量がゼノタイムの傍と同程度であることが実感をともなって理解された。このような原体験があって次の段階の学習がある。空間線量率が$1.8\mu Sv/h$（16mSv/year）の場所では、人体にどのような健康影響が現れ得るのか、あるいは現れ得ないのか？

（3）学校理科で実施できるγ線の遮蔽実験

　p44では、電子レンジのマイクロ波の遮蔽実験を説明した。ここでは、同じアルミホイルを用いてγ線の遮蔽が可能かどうかを確かめる。一般に、γ線はアルミなどの薄い金属板では遮蔽できないとされている。それが本当か確かめる実験の様子を写真2-3-2に示す。

　GM管とゼノタイムの隙間は7mmである。その隙間に、アルミホイルを1～6枚挿入して計数率を測定した。各測定値は3回測定の平均値である。結果を図2-3-8に示す。アルミホイルを6枚入れれば、γ線は20%程弱くなることがわかる。このときのアルミの厚さは、$6 \times 20\mu = 120\mu = 0.12mm$　である。この実験から、

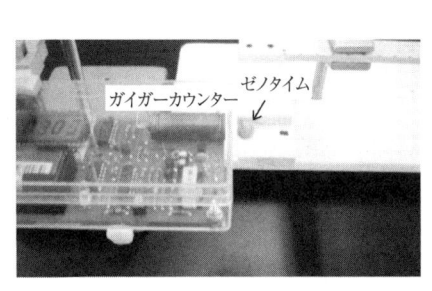

写真2-3-2　γ線は遮蔽できるか？　　　　図2-3-8　遮蔽実験結果

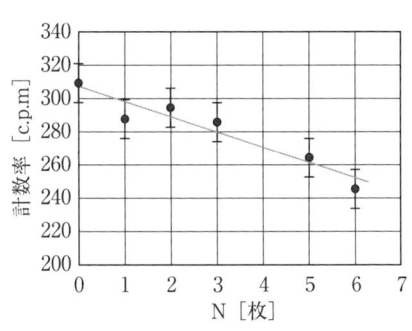

アルミホイル6枚程度ではγ線は到底防げないことがわかる。

　図2-3-8に引かれた直線（実験式）にそって計数率が減少していくと仮定すると、アルミホイル約33枚（0.7mm程度）でγ線が防げることになるが、実際にはそうはならない。厚いアルミ版で同じ実験をしてみれば、直線的に計数率が減少しないことがわかるだろう。したがって、図2-3-8から得られる実験式は適用範囲が狭いことがわかる。限られた実験条件において経験的に得られた実験式のような関係を、オールマイティーであると考えてはいけないことの一例である。

【引用・参考文献】

1) 磁界観察槽：KENIS　200×270×30mm　透明アクリル製
2) 導電紙：KENIS　200×250mm（50枚入り）
3) 毎日新聞　2011年6月1日付
4) 総務省ホームページなど
5) 総務省「電波利用ホームページ」電波防護指針
6) 中国ニュース通信社：Record China「世界中でミツバチが激減、原因は携帯電話の電磁波か」2011年5月10日
7) CNN：「ミツバチの減少　携帯電話が影響？」2010年7月1日
8) CNN：「出産前後の携帯電話が子どもの行動障害に影響か、米研究」2010年12月8日
9) 野田雅也：My News Japan　門真・電磁波実測Mapが語る関西電力「小児白血病危険地帯」2006年11月18日
10) CellSensorTM：フルモト商事株式会社
11) 携帯電話機種別SAR値一覧表：http://ktai-denjiha.boo.jp/sar/sar_ichiran.html
12) 広重　徹：物理学史Ⅰ（培風館　1981）p.181.
13) FerencSzabadvary: History of analytical chemistry (Translated by G. Svehla, Oxford; New York: Pergamon Press, 1966) p.319, p.344.
14) 桐山信一監修：探究科の実践と分析―総合的な学習に向けての発信―（奈良県立高田高等学校私家版　2001）
15) 環境庁地球環境部監修：オゾン層破壊（中央法規　1995）p.5.
16) 掛本道子：中央大学父母連絡会発行「草のみどり」第61号（1992）p.12.
17) 日本化粧品工業連合会技術委員会：UVA防止効果測定法参考資料、平成7年11月
18) 桐山信一：理科における太陽紫外線の簡単な観測法（Ⅱ）　日本物理教育学会誌　45-4（1997）pp.205-208.
19) 前掲書3)

20) 桐山信一：環境教育を視野に入れた科学部の活動―UV-Bの高度比較― 奈良県高等学校理科学会会報 第44号 pp.11-14.
21) 斉藤晴男、兵藤申一編：高等学校物理Ⅱ（啓林館 1995）p.118.など
22) 桐山信一：日本物理学会第51回年会講演予稿集 2pK1
23) 藤岡由夫、朝永振一郎監修、池本義夫編：物理実験事典（講談社 1981）p.381.
24) 奈良県教育委員会：高等学校環境教育指導事例集「共に創る 奈良の環境」(1999)、pp.33-34.
25) 桐山信一：理科における太陽紫外線の簡単な観測法 日本物理教育学会誌 44-3（1996）pp.257-260.
26) 前掲書18)
27) 朝永振一郎：物理学読本 第2版（みすず書房 2002）第7章など
28) 放射線計測協会ホームページ：http://rika.s58.xrea.com/
29) 端窓型（ハロゲンガス）GM計数管 型式712、LND社製 4 1/2桁液晶表示
30) 日本地科学社製岩石標本 No105 ゼノタイム No72 フェルグソン石 No114 燐銅ウラン石

第3章

学校で学ぶエネルギーから生活科学へ

第1節　技術の基礎 I ―熱と仕事―

　熱と仕事、熱機関、様々なエネルギー形態、エントロピーなど、エネルギーと関わる単元は、市民の教養としても欠かすことができないばかりではなく、科学史的にもおもしろい内容を含んでいる。本節1では、エネルギーは学校ではどのように教えられているか。各学校段階での新学習指導要領解説理科編[1]、理科教科書などを参照しながら述べる。2では熱量の概念と仕事の概念について、3では熱と仕事の関係を探究的に知るための実験法と結果について述べる。

1. 学校でのエネルギー学習

（1）小学校理科

　小学校理科におけるエネルギーに関連する単元は、次の3つの視点から分類されて示されている。単元における学習内容の詳細は章末の文献1)、2) に示されている。第3学年の単元「磁石の性質」と、第6学年の「電気の利用」が2つの視点にまたがる。

① エネルギーの見方：風やゴムの働き（3年）、磁石の性質（3年）、光の性質（3年）、振り子の運動（5年）、てこの規則性（6年）
② エネルギーの変換と保存：磁石の性質（3年）、電気の通り道（3年）、電気の働き（4年）、電流の働き（5年）、電気の利用（6年）
③ エネルギー資源の有効利用：電気の利用（6年）

　これだけの学習内容がありながら、教科書には、エネルギーや仕事という用

語の正確な説明は見あたらない。当然のことだが、エネルギーを量的にとらえるという学習はない。したがって、小学校理科における指導は、以上の単元を通して、中学校理科でエネルギーを仕事と関連させて指導するための原体験を得させる学習になっていると考えられる。

(2) 中学校理科

中学校理科では、3つの単元が2つの視点にまたがる。

① エネルギーの見方：力と圧力（1年）、光と音（1年）、電流（2年）、磁界（2年）、運動の規則性（3年）、力学的エネルギー（3年）
② エネルギーの変換と保存：電流（2年）、磁界（2年）、エネルギー（3年）
③ エネルギー資源の有効利用：運動の規則性（3年）、力学的エネルギー（3年）、エネルギー（3年）、科学技術の発展（3年）、自然環境の保全と科学技術の利用（3年）

単元「力学的エネルギー」では、教科書でも「……斜面の高いところに置いた小球は、斜面を転がり下りて床に置いた木片に当たると、これを動かす仕事をすることができる。このような仕事をする能力をエネルギーといい、ある物体が他の物体に対して仕事ができる状態にあるとき、その物体はエネルギーをもっている……」との表現がみられ[3]、エネルギーを仕事と関連させて指導する姿勢が認められる。理科における仕事やエネルギーは単なる言葉ではなく、概念（名前＋意味内容）であり量的な存在である（物理量）。中学理科の段階においても、同教科書の「……位置エネルギーの大きさは、基準面からの高さが大きいほど大きい、物体の質量が大きいほど大きい……」のような表現からわかるように、扱いは定性的であり、位置エネルギーと高さおよび質量の関係を量的に表現することはしない。エネルギーを量的に決めるという手続きが、数学では2次関数まで学習している15歳の生徒に不可能なのかという疑問が残る。また、同教科書では、位置エネルギー、運動エネルギーの他、電気エネルギー、熱エネルギー、化学エネルギー、光エネルギー、音エネルギー、弾性エネルギー、核エネルギーをあつかい、それらの変換性および保存性が説明されている。ただし、エネルギーの扱いが定性的である以上、定量的な意味を体現する保存性については、生徒が論理的に導き出すのではなく上から教えるという色彩が強くなる。また、高度な指導

事項としては、変換時における熱エネルギーに向かう傾向性（物理学でいうエントロピー生成）、変換効率などがある。エネルギーについては、定性的ながら中学校理科で本格的な内容が出そろい、小学校理科とは内容的に隔世の感がある。小学校理科においても、高学年で簡単な事例を用いて仕事やエネルギーの指導が行われてもよいのではなかろうか。

(3) 高等学校物理
1) 選択必修科目「物理基礎」
　この段階になって初めて、重力や弾性力の位置エネルギーが運動エネルギーに変換する事象を定量的にあつかうことになり、力学的エネルギーの保存が導かれる。したがって、生徒は電気エネルギーや波のエネルギーも自力で導出することが可能になる。そして、原子間の結合エネルギーとしての化石燃料の化学エネルギー、核子間の結合エネルギーとしての原子力エネルギーの意味が指導され、それらが電気エネルギーや力学的エネルギーに変換する際、重力の位置エネルギーが運動エネルギーに変換する事象をひとつのアナロジーと見て、保存性が成り立つことが理解できるようになると考えられる。また、エネルギーの最終形態が熱エネルギーであることが、自然現象の不可逆性として指導できる下地ができる。

2) 選択科目「物理」
　万有引力の位置エネルギー、静電エネルギー、電磁誘導から導かれる磁気エネルギー、原子核の結合エネルギーが定量的な扱いとなって、自然界のエネルギー形態をほぼ理解することができる段階になる。熱学的な現象においても、気体分子運動論が定量的に展開され、気体の内部エネルギーが分子の力学的エネルギーの総和として力学的に定義される。熱機関が有する、100%ではない有限な最大熱効率（カルノー効率）の存在といった技術を超えた自然の制約についても、巨大な数の気体分子の運動に確率的解釈を加えることにより、熱現象の不可逆性と結びつける指導が可能になる。これはマクロな熱現象をミクロな粒子モデルから説明しようとする物理学特有の方法論である。一般に、粒子の学習とエネルギーの学習は、その進展において密接なつながりをもっているゆえ、学校理科においては両者の学習の緊密な連携が、指導上必要であるといえよう。

2. 熱量の概念と仕事の概念

　かつては、カロリー［cal］は熱量の単位であり、広く用いられていたが、国際単位系（SI単位系）においては、カロリーは基本単位にはなっていなかった。日本の計量法（1951〜1992年）では、カロリーの定義として、温度を指定したカロリーか、温度を指定しないならば 1 cal＝4.18605 J という値が定義されていた。1992年に計量法が改正され、猶予期間として1999年まではカロリー単位が使えた。そして、1999年10月以降は栄養学と生物学に関する計量以外でのカロリーの使用が禁止された。単位について簡単に説明すると、熱量単位1calとは、水1gの温度を1度上昇させるのに必要な熱量を意味し、定義が3種類ある。また、エネルギー単位1Jとは、1Nの力で物体を1m動かすときの仕事をいう。ここで、単位［N］はニュートンと読み、1kgの物体に $1m/s^2$ の加速度を生じさせる力であり、運動の第2法則から定義されたものである。4.2Jの仕事は、約1calの熱を生じさせることがわかっている。

　小学校では、第4学年で物を温めたときの変化と温まり方を学習する。金属板の熱伝導の様子の観察や材質による熱伝導の違いなど、熱が伝わる現象における規則性を学ぶ。そして、伝わる熱量の大小は、（熱）膨張の度合いで見積もられる。ここでは、「熱が動く」という熱物質論的理解である。中学校では、1989年の学習指導要領までは、理科第一分野で、熱量は「温度変化を起こす原因」として捉えられる。水などの加熱実験から「質量×温度上昇量」に比例する量が熱量であるとして、熱量概念が導入された。次に、単元「電流の働きと電子の流れ」、単元「仕事とエネルギー」へと続く。ここでは、熱量（＝熱物質論的理解）から、定性的なエネルギー概念（仕事をする能力、仕事ができる状態）へと導く。しかし、1998年の学習指導要領からは、熱量概念の指導がなくなり、いきなり熱をエネルギーとして指導している。しかし、熱の本性を学習しないこと、エネルギー概念が定量的でないことから、高校入学時の生徒のもっている熱の前概念は、熱がエネルギーであるという言葉だけの理解、あるいは小学校段階の物質的熱量概念である場合が多いと考えられる。前概念とは、学習者がもっている固有の概念であり、科学的概念に変容する前の段階を意味し、誤概念あるいは素朴概念ということもある。

表 3-1-1　熱の理解の 2 つの段階

理解の段階	概　　念	単　位
①熱の物質的理解	熱量	cal
②粒子の運動としての理解	熱エネルギー（内部エネルギー）	J

```
┌─── 熱学第 1 法則 ────────┐
│   熱（内部）エネルギー概念   │
│  ┌── 熱量保存則 ──┐    │
│  │   熱量概念     │    │
│  └──────────┘    │
└────────────────┘
```

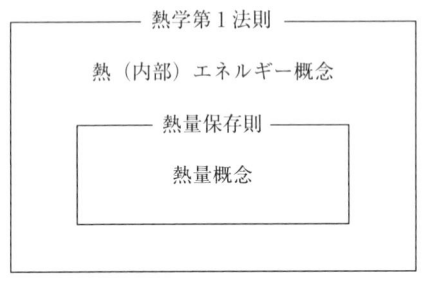

図 3-1-1　概念と法則

上述したように、熱の理解には表3-1-1の2つの段階がある。また、歴史的な経緯により、熱などの物理量に使われている単位にはその概念を伴う。そして、図3-1-1のように、概念はそれらが有効な法則の中で使用される。熱量概念は熱量保存則の中で使用され、熱エネルギー概念は、熱の発生があって熱量保存則がもはや成り立たない場合に、エネルギー保存則としての熱学第1法則の中で使用される。ここでは、議論の都合上、熱量の単位を1992年時点の熱の単位カロリーとしておく。

次に、なぜ熱をエネルギー単位で測ることができるのかということを考えてみる。それには、まずエネルギーとしての「熱」の理解があり、概念の転換が求められる。学習者が、エネルギーとしての熱の理解に至るには、理解の段階（表3-1-1）における①と②のギャップをうめる必要がある。単純に、熱が仕事をすることがあるから、あるいは摩擦などの仕事によって発熱するから熱はエネルギーであるというわけにはいかない。熱から仕事（その前提としての力学的エネルギー）へ、あるいは仕事（力学的エネルギー）から熱への変換における普遍性が認められてはじめて熱がエネルギーであると結論することができるはずである。それには、次のような理解が必要であろう。事実、

　　変換：仕事（力学的エネルギー）→ 熱

において、変換の普遍定数が存在し、それを「熱の仕事当量」(mechanical equivalent of heat) とよび、記号 J で表していた。その、概念は 4.2J/cal である。しかし、熱には他のエネルギー形態と異なる熱固有の制約をもっている。それは、熱機関が作動して周期的動作をする場合、

変換：熱 → 仕事（力学的エネルギー）

において、高温側（加熱側）と低温側（冷却側）の温度差によって熱が移動することである。これを、"熱の降下（fall down）" とよんでいる。例えば、スターリングエンジンが作動して歯車が回転するという仕事を行う場合である。そして、移動した熱の一部が仕事に変わっている。これらは、

① エネルギーとしての熱の「普遍性」
② 有限な熱効率の存在をともなう熱の「特殊性」

というように言い換えることができる。歴史的には、このような熱の理解が、18、19 世紀の技術と密接な関係があったことは間違いない。

　したがって、学習者の理解の道筋を十分に考えた教材の内容や配列を設定しなければならないのであって、授業で単に、4.2J が約 1cal になりますよ（または 1J が 0.24cal になりますよ）と、単位を変更すればよいというものではなかったのである。

　学習者（高校生）がもっている、熱がエネルギーであるという言葉だけの理解、あるいは熱量的な熱の理解をどのように熱エネルギー概念へと導くのか。環境問題も教育の場でクローズアップされている。物理では、熱汚染をどう説明するのか。学習者（高校生）は漠然と、

　　熱エネルギー＝善いもの
　　熱　汚　染＝悪いもの

というイメージで見ており、熱の統一的な理解がない。統一的理解を支えるのが、エネルギーとしての熱の「普遍性」と有限な熱効率の存在をともなう熱の「特殊性」である。

3. 1ジュールの仕事は1ジュール（0.24カロリー）の熱になるのか？

　ここでは、エネルギーとしての熱の「普遍性」を探る一つの実験をみてみたい。それには、熱の仕事当量 J を測定する必要があるが、円筒容器内に金属粒を入れて上下に転倒させて発熱させる方法があり実施も簡単である。金属粒を入れて封じた円筒を上下に転倒させると、金属粒は一端から他端に落下して衝突し、これを繰り返して金属粒は発熱する（図 3-1-2）。このとき、金属粒の位置エネルギーが、金属原子の熱運動のエネルギー（内部エネルギー）に転換されて温度

が上がる。時間 t_0 に1回の割合で円筒を転倒させた場合（t_0 を転倒周期とよぶ）、何回かの転倒の後、時間 Δt の間に金属粒に加えられた仕事量 ΔW は（ΔW の単位は $[J]$）、

$$\Delta W = mgh \cdot \Delta t/t_0 \quad \cdots\cdots (1)$$

となる。ここで、$\Delta t/t_0$ は Δt 間の転倒回数であり、n で表す。

$$n = \Delta t/t_0 \quad \cdots\cdots (2)$$

また、m、h はそれぞれ金属粒の質量および落下距離、g は重力加速度であり、mgh は位置エネルギーの大きさを示す。Δt 間の温度上昇を ΔT とすると、金属粒に発生した熱量 ΔQ は、

$$\Delta Q = Jc \cdot m \cdot \Delta T \quad \cdots\cdots (3)$$

となる。ここで、c は金属の比熱（単位は $[J/gK]$）、J は熱の仕事当量である。m の単位については、式 (1) では $[kg]$、式 (3) では $[g]$ であるから注意を要する。金属粒からの熱が逃げないとすれば、式 (1)、(3) を等しいとして、

$$J = ghn/(\Delta Tc \cdot 10^3) \quad \cdots\cdots (4)$$

が導かれ、ΔT は質量 m には無関係になる。これは、金属粒から熱が逃げないので理想モデルである。式 (4) に入っている 10^3 は、式 (1)、(3) の質量 m の単位を揃えたことによる。

実験は、1993年頃、筆者が勤務していた奈良県立香芝高等学校の第2学年理系クラス（男子38、女子8）を対象に、物理の単元「仕事と熱」で実施された。実験が行われた当時は、比熱の単位に $[cal/gK]$ が用いられ、その値を用いて $J = 4.2 J/cal$（一定値）を得ることが目標であった。しかし、今日では熱量単位 $[cal]$

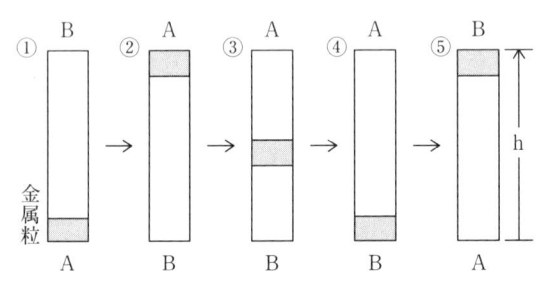

図 3-1-2　円筒容器中の金属粒の落下

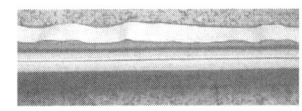

写真 3-1-1　水道管防寒材で作った円筒容器

は物理の教科書から消えているため、比熱の単位はエネルギー単位［J/gK］になっている。それを式(4)に代入するため、1ジュールの仕事が1ジュールの熱に変換するということを式で書いた「$J=1J/J$（一定値）」を得ることが、生徒実験の目標になる。

図3-1-3に、実験に使用した円筒容器を示す。円筒容器は、断熱性の強い水道管の防寒材を貼り合わせて、11本（11班分）作った（写真3-1-1）。両端は熱伝導率の小さいコルク栓を用いた。また、使用した金属粒は、鉛と錫の2種類である。2種類用いたのは、J値が金属の種類によらないという普遍定数としての一面を知らせるためである。水銀温度計の応答はかなり遅い。したがって、転倒後の金属粒の冷却曲線を描かせることにより、次のような手順で温度上昇量を見積もらせた。

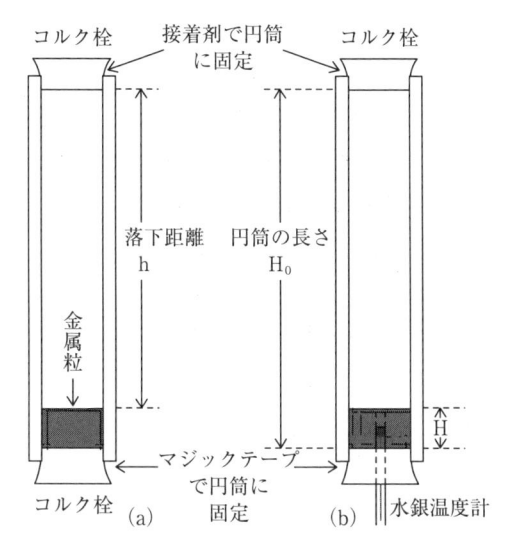

図3-1-3 円筒容器の概念図

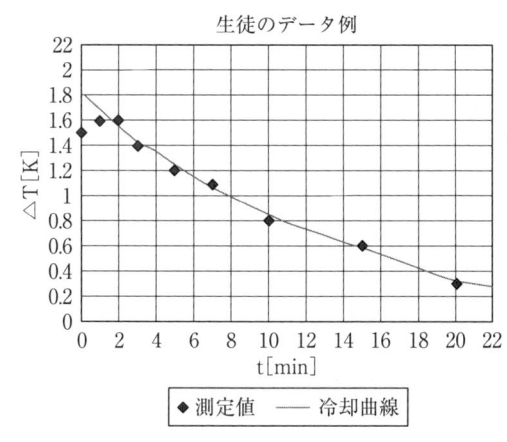

図3-1-4 冷却曲線から温度上昇量を見積もる

① 金属粒の初期温度T_0を測定し、円筒容器の一端をコルク栓で蓋をしてマジックテープで固定する（図3-1-3a）。

② 容器を確実にすばやく転倒させる。鉛は30回、スズ50～70回程度とする。これは熱の流失を考慮したモデル（p80参照）からの知見である。

③　容器上部のコルク栓を、温度計を挿入したコルク栓に取り替えて円筒容器をゆっくり転倒させ（図3-1-3b）、ルーペを用いて、金属粒中央部の温度 T を転倒終了時から 20 分後まで測定する（0.1℃まで読む）。

④　落下距離 h(＝H_0－H) を計算する（図3-1-3a）。

　　H：円筒容器は中が見えないので、予め測っておく
　　　　　（7.3cm＝0.073m であった）。

　　H_0：事前に値を容器にマジックで記入しておく。

⑤　金属粒の温度上昇ΔT(＝T－T_0) を求め、横軸に時間 t[s]、縦軸にΔT[K] をとりプロットする。温度差の単位ケルビン[K]については第2節で述べるが、ここでは[℃]と同じと考えてよい。

⑥　最高温度の点から、⑤の点列を滑らかな曲線で結ぶ（冷却曲線）。曲線を外挿して、t＝0 におけるΔT の値を推定し、温度上昇値$ΔT_e$を求める。

⑦　理想モデルの式（4）により、J 値を求める。

温度計の読み取り誤差のためか、多少バラツキがあったが、生徒は最大値から 20 分後までの値を、図3-1-4のような滑らかな曲線で結んで冷却曲線をつくった。それを転倒終了時に外挿して$ΔT_e$≒1.8K を出していた。外挿する理由は、転倒終了直後の測定値が、水銀温度計の応答が遅いため信用できないからである。生徒が得た値を一覧表に示して表3-1-2に示す。生徒が出した J 値は 1.0J/J に近い値であり、以前にない改善（まとまり）がみられた。筆者が赴任する前、フィルムケース程度のプラスチック容器に鉛等の金属粒を入れて直接落下させる方法で行っていたときは、生徒の測定値（J値）は 0.2～5 とばらついていて、事後指導にマイナスになることもあったようである。生徒は、異なる金属を用いてもほぼ同じ値が得られたことにより、1ジュールの仕事が1ジュールの熱に変換するということ、つまり普遍定数としての熱の仕事当量の存在を理解することができた。教材化で重要なことは金属粒の素材と転倒回数の設定である。金属粒は錆びにくいものがよいが、比較的錆びにくい銅は比熱が大きく温度変化が小さくなるため、水銀温度計ではなく熱容量の小さな C.A 熱電対がよいと思われる。鉛や錫は比熱が小さいため温度変化が大きい反面、錆びやすいので実験後は速やかに容器に入れて酸化を防ぐ必要がある。比熱の正確な測定値が知れている場合は、ステンレスのような合金も錆びにくく適材である。転倒回数については、大

きく取ると金属粒からの熱流失が効いてきてΔTが下がり、式（4）で求められるJ値が過大評価になる。転倒回数を小さく取ると、ΔTが小さくなるため、温度差測定に不向きになる。鉛が30回、スズが50〜70回という値を計算したモデルを参考として、p80に示しておいた。

1850年頃にJ. P. ジュールが「流体摩擦の実験」を行ったことにより、熱の仕事当量が発見された。図3-1-5に示すように、重力によってAとBのおもりが

表3-1-2　J値結果一覧（$J=1.0\pm0.2$ J/J）

班	金属	h[m]	n[回]	ΔT[℃]	J[J/cal]	生徒の感想から
1	Pb	0.916	30	2.0	1.0	4.2に近い正しい値が出た。
2	Pb	0.912	30	3.2	0.6	手の熱が入り温度が上がりすぎた。
5	Pb	0.912	30	2.2	0.9	特になし。
8	Pb	0.920	30	1.6	1.3	熱が逃げたため（理由は？）。
10	Pb	0.916	30	1.9	1.1	4.2との、0.4の差は大きく感じた。
3	Sn	0.915	50	3.3	0.6	コルクを持ち続け、加熱された。
4	Sn	0.915	56	2.1	1.1	4.2に近く、かなり正確に出た。
6	Sn	0.915	50	2.1	1.0	熱が入りすぎたため（理由は？）。
7	Sn	0.914	50	1.6	1.2	4.2との、0.9の差は大きく感じた。
9	Sn	0.916	50	1.8	1.1	4.2J/calを出すのは難しい。
11	Sn	0.915	50	1.7	1.1	4.2との、0.6の差は大きく感じた。

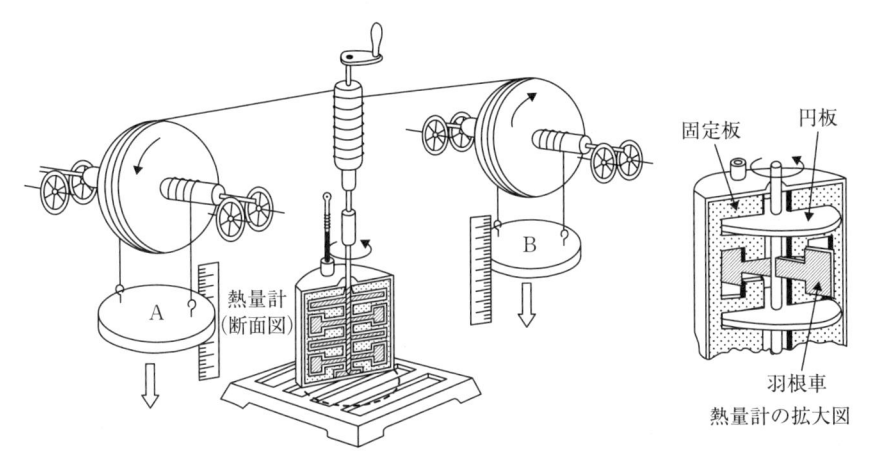

図3-1-5　流体摩擦の実験の模式図

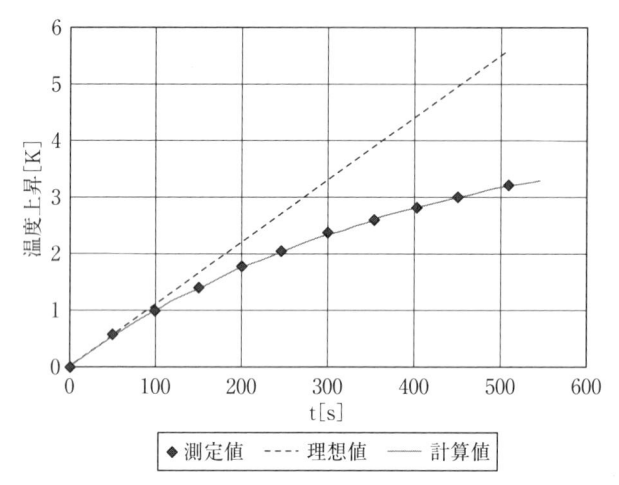

図3-1-6 鉛の測定値と温度上昇のモデル

静かに落下すると、水の入った熱量計の中にある羽根車が回転し、水をかき回す。重力のした仕事は熱に変わり、水の温度を上げる。ジュールは、重力のした仕事と水に生じる熱の比率が一定であることを見いだした。流体摩擦の実験は、物理Ⅱや総合理科の課題研究例としても取り上げられている。18～19世紀に起こった、熱を仕事に変える熱機関という技術は現代文明のプロトタイプであるが、熱の仕事当量（熱の普遍性）の発見は熱機関の発展に大きく貢献したと考えられる。

(参考) 熱流失を考慮した温度上昇モデル

転倒中の熱流失を考慮すると、転倒開始からの時間 $\Delta t (= n \cdot t_0)$ における温度上昇 $\Delta T (= T - T_0)$ が次のように得られる。

$$\Delta T = \{mgh/(\alpha S t_0) + T_a - T_0\} \cdot \{1 - \exp(-\beta n \cdot t_0)\} \quad \cdots\cdots (5)$$

式（5）を金属粒の温度上昇方程式とよぶ[4]。ここで、Sは金属粒一塊りとしての表面積を示し、T_a は室温、T_0 は転倒前の温度（t=0においてT=T_0）である。そして α は、金属粒と円筒容器から成る系の熱伝達率である。また、式（5）に含まれる β は、

$$\beta = \alpha S/(\boldsymbol{J} \cdot cm \cdot 10^3) \quad \cdots\cdots (6)$$

で与えられる変数である。温度上昇方程式を見ると、ΔTは本来無関係であるとされていた質量m、表面積S、転倒周期t_0、室温T_a、初期温度T_0にも依存することがわかる。これらは、金属粒からの熱流失を決めるパラメータである熱伝達率αが0でないことによる。しかし、熱伝達率αは物性定数ではなく、室温や湿度、物体の表面の状態などに左右される変数であるため、予測することが難しい。またαは、m、h、c等の関数になっている可能性がある。温度上昇方程式の正しさは、図3-1-6からうかがい知ることができる。横軸は転倒開始から測った経過時間であり、10個の測定値（◆）は、これらにαを未知量として、最小二乗法によって式（5）をあてはめた曲線（実線）の上によく乗っている。点線は、式（4）で示される熱流失のない理想モデルである。なお、図3-1-6のデータは次の通りである。

$S = 0.00678 m^2$　　$t_0 = 5.11 s$　　$c = 0.129 J/gK$

これらの詳細については、文献4）を見ていただきたい。

第2節　技術の基礎Ⅱ―熱機関―

1ジュールの仕事は1ジュールの熱になることにより、仕事から熱への変換の普遍性が示された。熱がエネルギーの一形態であるという証拠が出た。それでは逆に、1ジュールの熱は1ジュールの仕事になることができるのか。その答えを、学校理科の生活科学的アプローチによって探し求めるのが本節以降の目標である。学校理科は力学と電磁気の学習に偏っていて、このような熱の本性に関する学習は軽視されている。

熱機関は、熱を移動させ、その一部を継続的に仕事に変換し続ける装置で、多くの人が興味を持っている自動車などのエンジン類はすべて熱機関である。そして、普遍的物理法則である、熱学第1法則（エネルギー保存則）、同第2則（エントロピー増大則）は、19世紀におけるスチーブンソンの蒸気機関のような熱機関の技術的研究、カルノー熱機関の理論的研究を通して確立されてきたという歴史的経緯がある。また、現在の環境問題の本質が、熱や物のエントロピー蓄積にあるとの指摘もなされている。ここでは、エントロピーとは熱や物質の拡散の度合いとしておくが、本章第5節で詳しく説明する。

以上のことから、熱機関の学習は、世界認識のためには欠かせないものであって、学習者が熱機関の概念をどのように理解していくのかを研究することは、教育的に大きな意味を持つ。教材としての熱機関としては、おもちゃにしてすぐれた教材でもある「水飲み鳥」や「ポンポン船」、蒸気機関のミニチュアである「ベビーエレファント」のキット、スターリング熱機関のキットおよび完成品が市販されている。本節1では、蒸気機関の技術についてふれ、2では蒸気機関のミニチュアである「ベビーエレファント」の製作と作動の実際について述べる。3では、気体の法則から得られた絶対温度目盛りについて述べ、熱機関を理解するための基礎知識としたい。

1. 蒸気機関の技術

　蒸気機関は石炭などの燃料から熱を得て、その熱で水を加熱して水蒸気をつくりだす。そして、その水蒸気を用いて物体を動かす仕事とするのである。現在の動力技術も、この技術域を超えていない。火力発電にしても原子力発電にしても、石油の燃焼熱やウランの核分裂で生じる原子熱をもちいて水蒸気をつくりだしている。蒸気機関は、18世紀の終わり頃に発明された。糸や織物を作る機械で、水力に変わる動力源として用いられるようになった。鉱山では、ニューコメンの熱機関が石炭採掘における揚水や石炭の運搬に用いられた（図3-2-1）。ボイラーで発生させた水蒸気でピストンを持ち上げ、冷却水で水蒸気を凝結させてピストンを下げる仕組みである。蒸気機関は、製鉄業では、送風、圧延、鍛造などの動力源として用いられた。1804年、初めて蒸気機関を用いた軌道上を走る機関車がリチャード・トレヴィシックによって作られた。その後、ニューキャッスルの近郊に、炭坑の機関夫の子として生まれ、父の助手をしながら技術を学んだジョージ・スチーブンソンにより、実用に耐えるものができあがり、1823年には、公共鉄道を開通させるためのリバプール・アンド・マンチェスター鉄道会社が作られた。1807年には、フルトンの外気汽船がハドソン川をさかのぼり、150マイル航行した。1812年には旅客用汽船が定期運行を開始している。蒸気機関は熱源を機関の外部にもつので、外燃機関とよばれる。現代の自動車のように、エンジンの内部で燃料を激しく燃焼（爆発）させて、そのまま力学的エネルギーに変える機関を内燃機関という。1885年、ダイムラー社により、ガソリン

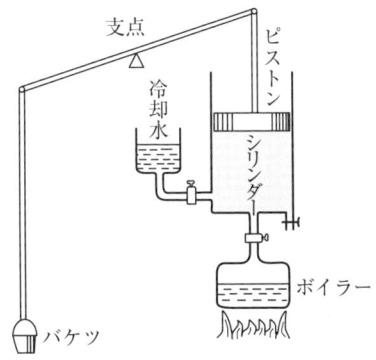

写真 3-2-1　ガソリン車のエンジンルーム　　図 3-2-1　ニューコメンの熱機関

を用いた内燃機関を搭載したオートバイ Reitwagen が作られた[5]。およそ100年後、内燃機関は、ターボを搭載した高性能のガソリンエンジンへと進化した（写真3-2-1）。

1908年、重油を用いた内燃機関がディーゼルによって発明された。内燃機関は蒸気機関に比べて軽くて小さくてすみ、燃料としても扱いやすい液体を用いる。この点が一般の道路交通に向いていたため、内燃機関はやがて船舶や飛行機に用いられ広まっていった。

2. 生活科学的アプローチによる熱機関の学習Ⅰ—蒸気機関の製作と始動—

（1）ベビーエレファントの製作

ベビーエレファントは単動式首振りエンジンという最も簡単な蒸気機関に属する熱機関であり、そのキットは東京神田の科学教材社から販売されている。キットの製作は、身近にある工具類を用いての物づくりのよき教材となる。その過程で、けがき、金属パイプなどの切断、穴あけ加工、ねじ切り、研磨・潤滑・仕上げ加工などの技法を体験できる。完成品を写真3-2-2に示す。

写真 3-2-2　ベビーエレファント完成品

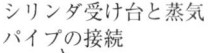

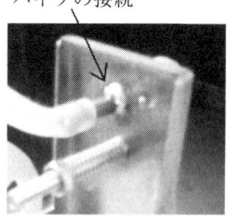

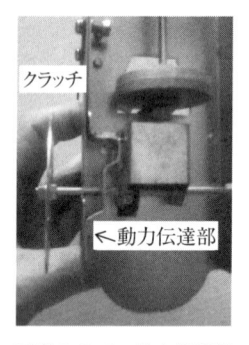

写真 3-2-3　半田付けを要する部分　　写真 3-2-4　動力伝達部

　熱源部、エンジン部、動力を伝達するクラッチを併記した。半田付けを要する部分は 2 カ所有り、写真 3-2-3 に示す。蒸気パイプを 2 カ所接続する部分がある。半田付けは、容量の大きい半田ゴテ（100W 以上）を接続部に十分接触させるか、小型のガスバーナーで接続部を加熱してから半田を溶かすとよい。筆者はガスバーナーで行った。製作説明書[6]には特に書かれていなかったが、クラッチを用いてギヤボックスにエンジン部の動力を伝達したり切り離したりするための複雑な形をした板がある。動力伝達をクラッチ操作でスムーズに行うために、この板を手で曲げ伸ばしして調節しなければならなかった（写真 3-2-4）。

　中学校理科の選択科目や、高等学校物理基礎や物理における課題研究、あるいは理科の新科目である課題研究で実施可能である。筆者が製作したときは 4 〜 5 時間を要した。個人で使える道具などがすべてそろっている段階で、高校生で 8 〜 10 単位時間（1 単位時間は 50 分）が妥当であろう。製作説明書に示された使用工具は、＋ドライバー、ラジオペンチ、スパナ 3mm、同 8mm、金切バサミ、半田ゴテ（150 〜 200W）、ドリル 2mm、同 3.2mm、タップ M3、紙ヤスリ #400 である。製作説明書の部品表によると、部品は全部で 44 個ある。

（2）ベビーエレファントの作動機構

　シリンダー受け台には吸気口（a）と排気口（b）の 2 つの穴があり、排気口は外気に、吸気口は蒸気パイプにつながっている。シリンダーは、首を振りながら吸気と排気を一つの穴（c）で行う。以下に、図 3-2-2 をもとに、作動を各部の動きに沿って述べる。

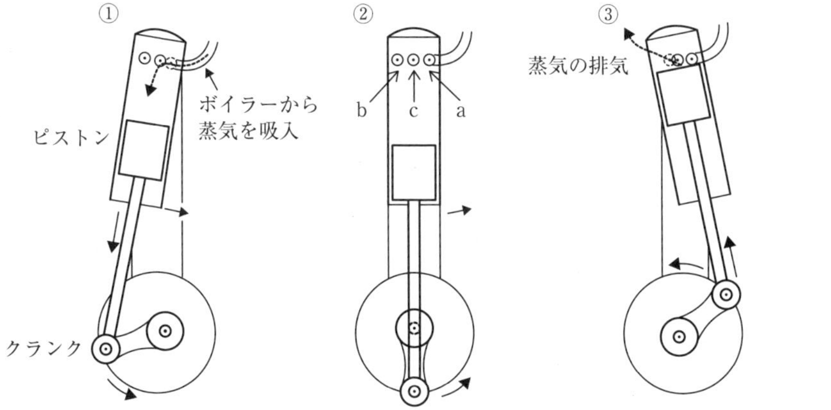

① ② ③ の図

蒸気の排気
ボイラーから蒸気を吸入
ピストン
クランク

蒸気がシリンダーに吸入され、ピストンを押すのでクランクが回転し始める

シリンダーが首を振って吸・排気口（兼用）が閉じ、蒸気が密封されるが、フライホイールのエネルギーで回転が続く

首振りによって排気口が開き、シリンダー中の蒸気がピストンに押される

図3-2-2 作動の機構
（文献7）より改作）

① ボイラーの加熱で湯が沸騰すると、高圧の水蒸気が吸気口（a）から（c）を通ってシリンダーの中に入る。ピストンは下方へ押されてクランクが回転する。

② シリンダーは支持棒を中心に首を振るので、シリンダー受け台の吸気口（a）とシリンダー本体側の排吸気口（c）は位置が違って蒸気が入らなくなる。

③ フライホイール（はずみ車）は回転しているので（運動エネルギーをもっているので）、ピストンは蒸気が入らなくてもそのまま動き続け、押し戻されて、シリンダー中の蒸気を押しだそうとする。このとき、シリンダー側の排吸気口（c）は、受け台の排気口（b）と位置が合うので、膨張による仕事が終わった蒸気はピストンに押されて排出され、最初の状態に戻る。

蒸気がピストンを押して動力を生み出しているのはわずかな間で、1回転の半分以上はフライホイールに蓄えられたエネルギー（あるいはフライホイールの慣性）で回転している。これを、熱力学的にみると次のようになる。

過程①→② 高圧膨張。外へ仕事 W_1 をする。

過程②→③　低圧圧縮。外から仕事 W_2 をされる。

過程③→①　排気と吸入の見えない過程である。

1サイクルで吸入蒸気がもっていた熱量を Q_1、排気蒸気の熱量を Q_2 とすると、エネルギー保存則から、Q_1 と Q_2 の差が外部になされた実質の仕事 w になる。

$$Q_1 - Q_2 = W_1 - W_2 = w \quad \cdots\cdots (1)$$

一般に、入力 Q_1 に対する出力 w の比を熱効率とよび記号 e で表す。

$$e = w/Q_1 = 1 - Q_2/Q_1 \quad \cdots\cdots (2)$$

（3）ベビーエレファントの作動実績

　黒川の測定により、ベビーエレファントの作動の一端が明らかになった[8]。熱源として用いた固形燃料の消費量とボイラーの水消費量、燃焼時間、走行時間、走行距離の測定が行われた。ここでは、固形燃料の消費量 m[g] と走行距離 x[m] のデータを表3-2-1に、それらの関係を図3-2-3に示す。

　固形燃料の消費量は熱機関に対する入力であり、投入した化学エネルギー量に比例するとみなすことができる。もし、ベビーエレファントに働く摩擦力が一定であると仮定すれば、走行距離は摩擦力に逆らって行われた仕事に比例すると考えられる。その仕事は、ベビーエレファントの出力になる。図3-2-3ではデータはばらついているが、x は m にほぼ比例すると見ることもできる。この解釈では、出力が入力に比例することになる。したがって、固形燃料消費が1～5gの範囲では、ベビーエレファントの熱効率は大きく変化しなかったと考えられる。ただし、これはベビーエレファントに働く摩擦力が一定であると考えることが前提になっているので、そうでないことがわかった場合は、この結論は変わる。ベビーエレファントに働く摩擦力がわかれば、なされた仕事が求められる。また、固形燃料の燃焼熱がわかれば入力（熱量）を決めることができる。したがって、摩擦力と燃焼熱がわかれば、熱効率の値を求めることも可能である。このように、中学理科の発展的内容として、あるいは高校理科の課題研究例として、ベ

表3-2-1　固形燃料の消費量と走行距離

m[g]	1	2	3	4	5
x[m]	2.0	3.8	5.2	8.93	13.8

$R^2 = 0.90$

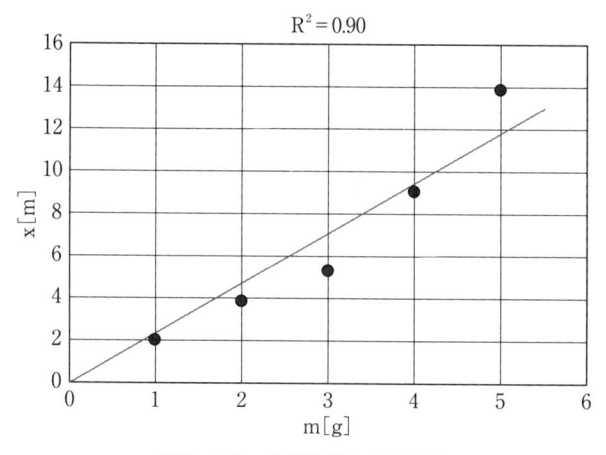

図 3-2-3　燃料消費と走行距離

ビーエレファントの製作・作動測定は科学的に興味深い教材ではないだろうか。

3. 気体の法則から得られた絶対温度目盛り

(1) ボイルの法則—気体の圧力と体積の関係—

　気体の温度を一定に保てる場合、一定量の気体の体積と圧力は、どのような関係になるか。これは理科系生徒の選択科目「物理」で扱われるが、かつては中学校理科でも扱っていた問題である。

　図3-2-4のように、一端を封じた肉厚ガラス管の下部に空気を残して水銀を入れる。ガラス管を傾けると水銀柱の高さが変化し（h → h'）、それにつれて空

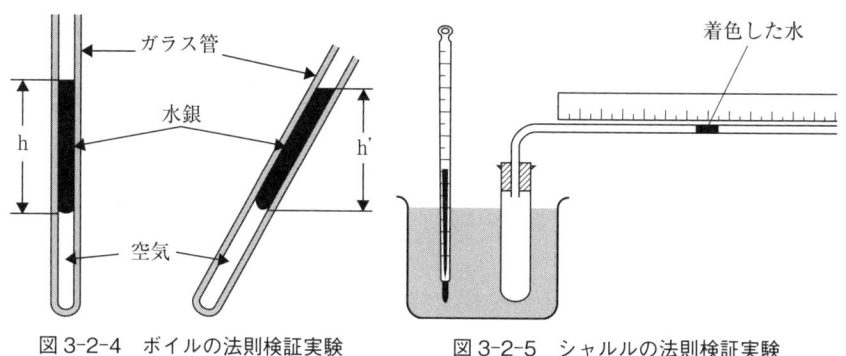

図 3-2-4　ボイルの法則検証実験　　図 3-2-5　シャルルの法則検証実験

気の体積も変化するので、両者の関係を調べる。ガラス管内の空気の圧力Pは、外気圧（1気圧としてよい）と水銀柱の高さによる圧力（＝高さ×密度）の総和になる。ガラス管内の空気の体積Vは、空気柱の長さにガラス管の断面積をかけて得られる。空気の圧力Pと空気の体積Vの関係の測定値から、温度が一定のときは、VはPに反比例して減ることがわかった。これを式で表すと、PとVの積が一定になると表現できる。

$$P \cdot V = k （一定値） \cdots\cdots (3)$$

これをボイルの法則といい、1660年に発表された。ボイルの法則は、空気以外の気体でも成り立つことがわかった。水銀を使用する図3-2-4のような実験は、現在は行われていないようであるが、注意して行えば学校理科でも実施できるのではないかと思われる。

（2）ゲイリュサック・シャルルの法則―気体の温度と体積の関係―

気体の膨張率は、固体の膨張率に比べると非常に大きいので、膨張率をはかるとき、容器が膨張することを考慮しないでよい。しかし、圧力を一定に保っておくことが必要である。図3-2-5のように、薄くて細いガラス管（約3mm以下）の途中に、着色した水を一滴入れる。そのガラス管が接続された気体の入った試験管を湯につける。湯の温度を変えると水滴の位置が変化するので、両者の関係を調べる。着色した水の位置から気体の体積Vが求められる。空気、水素、酸素、窒素などの気体を用いると、気体による変化があれば検出できる。

湯の温度t[℃]、気体の体積Vの測定値から、次の関係があることがわかった。「圧力一定のもとでは、気体の体積は温度が1度上がる毎に、0℃の体積の1/273づつ増加する。」

これをゲイリュサック・シャルルの法則という。シャルルが第一発見者であるとされているが発表しなかったらしい。後になってゲイリュサックが発表した（1778年頃）。ゲイリュサック・シャルルの法則は、

$$V = V_0 (1 + t/273) \cdots\cdots (4)$$

と書ける。一般の気体の膨張率は、常圧では空気と同じで、約1/273である。この実験は、学校理科でも十分に実施できる。

（3） 理想気体と絶対温度

　小学生の温度概念は、温度計で測った値であって、これは温度の操作的定義とよばれる。中学生になると、熱エネルギーとの関わりで温度を考えるようになると思われる。高校物理では、分子の平均運動エネルギーに比例する量としての温度概念が示されている。ここでは、ゲイリュサック・シャルルの法則を用いて絶対温度という新しい温度概念を導入する。式（4）を次のように書き直すことができる。

$$V = V_0(273+t)/273 \quad \cdots\cdots (5)$$

ここで、$-273℃$を基点として、$0℃$を273度とするような温度を考え、これを絶対温度といい、その単位をケルビン［K］で表す。摂氏温度 $t[℃]$ に対する絶対温度を $T[K]$ とすると、

$$T = t + 273 \quad \cdots\cdots (6)$$

となるから、式（5）により、

$$V/T = 273/V_0 = k^{\cdot} \quad (一定値)$$

$$\therefore \quad V = k^{\cdot} \cdot T \quad \cdots\cdots (7)$$

すなわち、圧力が一定のとき、気体の体積は絶対温度に比例する。$-273℃$を絶対0度という。絶対温度では、水の凝固点は273度である。絶対0度では、気体の体積は0になるはずだが、実在の気体では絶対0度になる前に凝結または凝固してしまう。正確には気体の膨張率は1/273.15なので、絶対0度は$-273.15℃$となる。式（3）で示されるボイルの法則、式（7）で示されるゲイリュサック・シャルルの法則に厳密にしたがう架空の気体を考え、これを理想気体とよぶ。理想気体の分子モデルを考えるとすれば、絶対0度で体積が0になるため、

　　　（1個1個の）気体分子の体積 = 0　　……（8）

であり、決して凝縮や凝固をしないことから、気体分子間には引力が働いていない。したがって、

　　　気体分子間の分子間 = 0　　……（9）

となる。式（8）（9）が理想気体のイメージを与える。

　アルコールなどを用いた液体温度計の読みは、$0℃$（1気圧における水の凝固点）と$100℃$（1気圧における水の凝固点）の2点では、液体の種類によらず正しい値を与えるが、その中間の温度では液体およびガラスの種類によって読み

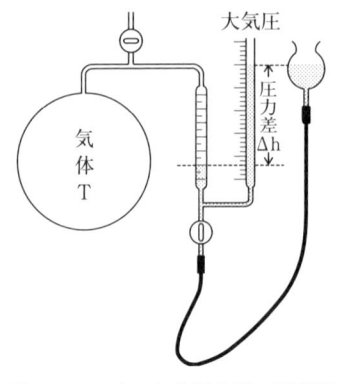

図 3-2-6　定圧気体温度計の原理図

が多少異なる。これは、液体やガラスの膨張率が、温度によって多少異なるためである。一方、気体の膨張率は温度にほとんど関係なく一定であり、ガラスの膨張は無視できるので気体温度計は標準の温度計として使用される。気体温度計には、体積を一定にして圧力の変化を利用する定積気体温度計と、圧力を一定にして体積の変化を利用する定圧気体温度計がある。図 3-2-6 に定圧気体温度計の原理図を示す。圧力差 Δh を一定に保ちながら気体の温度 T を上げていくと、体積 V が T に比例して増加する。体積を測定すると温度が求められる。

4. カルノー効率

（1）カルノー熱機関の理論的研究

　サディ・カルノー（写真 3-2-5　Sadi Carnot　1796 ～ 1832）は、当時の蒸気機関への関心の高まりと、気体の熱理論の蓄積をもとに、1824 年に熱機関に関する理論的研究「火の動力への考察」を発表した。カルノー理論の枠組みは、次の 2 つであった。

　① 熱素説にもとづき、熱量（熱素）は不変に保たれる（保存する）。

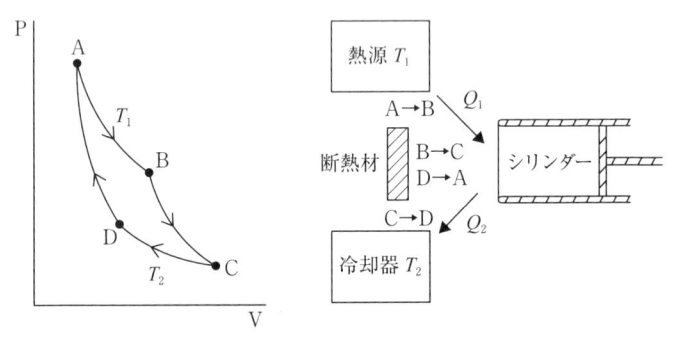

図 3-2-7　カルノーサイクルの pV 図と熱機関概念図

② 熱が高温物体（熱源）から低温物体（冷却器）へ降下（fall down）して、熱機関に周期的動作を行わせるとき、熱機関は動力を生む。

熱の移動は熱素（カロリック）という一種の物質であると見なすのが、①の熱素説であり18世紀の考え方である。小学生が描く熱が動くという熱物質論的イメージの原型であると考えられる。②に現れた降下は高温側から低温側への熱の移動を意味する。カルノーによれば、熱が動力に変わるのではなく、高温物体から低温物体へ熱が移動するときに動力を発生させる。ここで動力とは力学的な仕事と考えればよい。カルノーは熱素説の立場に立っていたが、熱が消滅するところで動力が発生することに気付き、熱は何らかの運動の一種であると結論したといわれる。しかし、カルノーには、

写真3-2-5
サディ・カルノー

・もし熱が何らかの運動であるならば、動力を取り出すのに低温物体が必要なのはなぜか？
・高温物体からそのまま動力を取り出すことはできないのか？

という疑問が残った。そして、カルノーは、理想的な熱機関では、発生する動力の最大値があり、それはどのような作動物質を用いたかにはよらず、熱が高温物体から低温物体へ移行するときの温度差で決まると考えた。したがって、熱効率の最大値も高温物体（熱源）と低温物体（冷却器）の温度差で決まると考えた。ここで、理想的な熱機関とは、摩擦や熱伝導などの一切の不可逆な現象が存在しない想像上のものである。不可逆性については、本章第5節で詳しく述べる。

（2）理想気体を用いたカルノー熱機関の作動と熱効率

理想気体を作業気体に用いたカルノー熱機関は次のような作動をする（図3-2-7）。熱源と冷却器の絶対温度をそれぞれ T_1、T_2 とする。

① 等温膨張（A → B）

シリンダーの頭部を熱源に接触させ、温度を T_1 に保って熱源から吸熱させながら膨張させる。このとき、作業気体は状態Aから状態Bに移り、ボイルの法則にしたがって体積Vが増加し圧力pが減少する。

② 断熱膨張（B→C）

シリンダーを熱源から離し、断熱材に接触させる。温度が T_2 になるまで、断熱的に膨張させる。このとき、作業気体は状態 B から状態 C に移り、圧力がさらに減少する。

③ 等温圧縮（C→D）

シリンダーを断熱材から離し、頭部を冷却器に接触させ、温度を T_2 に保って冷却器に放熱させながら圧縮させる。このとき、作業気体は状態 C から状態 D に移り、ボイルの法則にしたがって体積 V が減少し、圧力が増加する。

④ 断熱圧縮（D→A）

シリンダーを冷却器から離し、断熱材に接触させる。温度が T_1 になるまで、断熱的に圧縮させる。このとき、圧力がさらに増加し作業気体は状態 D から状態 A に戻る。

過程①②では膨張による仕事をするが、過程③④では外部から仕事をされて圧縮する。その差が正味にした仕事 W になる。過程①で熱量 Q_1 を吸収し、過程③では熱量 Q_2 を放出する。詳しい計算をすると、Q_1 と Q_2 の差が W に等しくなることが導かれる。そして、Q_1 と W の比をとると熱効率が得られる。結果は、式（9）のようになり、e_r はカルノー効率とよばれる。

$$e_r = W/Q_1 = \Delta T/T_1 \quad \cdots\cdots \text{(9)}$$

$$\Delta T = T_1 - T_2$$

理想的な熱機関では、熱効率は高温物体（熱源）と低温物体（冷却器）の温度差 ΔT に比例する。一般に、熱源や冷却器の温度が同じならば、カルノー効率は、あらゆる熱機関の熱効率 e より大きい（本章第5節参照）。

$$e_r > e \quad \cdots\cdots \text{(10)}$$

式（10）によると、現実の熱機関の熱効率がカルノー効率を超えることは物理法則が禁止する自然の制約であり、素材や設計などの技術的制約ではない。したがって、熱源や冷却器の温度が同じならば、いかに技術が進歩しても e は e_r を超えることはない。技術は物理法則を超えることはない。

第3節　水スターリング熱機関の教材化

1. 水スターリング熱機関の研究史

　本章第1節で述べたとおり、熱機関とは、熱を移動させその一部を継続的に仕事に変換し続ける装置である。そして、多くの人が興味を持っている自動車などのエンジン類はすべて熱機関である。空気を作動物質とするスターリング熱機関は、1816年にスターリング（R.Stirling）によって発明された。その作動原理は、
① 熱源を用いて空気を加熱して膨張させる。
② 冷却器を用いて膨張した空気を冷却する。
③ 空気は収縮してもとの状態に戻る。
であり、①～③を周期的に繰り返す単純なものである。もし、冷却ができなくなれば、熱機関は周期的動作をしなくなる。1830年になると、加熱部と冷却部が再生器（熱溜）を通して分離され、気体を往復させるという改良を経て実用化された。スターリング熱機関のなかでも、フルダイン式スターリング熱機関（Fluidyne Heat Machine）とよばれ、液柱のピストンが上下振動をするエンジンが存在する。特に、液体に水を用いたものを水スターリング熱機関（Water Stirling Engine）とよんでいる。水スターリング熱機関は、1969年に英国エネルギー省ハーウエル研究所で発明された[9]。その後、インドのメタルボックス社がハーウエル研究所と共同開発研究を行い、1977年に灌漑用の水汲みポンプとして実用化している[10]。

　日本においても、水スターリング熱機関の作動特性の実験的研究が大阪市立大学工学部の機械工学研究室で行われ、兵働務らによっていくつかの大きさの異なる装置の出力特性およびディスプレーサピストンとパワーピストンの振幅と共鳴管の長さの関係が報告されている[11]。そして、大阪教育大学の木立英行らは水スターリング熱機関の作動特性について、3つの水ピストンに粘性や装置壁の摩擦抵抗などを考慮した運動方程式を立て、微少振動解の存在範囲を調べた。その知見から、共鳴管の最適長の存在を理論的に導き出した[12]。一方、桐山信一らによって、水スターリング熱機関の高校物理教材化も進められた[13][14]。

2. 水スターリング熱機関の作動原理

装置の概念図を図3-3-1に示す。機関本体は2本のガラス管（縦管）の下部を他の管（連結管）で接続したU字管のような構造になっている。それぞれの縦管は膨張室と圧縮室とよばれ、中に適量の水と空気が入っている。2つの縦管中の水は他の熱機関のピストンに相当する部分であり、ディスプレーサピストンとよばれる。膨張室の空気は加熱されて機関の高温部となり、圧縮室の空気は冷却されて機関の低温部となる。膨張室と圧縮室の空気の部分は適当な管で連結されているので、空気は管を通して相互に移動することが可能である。この管を再生器とよんでいる。その意味は後で説明する。膨張室の下部の圧縮室側と反対側に接続された共鳴管とよばれる管の先には、垂直に管が取り付けられパワーピストンとよばれる。共鳴管・パワーピストン部が最適長のときは、膨張室と圧縮室の振幅が等しくなり、他の条件が同じであれば、膨張室と圧縮室に生じる最小の温度差で作動するようになる。最適長は、ディスプレーサー部の固有振動数と、共鳴管・パワーピストン部の固有振動数が等しくなるように共鳴管の長さを調整して得ることができる。その方法など理論的な事項は後で説明する。この系は、両室に温度差がない場合にも、外部から本体を揺らせばU字管内の水と同様に振動する。この振動は水の粘性や水と管壁などに働く摩擦によってすぐに止まってしまう。ところが、高温部と低温部に温度差があり、しかも温度差がある値以上になると、熱の移動から得られる仕事が摩擦などによるエネルギー散逸に勝り、ディスプレーサピストン部に有限振幅の振動が定常的に持続するようになる。この状態を自励発振（励振）とよぶ。このとき、共鳴管とパワーピストンが振動するので、適当な仕組みにより、その運動を外部に仕事として取り出すことができる。

図3-3-1の装置に即して、作動原理を説明していきたい。説明に必要な図3-3-2は、理想スターリングサイクルであり、連続する4つの要素過程から成る。

① 過程D→A　定容変化

　機関本体の2つの水ピストンに水位差ができ、重力によって圧縮室側から水が膨張室側に移動すると、内部の空気は再生器を通じて膨張室側から圧縮室側に体積を一定にした状態（＝定容）で移動する。この過程を定容変化とよぶ。

そして、空気の圧力は低下する。

② 過程A→B　等温圧縮

圧縮室側では、空気は温度を一定にしたまま（等温的に）圧縮され、共鳴管中の水がディスプレーサピストン部に吸い込まれるため、装置は外部から仕事をされる。この過程を等温圧縮とよぶ。

③ 過程B→C　定容変化

2つの水ピストンの水位差により、重力によって膨張室側から水が圧縮室側に移動する。これは①と同様であるが、水が移動する向きが逆である。このとき低温の空気が定容で膨張室側に移動する。そして、空気の圧力は上昇する。

④ 過程C→D　等温膨張

空気は等温的に膨張し、水はパワーピストン部に押し出されて装置は外部に仕事を行う。そして、2つのピストンに生じた水位差によりディスプレーサピストンが釣り合いを求めて揺りもどし、①の過程にもどる。

本章第2節で説明したカルノー熱機関は、図3-3-2で過程B→Cを断熱膨張で、D→Aを断熱圧縮で置き換えたサイクルである。自転車のタイヤに空気を入れていくと、空気入れが熱くなる。外部との熱のやりとりを断って、空気を圧縮すると温度が上がるためである。これを断熱圧縮という。また、地上で熱せられた空気塊が上昇するとき温度が低下するが、上昇速度が大きく周囲との熱のやりとりはないと考えてよい。これを断熱膨張という。

理想スターリング熱機関では、仕事をするのは②と④の過程であり、1サイクルにおける正味の仕事は図3-3-2のpV曲線で囲まれた面積に等しい。理想的な

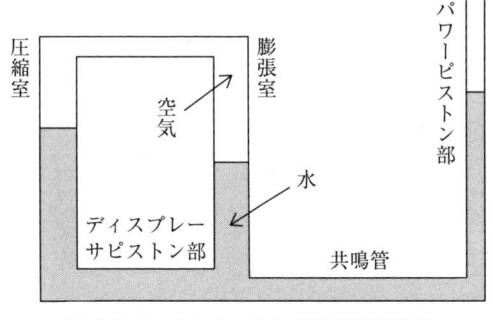

図3-3-1　水スターリング熱機関概念図 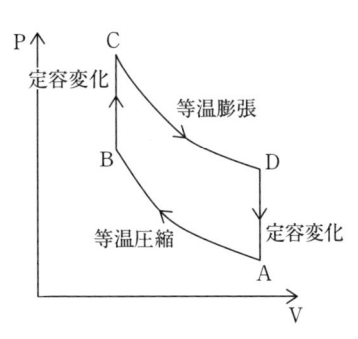　　図3-3-2　理想スターリングサイクル

装置では、定容変化①で放出した熱を再生器にためて、もう一つの定容変化③で再吸収することになる。その場合は、①③をあわせると熱の出入りが断たれていることになるので、定容変化は断熱変化と等価になり、理想スターリング熱機関の熱効率はカルノー効率に等しくなる。しかし、現実の装置では再生器による熱の回収は非常に難しい。また、圧縮室を水の蒸発熱などで冷却したとしても、冷却の効果はわずかなものである。

3. 生活科学的アプローチによる熱機関の学習Ⅱ
　　―高校生による水スターリング熱機関の製作を通した熱機関の概念理解―

（1）装置の製作

　奈良県立高田高等学校科学部の生徒6名（1年生4名、2年生2名）によって、水スターリング熱機関が2000年頃に製作されている。生徒の状況としては、当時は同校では1年次に化学ⅠBを必修とし、2年次に物理ⅠBと生物ⅠBを選択させていたので、1年生は熱機関についての学校知識はなかった。また、物理ⅠB履修の2年生も製作の時点では、まだ熱の単元まで達していなかった。

　下記に、生徒に示した製作マニュアルを示す。

【　水スターリング熱機関製作マニュアル　】

(1) 材料の準備

　　ガラス管（内径2cm、長さ25cm）2本、ホース（内径2.5cm）、塩ビ製アタッチメント（水道管用L管、T管）、塩ビパイプ（内径1.2cm）、透明ビニール管（内径1cm）、アルコールランプ、アルミ箔、ストップウォッチ、定規など

(2) 製作の手順

　　図3-3-3を見て、次の①～⑤の手順にしたがって製作する。

　①　ガラス管と塩ビ製アタッチメント（L管）を、8cm程に切ったホースでつなぎ、圧縮室側を作る。

　②　ガラス管と塩ビ製アタッチメント（T管）を、8cm程に切ったホースでつなぎ、膨張室側を作る。

　③　これらを塩ビパイプで接続し、ディスプレーサー部を作る。

　④　膨張室側の塩ビ製アタッチメント（T型）に、透明ビニール管を挿入し、共鳴管およびパワーピストン部を構成する。

　⑤　圧縮室側から水を入れ、アルミパイプを挿入した2つのゴム栓（4または5号）をゴム管で結んだ再生器で、圧縮室と膨張室をつなぐ。

(3) 動作手順
① ディスプレーサー部を傾けてスタンドに固定し、膨張室側をアルコールランプで加熱する（図3-3-4）。
② 圧縮室側にペーパータオルを巻き、氷水をしみ込ませて水の蒸発熱で定常的に冷却する。
③ パワーピストンの水位が上昇しきって止まって下がりはじめたとき、自然に励振を始める。もし、励振しない場合は共鳴管を摘むなどの摂動を加える。

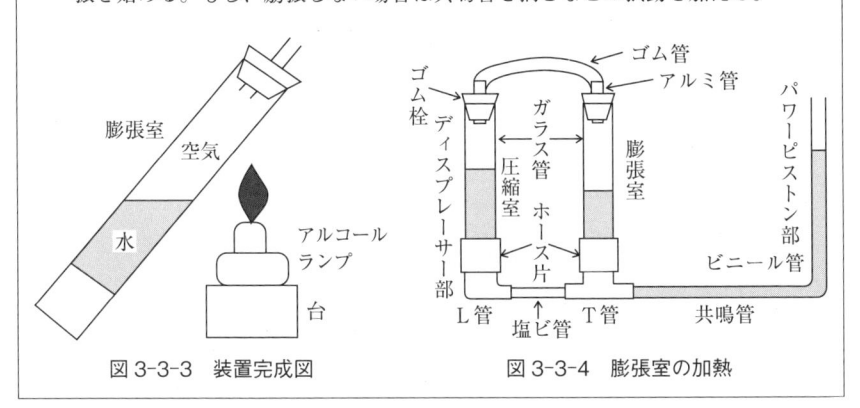

図3-3-3　装置完成図　　図3-3-4　膨張室の加熱

彼らに、筆者があらかじめ電気分解の実験で使うH管で作った水スターリング熱機関の装置を見せ、製作に必要な部品について考えさせた。
① ディスプレーサー本体のガラス管（内径2cm、長さ25cm）
② 共鳴管に用いる透明ビニール管（内径1cm）
③ 接続用部品に用いるビニールホース類と塩ビ製のアタッチメント（水道管用のL管、T管）

①については、筆者が教材店で購入したものがあり、それを用いさせた。②③については、生活用品店（ホームセンター）で購入させた。科学部の生徒たちは、これらを加工して部品を作った。そして、製作マニュアルを見ながら部品を組み合わせて装置を作り上げていった。彼らは、製作マニュアルにしたがって作ってはみたものの、初めはまったく励振させることができなかった。共鳴管が短すぎたのである。その後、筆者が文献を見るよう指示し、生徒達は、励振させるための要因として、

・水の量（あるいは空気の量）

・圧縮室と膨張室の温度差
・圧縮室と膨張室の水平距離 x と共鳴管の長さ L の比 x/L

などを学び、L の調整へと向かった。まず、x を測り（x＝21cm）、次にそれを13倍して共鳴管を 2m60cm まで伸ばした。13倍という値は、文献3）などの装置の実寸から学んだものである。このとき、生徒が見当で適当に短く切ってしまっていた透明ビミール管を塩ビ管でつないでいた。最終的に、3m 近くにもなる大きな装置ができあがった。そして、膨張室を加熱するためのアルコールランプに火を入れてまもなく、自然に、ゆったりとした大きな振動が現れた。居合わせた全員が「オー」という声を上げ、不思議な現象に一時みとれていた。このような自然現象に対する原体験と感動があって、次の段階としての「熱機関の学び」を生むことになった。

水スターリング熱機関の製作という教育実践により、学習者が得たことは次の2点に集約できる。

①　身近な素材を加工して実験装置を製作する力を引き出すことができたこと。

②　装置を作動させるために文献を読み（もちろん筆者もアドバイスを加えたが）、自分たちで問題を解決していったこと。

その後、生徒達は自分たちの製作した装置を用いて、熱機関の概念を学んでいった。

（2）熱機関の概念

一般に、概念は内包と外延により構成される。内包とは、事象に共通に見られる規則性、法則性のようなものであり、外延とは具体的な事象群そのものである。金属概念の場合を例に取ると、内包は

・電気をよく通す（電気伝導率が大きい）。
・熱をよく通す（熱伝導率が大きい）。
・引き延ばしたり、細長くしやすい（展性、延性に富む）。
・ピカッと光る光沢がある（金属光沢）。

などである。外延は、銅、銀、金……などの具体物である。

熱機関の概念は、金属の場合ほど簡単ではないが、単純化して考えると、熱が

第 3 章　学校で学ぶエネルギーから生活科学へ　99

↑↓は、各段階で起ころうとしている変化の向きを示す。

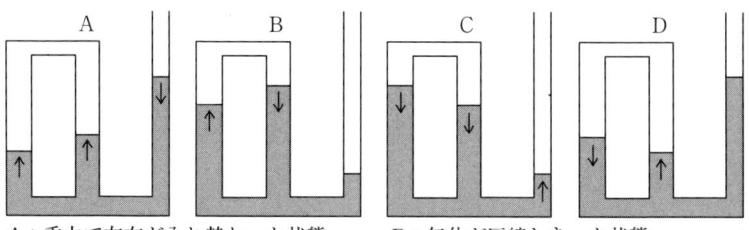

A：重力で左右が入れ替わった状態　　B：気体が圧縮しきった状態
C：重力で左右が入れ替わった状態　　D：気体が膨張しきった状態

図 3-3-5　水スターリング熱機関の具体的動作

仕事に転化されるときの熱学的過程と作動物質が仕事を外部へ伝える力学的機構から成る。それでも、等温変化や定容変化などの熱学的過程は、温度概念や圧力概念などを組み合わせて表現されており、また、動力伝達の力学的機構も実際は複雑である。ここでは、熱機関の概念を以下のように簡略化し、観察事実と概念をつなぐような教材化を目指すことにした。

様々な熱機関にみられる共通性（概念の内包となるもの）は、次の2点に代表される。

① 熱機関はサイクル動作（周期的動作）を行う。
② 熱機関は熱の一部を外部への仕事に変える。

①については、理想スターリング熱機関では図 3-3-2 のように、4つの要素過程が周期的に繰り返される。これを、水スターリング熱機関の具体的動作にそって図 3-3-5 に示す。

次に、概念の外延として具体的なエンジン装置類の働きがある。次の（3）では、熱機関の概念②に関して、高等学校で行われた実践を紹介する[15)][16)]。

（3）熱機関の概念（熱の仕事への変換）の理解に向けて
　　―外部へ水を汲み出す装置による仕事の観察―の実施

生徒たちに手動の灯油ポンプを見せ、これを加工して「水汲みができるパワーピストン」を製作させた。彼らは、灯油ポンプの弁の作動をよく観察した後、水貯め用のペットボトルを組み合わせて、図 3-3-6 のような装置を製作した。そして、ディスプレーサー部の動きと水汲みの動作の関連を十分に観察した。膨張

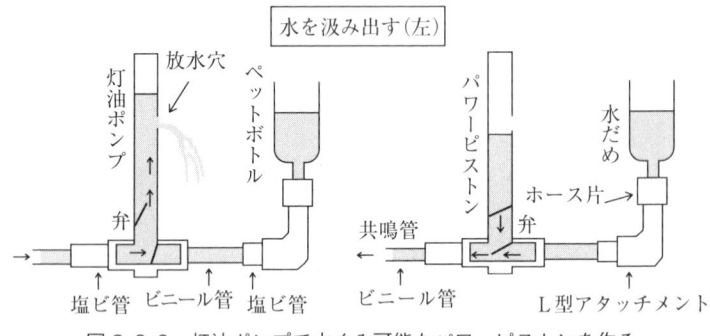

図3-3-6 灯油ポンプで水くみ可能なパワーピストンを作る

室の加熱には、アルコールランプを使った。熱効率 e は、吸熱 q_1 に対する外部への正味の仕事 W の比率で表される。ここでは、高校生の測定ということで簡単化して考え、膨張室（ガラス管）への加熱量をアルコールランプの発熱量とみなしてそれを q_1 とした。W は水を汲み出す仕事であるから、それに等しい水の位置エネルギー増加量 ΔU を計算させた。測定前の生徒の熱効率 e の予想値は 3〜40％であり、幅広い考えであった。以下、生徒の活動と取得したデータなどを示す。

① 理科年表から、メチルアルコール（CH_3OH）の燃焼熱 744kJ/mol を調べた後、分子量で割って、燃焼熱 Q = 23250J/g を出す。

② アルコールランプに火を入れて膨張室を加熱し、水ピストンを励振させる。

③ 水汲み口を取り付けたパワーピストンから、水が汲み出される。

④ 一定時間経過後、火を消しパワーピストンが止まるのを待つ。電子天秤で測定したアルコールランプの重量変化から、アルコール消費量を求める。

　　実験開始：168.94g

　　実験終了：167.57g

　　経過時間：1分26秒

　　アルコール消費量 m = 1.37g

⑤ 汲み上げた水の体積から、水の位置エネルギー増加 ΔU を求める。水の上がった高さ h には、水汲み口の高さをあてた。

　　水の上がった高さ h = 22cm = 0.22m

　　水の体積 V = 200cm^3

水の質量 M＝200g＝0.20kg
水の位置エネルギー増加 $\Delta U = Mgh = 0.20 \times 9.8 \times 0.22 \fallingdotseq 0.43J$
⑥ 熱効率 e を求めさせる（データ処理）。
$e = 100 \times W/q_1 = 100 \times Mgh/mQ \fallingdotseq 1.4 \times 10^{-3}\%$

「思っていたより小さい値が出た。熱は風により室内全体に広がったと思う」などの感想が見られ、熱の利用の難しさ（一部しか利用できないこと）が実感できたようである。

4．H 管で作る水スターリング熱機関の力学的特性

一般に、高校などの学校現場では、装置を素材から作るのはなかなか大変なものである。電気分解で使用する H 管を本体にすると、比較的簡単に装置を製作できる。装置の概要を図 3-3-7 に示す。H 管は 2 本のガラス管が平行になっていて下部で連結されている。2 本のガラス管がディスプレーサピストン部にあたり、そのまま膨張室と圧縮室になる。2 本のガラス管を連結している部分が連結管になる。膨張室と圧縮室の空気の部分を接続チューブでつなぎ、空気はチューブを通して相互に移動することが可能である。膨張室の加熱には、熱源としてミニハロゲンランプを用いた。圧縮室はペーパータオルで巻いて湿らせ、水の蒸発熱で冷却した。図 3-3-7 で、装置の共鳴管は最適長に調整されていて、s は水面までの距離である。熱源を点火してしばらくすると、ディスプレーサピストン（膨張室と圧縮室）の水面とパワーピストンの水面がそれぞれ異なった位相差で振動し、3 つの水位の時間的な変化が生じる。これを水面振動とよぶ。水面振動をビデオ動画で撮り、それを復元した水位の時間変化を図 3-3-8 に示す。横軸は時間 t[s]、縦軸は図 3-3-7 の O 点（連結管の位置）を基準に測った水位 [cm] を示す。プロットは測定値（図 3-3-7 において、加熱前の段階で、$s \fallingdotseq 7.0cm$ のもの）、曲線は測定値に最適な正弦曲線をあてはめたものである。

3 つの水面振動が、次のように決められた。

$$\left. \begin{array}{ll} 圧縮室 &: y_1 = 0.594\sin(10.36t - 1.664) + 6.28 \\ 膨張室 &: y_2 = 0.539\sin(10.36t + 0.792) + 6.17 \\ パワーピストン &: y_3 = 2.822\sin(10.36t + 2.730) + 6.82 \end{array} \right\} \cdots\cdots (1)$$

また、励振の振動数 f、3 つの水位の位相差について次の数値が得られた。

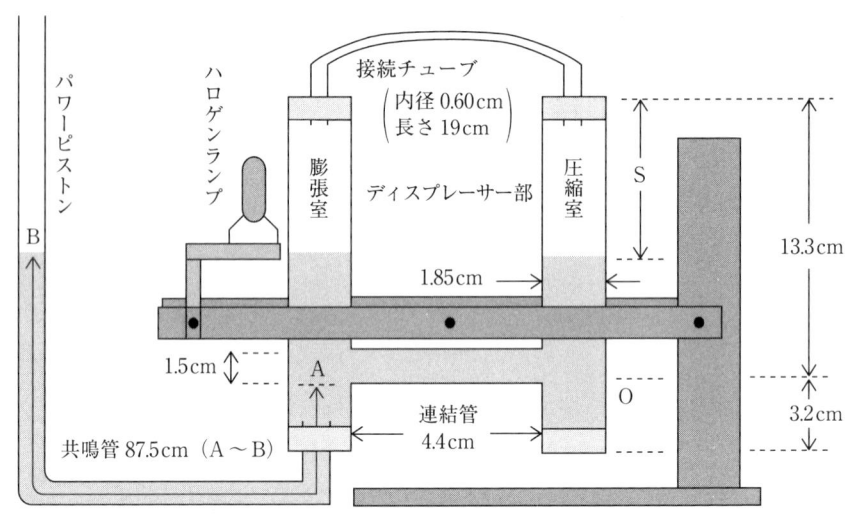

図 3-3-7　H管を用いた水スターリング熱機関装置

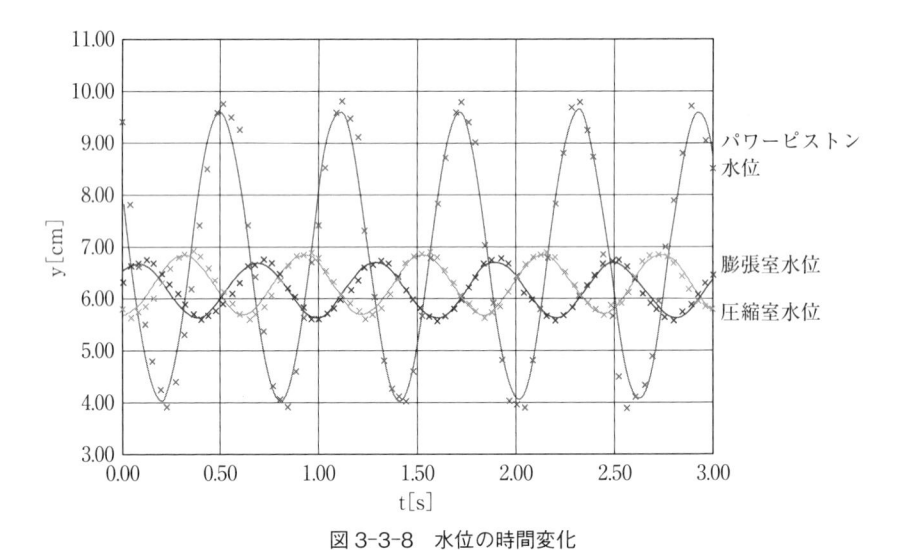

図 3-3-8　水位の時間変化

$$\left.\begin{array}{l} f = \omega/2\pi = 10.36/2\pi = 1.65 \text{Hz} \\ \alpha = |0.792 - (-1.664)| \times 180/\pi = 141° \\ \beta = |2.730 - (-1.664)| \times 180/\pi = 252° \end{array}\right\} \quad \cdots\cdots (2)$$

ここで、αは圧縮室と膨張室の位相差を、βは圧縮室とパワーピストンの位相差を示す。圧縮室の水位から見ると、膨張室の水位は141°進み、パワーピストンの水位は252°進んでいた[17]。

5. 熱機関の概念（周期的動作）の理解に向けて

膨張室の加熱と圧縮室の冷却により、装置の中でどのようなことが起こるかを、筆者が勤務する創価大学教育学部・工学部の学生に予測させた。その際、学習プリントに入れた枠中に、作動を説明する考えを概念地図風に記入させた。一例を下記に示す。

記述内容の傾向としては、
- 膨張室の空気の膨張 → 水位の下降
- 圧縮室の空気の収縮 → 水位の上昇
- 水面の復元 → 繰り返し

といった内容の図式が多く見られた（図3-3-9）。しかし、図3-3-10のように、
- 膨張室（B）の空気の膨張 → Bの水位の下降（等温膨張にあたるか？）
- 空気が圧縮室（A）へ移動 → Aの水位の下降（定容変化にあたるか？）
- パワーピストンへ水が移動 → 水位の上昇

といった位相のずれを意識して書かれたと思われるものもあった。

共鳴管・パワーピストン部がなければ、ディスプレーサー部の水は180°の位相差で振動するだけであり、外部に仕事を取り出すことはできない。共鳴管に水が流入すれば、ディスプレーサー部の位相差が180°にはならない。学生の記述には、水が共鳴管に流入することが、熱機関が仕事をする本質的事項であるとするもの（図3-3-10のようなもの）は少なかった。高校生に水面振動を記録させる実践においても、このことに気付くことは難しいことであることが示されている。水の体積が変化しないので、ディスプレーサー部の水位の合計（$y_1 + y_2$）は、パワーピストンの水位 y_3 と逆位相になる。本装置では、式（1）を用いると図3-3-11のようになる。

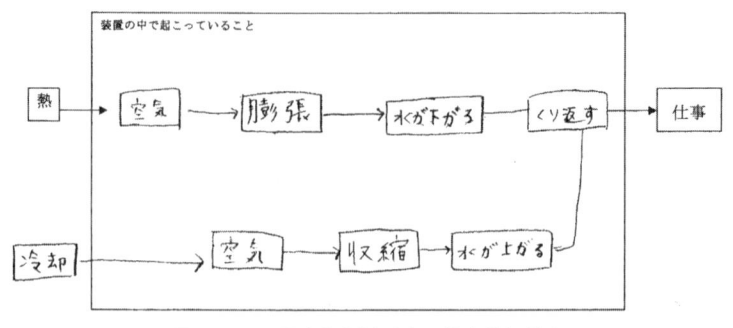

図 3-3-9　記述内容例（1）　教育学部学生

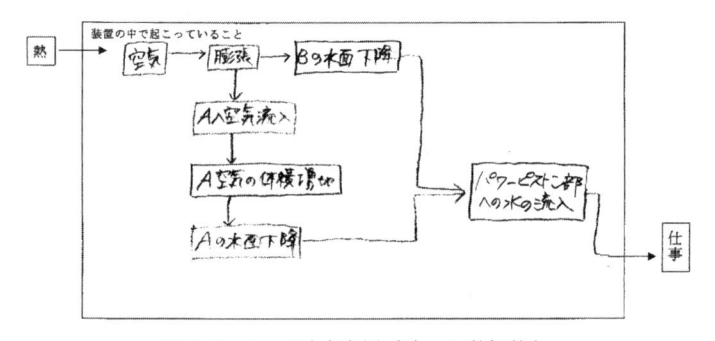

図 3-3-10　記述内容例（2）　工学部学生

　生徒に水位の時間変化を描図させ、y_1+y_2 と y_3 が逆位相になることを発見させる指導が、桐山によって行われている[18]。生徒は、ディスプレーサー部の空気が膨張・圧縮をくり返していることを理解し、熱機関の概念の1つ目（周期的動作）の認識につながったとされている。ここでは、もうひとつ進めて、膨張室の空気と圧縮室の空気の体積和の周期的変化に着目し、生徒が理想サイクルをイメージし、熱機関の概念②（外部へ仕事をする）を認識することができるための方法を提案する。膨張室の空気体積と圧縮室の空気体積およびその和が時間的にどうなっているかを、ディスプレーサー部の振動から知ることができる。図3-3-7の装置で空気体積は、

$$V = S \cdot (13.3 - y) \quad \cdots \cdots (3)$$

によって求められる。式（3）で、Vは膨張室の空気体積、Sは膨張室の断面積、yは膨張室の水柱の長さである。圧縮室についても、式（3）と同様に求められ

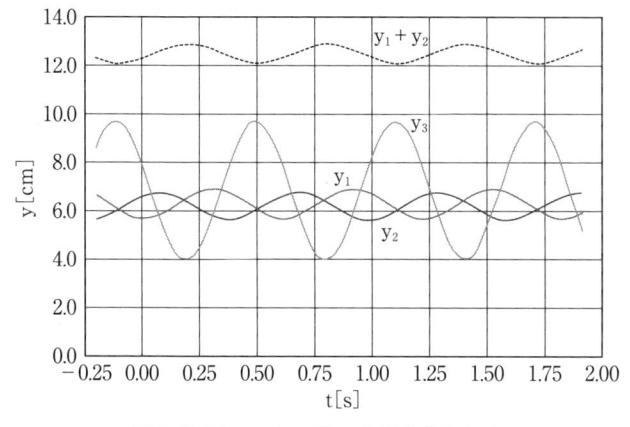

図 3-3-11　y_1+y_2 が y_3 と逆位相になる

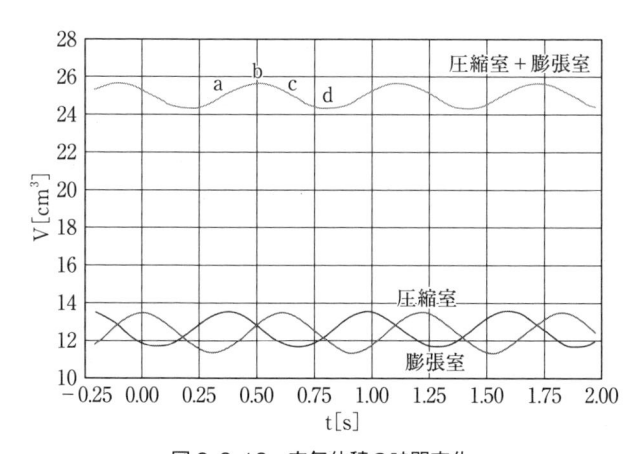

図 3-3-12　空気体積の時間変化

る。図 3-3-12 に結果を示す。膨張室の空気と圧縮室の空気の体積和の時間変化は、次のようになる。図 3-3-12 中の a では、体積が増加し膨張している。このとき、膨張室の体積がほぼ最大値に達している。また、c では体積が減少し圧縮されている。このとき、膨張室の体積がほぼ最小値になっている。そして、b、d では、体積がほぼ一定であり、それぞれ膨張室の曲線と圧縮室の曲線の交点にあたることから、空気の入れ替わりが起きていることがわかる。以上を、時間を追って、体積変化の量（＋、0、－）、生じている熱的過程、それを理想化した要

表 3-3-1 作動気体の動き

時間	体積変化	過程	理想サイクルの要素過程
a	＋（増加）	膨張	等温膨張
b	0	入替	定積変化
c	－（減少）	圧縮	等温圧縮
d	0	入替	定積変化

素過程の順に整理すると表 3-3-1 のようになり、学習者に要素過程を類推させるための資料となる。

次に、膨張室と圧縮室の空気の体積和とパワーピストンの振動の関係を図 3-3-13 に示す。体積和が最大（b）のとき、パワーピストンの水位も最大になり、体積和が最小（d）のとき、パワーピストンの水位も最小になっている。これらが同位相にあることを示すことにより、学習者は、熱機関の概念の２つ目（外部へ仕事をする）が理解できるようになると考えられる[19]。実践による検証ではないが、筆者の勤務先の大学院生（中学校理科教員）に図 3-3-11、図 3-3-12、図 3-3-13 を提示してみたところ、水面振動と熱的サイクルを結びつけるのに役立つということであった。なお、学習者が周期的動作を実験的に理解するには、装置の pV 図を見せるのが最もよい。圧力センサーを２個用いて空気の圧力 p の時間変化と体積 V の時間変化を測定する実践研究を文献 20）に示す。また、圧力の時間変化を圧力センサーで、体積の時間変化を水面振動のビデオ動画から求

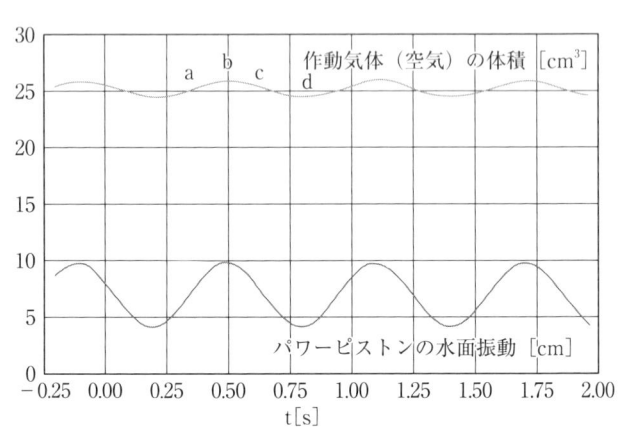

図 3-3-13 空気の体積変化とパワーピストンの振動

め、それらを同期させて pV 図を作成する実践研究を文献 21) に示すので、興味のある人は参照していただきたい。

（参考）水スターリング熱機関の理論について

本項の詳細については、文献 22)、23) を参照していただきたい。図 3-3-7 のディスプレーサー部では、連結部の内径が膨張

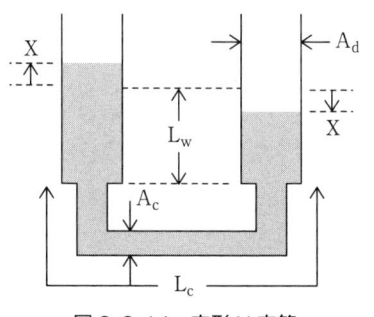

図 3-3-14　変形 U 字管

室（圧縮室）の内径より小さい。このような装置は U 字管を変形したものと見なすことができる（図 3-3-14）。U 字管中の液体の固有振動数の求め方を示した文献 24) を参考に、本装置のような場合に生じる固有振動の振動数を求めたところ、式（4）のようになった。

$$f_0 = \frac{1}{2\pi} \sqrt{\frac{2A_c g}{2A_c L_w + A_d L_c}} \quad \cdots\cdots (4)$$

ここで、L_W は水柱の長さ、A_d は本体の管の断面積、L_c は連結管の長さ、A_c は連結管の断面積、g は重力加速度である。式（4）で、本体と連結管の断面積を等しいとして、

$$A_c = A_d$$

とし、水柱長については、

$$2L_W + L_c = L_D$$

と置くと、その右辺は水柱長 L_D の U 字管に生じる固有振動の振動数 f_U を示す式（5）に一致することから、式（4）の妥当性が示される。

$$f_U = \frac{1}{2\pi} \sqrt{\frac{2g}{L_D}} \quad \cdots\cdots (5)$$

共鳴管の最適長を求めるための考え方が、共鳴モデルである。水スターリング熱機関に関する West の文献による説明では、共鳴管はその名の通り（tuning column）、膨張室に接続してディスプレーサー部に共鳴的に振動を加えて励振を持続させようとするものである[25]。共鳴管の振動数 f は式（6）のようになることが導かれる。

$$f=\frac{1}{2\pi}\sqrt{\frac{A_t P_m}{V_m \rho L_t}+\frac{g(1+A_t/2A_d)}{L_t}} \quad \cdots\cdots (6)$$

ここで、ρは水の密度、P_m、V_mは本体内の気体の圧力と体積である。West は、式（6）のL_t（共鳴管の長さ）を変化させることにより、本体となるU字管に接続した共鳴管の振動数fを、U字管本体の固有振動数f_Uに等しくし、両者を共鳴させることができると述べている。本装置においても、共鳴管はディスプレーサー部と共鳴的に振動すると考え、式（4）を式（6）に等しいとして、

$$f_0 = f \quad \cdots\cdots (7)$$

とおき、式（7）から求めたL_tが最適長になると考えられる。図3-3-7の装置は、このようにして最適長を計算して製作してある。その際、P_m、V_mは作動していない状態の空気の体積Vと実験地点の大気圧pに等しいと見なした。実験との比較の一例を下記に示す。

　　式（4）による理論値　　$f_0 = 1.61$ Hz

　　式（2）の実験値　　　　$f = 1.65$ Hz　　（励振時の振動数）

また、水面振動の位相差については、桐山は水面振動に単振動を仮定し、水の保存から最適長における次の関係を導いている。

$$\beta = 0.5\alpha + 180° \quad 0 < \alpha < 180 \quad \cdots\cdots (8)$$

実験との比較は次のようであった。

　　式（8）による理論値　　$\beta - 0.5\alpha = 180°$

　　式（2）の実験値　　　　$\beta - 0.5\alpha = 252° - 0.5 \times 141° = 182°$

第4節　不思議な熱機関―水飲み鳥―

　水飲み鳥は非常に興味深い科学おもちゃであり、私たちの生活とともにあった（写真3-4-1）。頭部を水につけるだけで、首を振り続けることに不思議さを感じた。なぜ首を振り続けるのか、これを大きくして海岸にでも設置すれば首振り運動を動力として利用できないだろうか、とも考えたものである。市販の水飲み鳥は、近年は台湾からの輸入に頼っていたが、2009年秋には台湾の工場も製造をやめたようである。したがって、現在は入手しにくいと思われる。

　写真3-4-1に、富士商　商品センターのHappy Birdを示す。水飲み鳥は熱機

写真 3-4-1　水飲み鳥の首振り運動

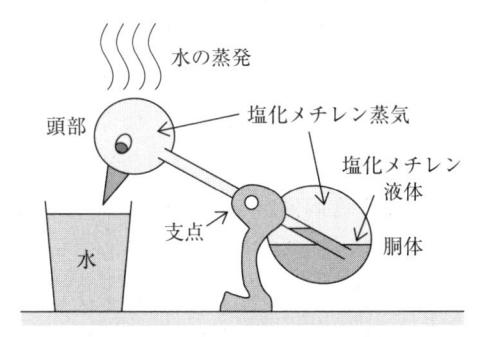

図 3-4-1　装置の模式図

関として興味深く、熱学的地球のモデル教材としてとりあげられている[26) 27)]。しかし、その作動に関する定性的な説明はインターネットでたくさん見られるが[28)]、首振り周期のような具体的なデータはほとんど見られない。そして、基本的なことだが、水飲み鳥が熱機関であるということも、必ずしも実証されているわけではない。ただし、水飲み鳥の周期的動作における理論上のpV図を提案しようという試みはなされている[29)]。また、その首振り周期に関する実験的研究としては、J. Guemezらの研究があり、コップに接続して用いるタイプの水飲み鳥を用いて、周期と湿度の関係が見いだされている[30)]。

　本節では、1で一般になされている作動の説明を紹介し、理科教材としての可能性を探る。2では水飲み鳥の歴史の一端を概観し、3でJ. Guemezらの研究から、首振り周期がどのような物理的条件で決まるかを述べる。4以降では頭部および胴体の表面温度の測定結果から、水飲み鳥の熱機関としての特徴の一つを検証する。

1. 水飲み鳥の作動と理科教材化

(1) 水飲み鳥の作動の一般的説明

昔は水飲み鳥の内部の液体にはエーテルが使われていたが、現在は塩化メチレンが用いられている。塩化メチレンは、沸点40℃の揮発性液体であり、水飲み鳥の内部で蒸発と凝縮を繰り返す。文献28)では、一般に水飲み鳥の作動は次のように説明されている。図3-4-1に装置の模式を示した。

① 頭部から水が蒸発する（前方に設置された容器中の水に頭部の嘴が浸かる）。頭部には布が貼られている。
② 水蒸発により頭部の温度が下がる。
③ 頭部温度の低下により、頭部の蒸気が凝縮する。
④ 温度の低下と凝縮により頭部の気圧が下がる。
⑤ 頭部と胴体の気圧の差により管内の液面が上昇する。
⑥ 液体が頭部に流れ込んで重心が上がり、前方へ傾く。
⑦ 傾くことで管の下端が液面より上に出る。
⑧ 胴体の蒸気の気泡が管を上昇し、液体は下降する。
⑨ 液体が胴体に流れ、頭部と胴体の気圧が平衡する。
⑩ 液体が胴体へ戻ったことで重心が下がり、鳥は元の直立状態に戻る。

①〜⑩で1周期（1サイクル）の動作が完了し、以上のプロセスを繰り返す。これで一応の納得が得られるようであるが、このような説明では2つの問題点がある。

問題1：説明は力学的な側面を主にしているため、水飲み鳥への熱の流れが明確ではない。

問題2：塩化メチレンの蒸発や凝縮も自明ではなく、実験的、理論的考察で導かれたものではない。

つまり以上の説明は、水飲み鳥が熱機関であることを保証するものではない。

(2) 理科教材化について

筆者の勤務先である創価大学教育学部の3・4年生を担当する演習で、水飲み鳥を観察させた。

・小学校何年生の単元になるか？
・水の入ったコップをはずすとどうなるか？

など疑問が学生から出された。そして筆者が次の課題を出した。

① この装置はどういうメカニズムで動き続けるのか。
② 「水を飲ませる」以外にどのようにすれば動き続けるのか。

①については、学生は（1）で示したような説明をインターネットから引いていた。②はインターネットにはなく、自分で考えたのかアルコールランプで加熱するという提案であった。これは非常に危険な方法であり行うべきではない。40℃以上になると、内部のガスが沸騰し圧力が上昇してガラスが破損することがある。授業では、100W電球を胴体に近づけて温めた。電子天秤で頭部からの水蒸発量を測定し、1分間（数サイクル）に失われる熱量 q_2 を求めた。1分間に行われた首振りの仕事を W とする。吸熱量 q_1 については、

$$q_1 = q_2 + W$$

により、W がわかれば決めることができそうである。そうなれば熱効率 e を求めることも可能ではないか……。このようなことを考えながら、水飲み鳥は文科系大学生に熱機関の概念を形成させる一つの教材になると実感された。

一般に、学校理科で生活科学的アプローチが可能になる探究的な学習を実施するには、教材に次のような事柄が求められる。

① 生徒に身近なテーマであり、学習への関心・興味がもてること。
② 様々な原因を含む現象であり、思考力・判断力を育成できること。
③ 多面的な継続的測定ができて、実験技能・表現力を育成できること。
④ 学校理科と接続した内容を有しており、知識・理解が得られること。

水飲み鳥の測定は、ストップウォッチ、温・湿度計、電子天秤などで多面的な測定が継続的に行える。また、状態変化や力のモーメントなど物理・化学的の学習内容と密接につながっている。加えて、様々な原因を含み未知なこともたくさんある。水の蒸発だけが周期的動作の原因なのではない。水飲み鳥の研究は中学・高校生の探究的な学習として十分に推奨できるものである。

2. 水飲み鳥とアインシュタイン

　黒川は、動作原理が不明の故に水飲み鳥がアインシュタインを驚かせたことを取り上げ、水飲み鳥とアインシュタインの出会いについて次のように述べている[31]。アメリカに亡命したアインシュタインと親交のあったトーマス・リー・バッキーは、

> わたしの兄がアインシュタインに仕掛け玩具を贈ったことがある。それは、水を入れたコップの縁に小鳥がとまっていて、水の中に頭を入れたり出したり、まるで永久運動のように動作をくりかえすのである。アインシュタインは坐って、この運動を起こさせる原理を発見しようとして、楽しそうに眺めていたが、原理は発見できなかった。翌朝、部屋から出てきた教授はこう言った。『床に入ってからあの小鳥のことを長い間考えていたのだがね、あれはこうだよ……』。彼は長い説明を始めたが、それはこういう想定にもとづくものだった。小鳥の中にチューブ入りのガスが仕込んであって、それが圧縮と気化を交互にくりかえして重量を変える。それから、彼は自分の推理に誤りを発見して説明を中断するとこう言った。『いや違う、そうじゃない』彼は数日間にわたっていろいろな理論を試みた。わたしはついに、機構を調べるために玩具を分解しようと提案した。とたんに彼の顔には不賛成の表情が浮かんだ。わたしのこのプラクティカルな方法に賛成していないことは明らかだった。結局最後までこの玩具は彼には解決不可能だった[32]。

　この出来事は、文脈からすると1947年以降のことであるとしている。

3. 水飲み鳥はなぜ首を振るのか？

　J. Guemezらの周期に関する理論は、およそ次のようなものである[33]。

（1）湿度と周期の関係

　一周期の運動（＝1回の首振り運動）において、頭部からの水の蒸発により大気中に流失する水の質量をΔmとする。頭部からの水蒸発速度（＝単位時間に蒸発する水の量）をvとすると、周期τはΔmとvの比で求められる。

$$\tau = \Delta m / v \quad \cdots\cdots (1)$$

拡散法則によると、大気の相対湿度がHのとき、水蒸発速度は$100-H$に比例する。

$$v = k \cdot (100 - H) \quad \cdots\cdots (2)$$

比例定数kは気温や気圧に依存し拡散係数とよばれる。両式よりvを消去すると、周期τは式（3）のように、100−Hに反比例することになる。

$$\tau = \Delta m / k(100-H) \quad \cdots\cdots \text{(3)}$$

ところが、水飲み鳥の実際の動きを観察すると、周期データは$(100-H)^{-1}$ではなくその異なった累乗に依存することを見いだした。そこで、彼らは式（4）のような実験式を提案している。比例定数Kと指数βは状況によって定まる変数であるとしている。

$$\tau = K \cdot (100-H)^{-\beta} \quad \cdots\cdots \text{(4)}$$

彼らは、水の入ったコップに接続して用いるタイプの水飲み鳥を小さな密閉容器の中に入れ、連続的に湿度を変えて測定し、周期τが式（4）に非常によく一致する結果を示した。湿度75％以上では、$\beta = 1.24$となり、75％以内では、$\beta = 1.82$に不連続的に変化する実験結果を得た。そして、ß>1となる原因は装置内に生じる対流ではないかと推論している。

（2） 水飲み鳥の周期的運動の測定

周期τのしたがう実験式が、なぜ式（3）ではなく式（4）になるのかを解明すべく、周期と湿度の関係を調べるための実験を行った。Guemez論文には見あたらない水蒸発速度と湿度の関係の実験的検討もあわせて行った。水平面に置くタイプの水飲み鳥を2台用い、1台は周期測定に、もう一台は頭部で生じる水蒸発の速度測定に用いた。

1） 蒸発速度の測定

Ⅰ　首振り運動をしないように装置を固定する。
Ⅱ　自然な状態にして装置の首振り運動をさせる。

上の2つの条件で次のように行った。

① 装置の頭部が乾燥した状態で質量を電子天秤（最小秤量10mg）で測る。これをm_0とする。
② 頭部のフェルト部分を水で濡らして質量（mとする）を測り、mの時間変化を記録する。
③ 頭部からの水蒸発量$\Delta m = m - m_0$を求める。

Δmの時間的変化の一例を図3-4-2に示す。グラフは直線的変化を示すので、

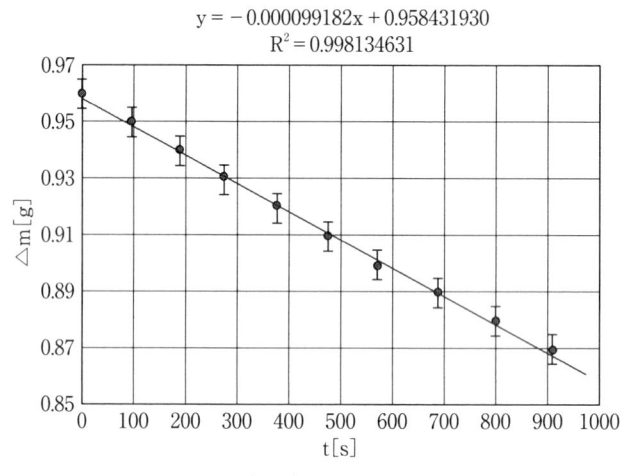

$$y = -0.000099182x + 0.958431930$$
$$R^2 = 0.998134631$$

図 3-4-2　水蒸発量 Δm の時間的変化

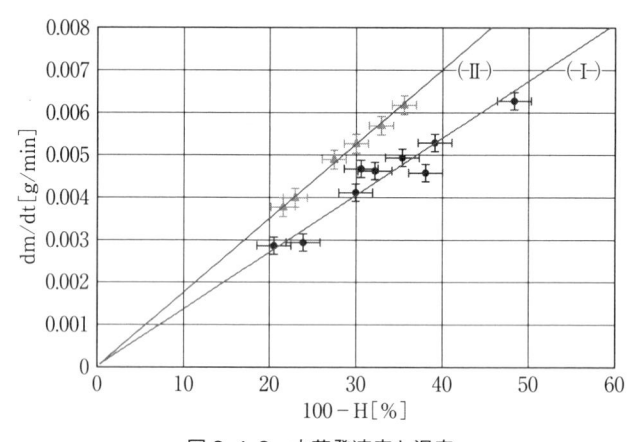

図 3-4-3　水蒸発速度と湿度

　その傾きから1分あたりの蒸発量を求め、その値を v(=dm/dt) と見なした。横軸は時間 t、縦軸 Δm の誤差棒は電子天秤の精度（±0.005g）による。
　v 対 100−H の関係を図 3-4-3 に示す。図 3-4-3 では、データは多少ばらつくが I、II ともに原点を通る直線に乗るので、式（2）はほぼ成立していると考えてよい。I、II の傾きは拡散係数 k であるが、その違いから首振り運動をさせたときは水蒸発が促進されていることがわかる。このときのデータは、式（2）の

k が室温 T_a や気圧 p に依存するため、$T_a = 24 \pm 2$℃、$p = 993 \pm 3$hPa のように H 以外の条件がほぼ一定になるものに限定した。測定中の湿度変化は、$\Delta H = \pm 1\%$ 以内である。図 3-4-3 の誤差棒は、電子天秤の精度（縦軸）および湿度計の精度（±4%、横軸）による。

2） 周期の測定

水飲み鳥が首振り運動によって転倒し、頭部の嘴が水面に接触したときの時刻（転倒時刻）を、ストップウォッチを用いて連続的に測定していく。となりあう時刻の間隔をそのときの周期 τ_k とし、τ_k の平均を取って装置の周期 τ とする。τ と $(100-H)^{-1}$ の関係を図 3-4-4 に示す。データを実線と比較すると、τ は $(100-H)^{-1}$ にほぼ比例しているとみることもできる。しかしながら、点線で示した $(100-H)^{-\beta}$ の曲線の方がよい一致を示す（$\beta \fallingdotseq 1.8 > 1$）。これは、Guemez らの結論と同じ傾向である。つまり、式（3）よりも式（4）がデータによく一致する。やはり、原因は装置の周囲に対流が生じるからであろうか。この問題については速断をさけ、後で詳しく述べる。

以上の測定は、教材研究として筆者が行ったものであるが、ストップウォッチ、温・湿度計、電子天秤などがあれば教師の指導のもと高校生が簡単に行うことができると考えられる。

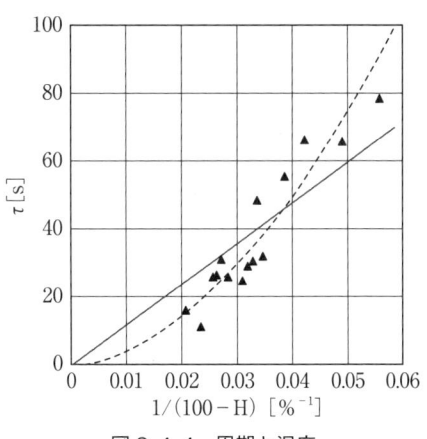

図 3-4-4 周期と湿度

4. 水飲み鳥の温度測定

水飲み鳥の熱的特性を知るためには、作動中の頭部と胴体の蒸気温度を知ることが必要である。装置の構造上、温度センサーを装置内に挿入することはできないが、頭部と胴体のガラス容器の表面温度の測定は可能である。表面温度は蒸気温度そのものではないが、内部の蒸気温度に追随して変化し、その傾向を知る手がかりになると考えられる。桐山・黒川らの測定では頭部と胴体に温度差があり、

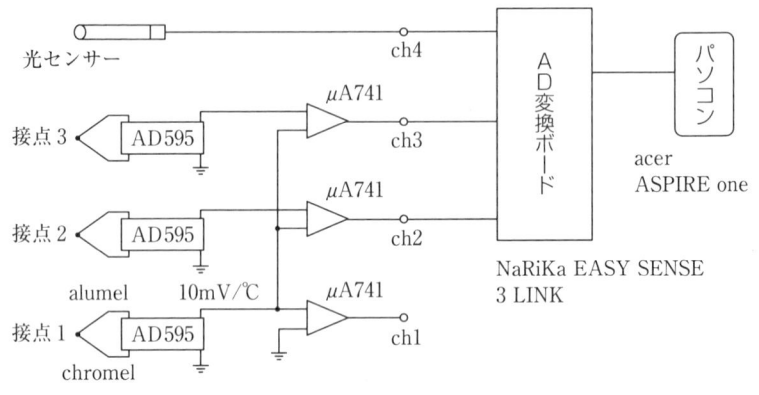

図3-4-5 温度計測系概念図

転倒後に頭部と胴体に温度変化が周期的に生じるのが認められ、水飲み鳥が熱機関であることをほぼ説明することができた[34]。しかし、次の2つの課題が残った。
- 頭部と胴体の表面温度測定は同時測定ではなく、転倒する時刻もビデオによる判定であった。
- C.A熱電対の出力はOPアンプによる増幅であり、その専用アンプを用いたものではなかった。

(1) 温度計測系

C.A熱電対専用アンプAD595は、フル機能の計装アンプと熱電対用冷接点補償器を1つのモノリシック・チップ上に搭載したものである。計装アンプは較正されており、氷点リファレンスの組み合わせにより、10mV/℃の出力を熱電対の信号から直接生成することができる[35]。図3-4-5に温度計測系の概念図を示す。接点1のAD595出力は、オペアンプμA741で増幅されてデジタルマルチメータで受ける（ch1）。接点2の出力と接点1の出力の差、接点3の出力と接点1の出力の差はμA741で増幅され、2点間の温度差出力となる（ch2、ch3）。転倒時刻の記録は、水飲み鳥が転倒したときに嘴につけた小さな板が発光ダイオードの光を遮るように光センサーを設置して行う（ch4）。ch2、ch3、ch4はパソコン計測で行った。C.A熱電対はポリアミド被覆熱電対（熱容量の小さい0.1mmφのもの）を用いた[36]。温度計測系の全回路図は文献37)にある。

（2） 常温、頭部、胴体の温度計測

装置の概念図と各測定点を図3-4-6に示す。図3-4-6で、Nは常温測定点であり、接点は2枚の木板にはさまれている（木板の間に接点をはさむスポンジがある）。Hは頭部温度測定点、Bは胴体温度測定点である。Nの温度は温度計測系（図3-4-4）の接点1で測定する。NとBの温度差、NとHの温度差は接点2、接点3で測定する。

（3） 作動方法

温度の時間変化が知りたいので、装置の作動は水ではなく頭頂にメタノール0.2mlを直接滴下して行った（図3-4-6右）。水の蒸発は湿度に依存するが、メタノールは湿度に無関係に蒸発する。頭部に拡がったメタノールが蒸発して頭部の温度が低下すると、内部の液柱が上昇し、重心が上昇して支点より高くなると装置が転倒する。

（4） 制御変数の設定

市販の水飲み鳥の頭部には帽子が取り付けてあり、胴体には羽がついている。これらを取り外して頭部と胴体を単純な状態に保った。また、水飲み鳥が転倒するときの傾きは、支点の形状により固定されている。ここでは、図3-4-7のように支点の位置を調整できるジャッキを設置し、転倒時の傾き（転倒角 θ）を制御した。また、転倒後に復元して直立するときは慣性により固有振動をする。この固有振動は、現象を複雑にし、頭部や胴体における温度変化に影響して法則性

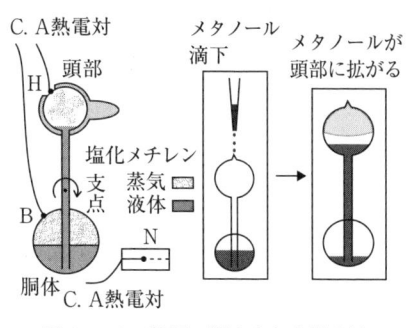

図3-4-6　装置の測定点と作動方法

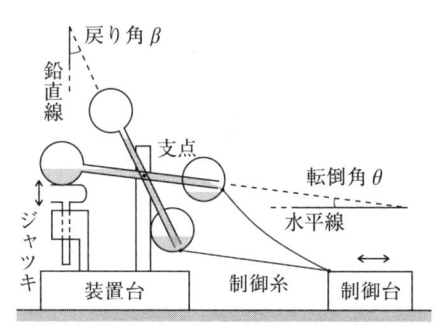

図3-4-7　制御する変数

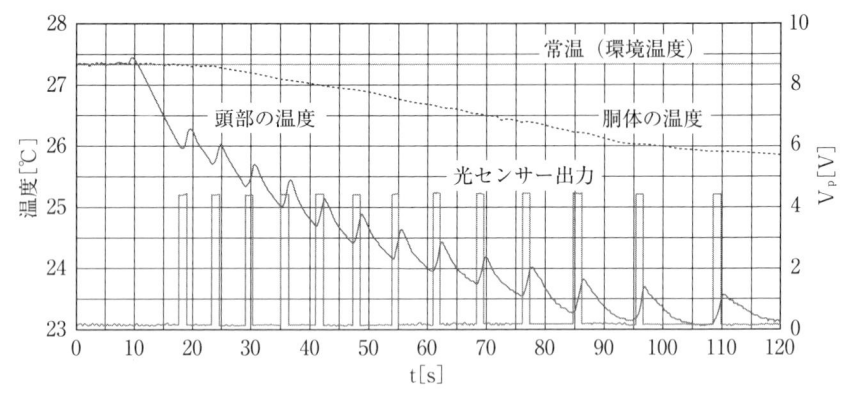

図 3-4-8　頭部および胴体の温度の時間変化（1）

T[℃]	p[atm]
0	0.194
10	0.302
20	0.459
30	0.673

表 3-4-1　塩化メチレンの蒸気圧

を見えにくくする一因であると判断した。そこで、図 3-4-7 のように、制御糸を取り付けて固有振動を止め、直立時の傾き（戻り角 β）を制御した。

（5）温度測定結果

図 3-4-8 に、温度の時間変化の一例を示す。横軸は経過時間、縦軸は温度（第 1 軸）、光センサーの出力電圧 V_p である（第 2 軸）。装置が転倒したとき、V_p が 4.5V に上昇する。はじめは胴体、頭部とも温度は常温（図 3-4-8 では環境温度）と同じであったが（熱平衡）、メタノール滴下後は胴体、頭部とも常温より低くなり、装置全体が徐々に冷却していく（グラフが右下へ傾く）。胴体温度が常温より低下することで、環境から胴体への吸熱が可能になる。頭部の温度は胴体より 2 ～ 3K 低い。また、頭部の温度が転倒周期に同期して変動する。

5. 水飲み鳥の熱的動作解明に向けて

（1）作動開始時

作動が開始するときの状況を分析する。図 3-4-8 では、頭部の蒸気温度は、メタノール滴下後 10 秒ほどで約 1K 低下した（$\Delta T = 1K$）。胴体温度はほとんど変化していない。液柱上昇にともなう転倒が起こるには、頭部の蒸気圧が下がら

ねばならない。その原因として、
① 頭部の蒸気の温度低下による
② 頭部の蒸気の凝縮による

の2つが考えられる。頭部の温度低下にともなう圧力低下量Δpは次のように見積もられる。体積を変えないとして、頭部の蒸気が26℃（T=299K）のとき、

$\Delta p = p \cdot \Delta T/T = 1.95$ hPa

となる。頭部と胴体に圧力差Δpが生じたとして、液柱上昇Δzは、塩化メチレンの密度ρ（=1.326g/cm^3）から、

$\Delta z = \Delta p/\rho g = 1.50$cm

となり、15cmの水飲み鳥が転倒するには不十分な高さである。したがって、頭部の蒸気圧の減少は①の結果だけとは考えにくい。よって、頭部では、②の塩化メチレンの凝縮が生じていると考えるのが妥当である。

Clausius-Clapeyron則が成り立つ2相系で考えると、頭部の蒸気圧低下Δpは、

$\Delta p = p(27℃) - p(26℃) = 22.7$hPa

となる。これによる液柱上昇は17.5cmであり、水飲み鳥が初めて作動するのに十分な値である。液柱上昇が起こるとき、胴体の蒸気体積が約2倍にも増加している。これは熱膨張だけでは考えにくい。胴体の液体が蒸発していると考える他はないようにみえる。そのときの蒸発熱は環境から胴体への吸熱でまかなうと考えれば合理的である。上記の蒸気圧計算には次の値を用いた。

p=0.578atm（26℃）、 p=0.600atm（27℃）

これらの値は、表3-4-1の蒸気圧データ[38]の内挿によって求めた。

（2） 定常作動時

図3-4-9に、図3-4-8における測定後50〜80秒の4周期分のデータを示す。このときの制御データは下記の通りである。

支点の高さ=5.6cm（胴体底面から）
転倒角θ=14.4° 戻り角β=30°

4周期分の短い時間間隔では、現象は定常的であると考えてよい。ここでは、次のような特徴がある。

① 頭部の温度は、胴体の温度より約2〜3K低い。

② 頭部の温度が転倒時に上昇し、転倒後はすぐに低下していく。
これを転倒周期に同期して繰り返す。
③ 胴体の温度は周期的変化をせず、ほぼ一定値を保つ。

このような作動をモード(1)とする。転倒時に液柱の先端が胴体の液面と離れ、胴体の高温の蒸気が頭部に流れ込んでいく。そのため、頭部の蒸気に温度上昇が起こると考えられる。胴体には頭部の低温の液体が流入するが、胴体はほぼ一定の温度を保つことから、その影響は小さいのではないかと考えられる。

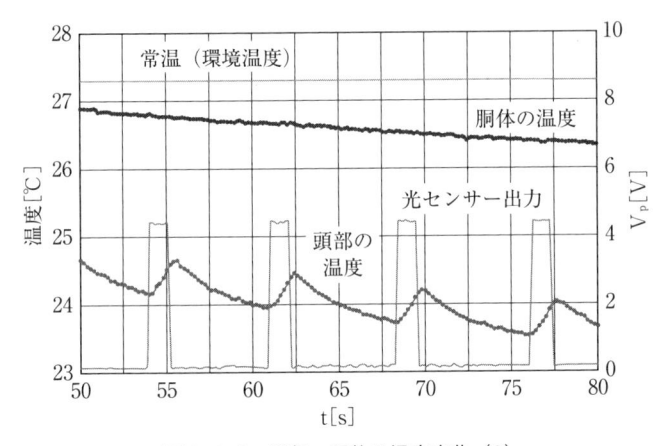

図 3-4-9 頭部・胴体の温度変化 (2)

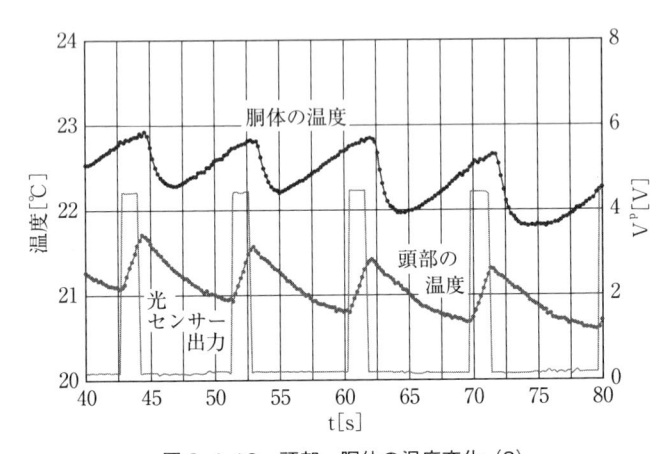

図 3-4-10 頭部・胴体の温度変化 (3)

（3）モードの異なる定常状態

（2）と同じ条件で、$\beta = 15°$にすると図3-4-10のような作動モードが現れた。文献34）に見られたのと同様の現象である。頭部の温度だけではなく、胴体の温度も振動周期に同期して変動する。このような作動をモード（2）とする。モード（1）と同様、転倒時は胴体の蒸気が頭部に流れ込み、頭部の温度が上昇する。胴体には頭部の低温の液体が流入し、その影響が出て温度が低下するのではないかと考えられる。その後の温度上昇は胴体が常温熱を吸収するためと見られる。

（4）実験事実に基づく仮説および課題

作動の開始および定常作動時には、頭部で凝縮、胴体で蒸発が生じて液柱の上昇が繰り返されるなかで定常的な周期的動作が行われている。これが現時点での、作動についての仮説である。また、図3-4-9、図3-4-10のように、胴体の温度がなぜ振動周期に同期したりしなかったりするのか、物理的理由の解明は今後の課題である。

6. 熱的な作動に関するモデル

本節5で示した仮説が真実であれば、水飲み鳥の熱機関としての特性については、次のようなモデルで考えることができる（図3-4-11）。

モデル1　胴体で生じる塩化メチレンの蒸発に必要な蒸発熱は、ガラス容器を隔てた周囲の空間（常温熱源）からの熱伝導による吸熱でまかなっている。

モデル2　頭部に貼られた布は、そこにしみ込んだ水（または他の液体）の蒸発による放熱と布の周囲からの熱伝導による吸熱が平衡する温度を維持しながら、頭部の塩化メチレン蒸気の凝縮熱を捨てるための環境（冷却器）

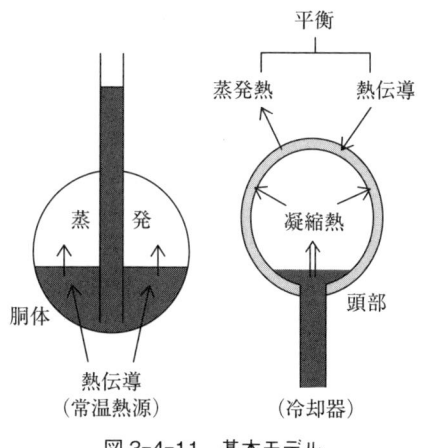

図3-4-11　基本モデル

の役目をはたしている。

　モデル3　頭部と胴体の温度差によって生じる圧力差により液柱が上昇すると、モーメントの釣り合いが破れて装置が転倒し、胴体蒸気が頭部に移動して装置は復元する。転倒時と復元時に、装置の運動を外部仕事として取り出すことができる。

このようなモデルは今まで明示されなかったため、これを熱学的基本モデルとよぶ。本節4で示した2つの作動モードの存在について、熱学的基本モデルの具体化・数値化による整合性のある説明が求められている。

(参考) 周期的動作についてのいくつかの考え

水飲み鳥の周期的動作の理念型あるいは理想サイクル（概念装置としての可逆熱機関）については、カルノーサイクル以外にもいくつかの提案が見られる。一つは蒸気機関の理念型であるランキンサイクルとの比較、もう一つは理想スターリングサイクルとの比較である。

1) ランキンサイクルとの比較

文献29) のように、水飲み鳥の作動をランキンサイクルと比較し、周期的動作における理論上のpV図、TS図を提案する試みがなされている。ランキンサイクルは、1980年前後においてフレオン、ベンゼンを使ったものが研究された。理想的なランキンサイクルでは、作動流体である水が蒸発・凝縮の過程で力学的な仕事を生み出す。我々は水飲み鳥の作動をランキンサイクルと比較し、次の結論が得られた[39]。ランキンサイクルと水飲み鳥の類似性は、

① 熱を外部から供給する外燃機関である。
② どちらも液体、蒸気の2相系であり、蒸気の熱エネルギーから仕事を取り出す。

という一般的事柄に止まり。一方、相違点はたくさん認められるが、主に次の3点を指摘できる。

③ 水飲み鳥の周期的動作は、ランキンサイクルの素過程に1つ1つ対応させることができない。
④ ランキンサイクルは高温・高圧の過熱蒸気が仕事をするが、水飲み鳥は常温の湿り蒸気（飽和蒸気）が仕事をする。

⑤　水飲み鳥では塩化メチレンの飽和蒸気が胴体部分で蒸発して増え、同時に頭部では凝縮が進むという特異性がある。

　以上から、ランキンサイクルは、水飲み鳥の等価サイクルとするには無理があることが理解される。

2）スターリングサイクルとの比較

　水飲み鳥の胴体を電灯で暖めて動かせば、それはスターリング熱機関の動作と極めてよく似ているとする指摘がある[40]。類似点は、閉じこめられた気体の加熱と冷却で生じる圧力差でピストンを動かす事である。図3-4-12のように、水スターリング熱機関で考えた場合、実際の装置では気体（空気）は膨張室（高温部）と圧縮室（低温部）の両側に存在する。理想スターリング熱機関では、作動気体が膨張室と圧縮室のどちらかに存在するとして単純化（理想化）することができ、p94以降に述べたように、次のような理想サイクル（①〜④）で作動を説明することが可能である[41]。

①　気体は、すべて膨張室にあり、等温加熱される。
②　気体は、定積変化で圧縮室へ入る。
③　気体は、すべて圧縮室に入り、等温冷却される。
④　気体は、定積変化で膨張室へ入る。

　一方、水飲み鳥では、すでに述べたように、頭部（低温部）と胴体（高温部）の変化は同時に進行していく。その同時性が外部への仕事を可能にしているため、それぞれを独立に取り出してどちらかに存在するとして単純化（理想化）す

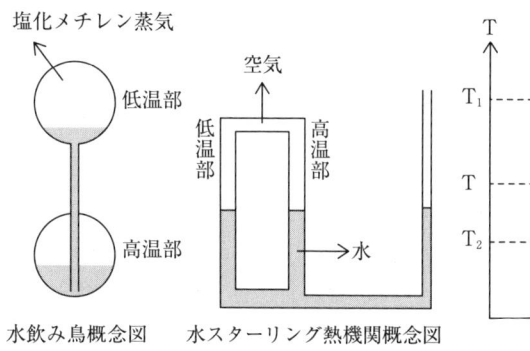

図3-4-12　水スターリング熱機関との比較　　図3-4-13　水飲み鳥の理想サイクル

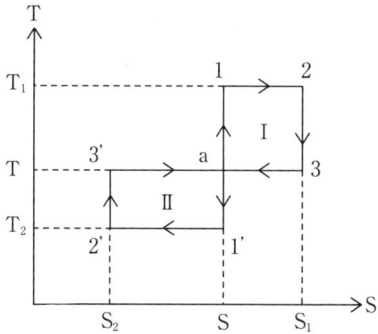

ることができない。したがって、一つの理想スターリングサイクルで水飲み鳥の作動を説明することには無理がある。

3) カルノーサイクルとの比較

文献42)では、一相系(蒸気)による説明として、正反対に作動する2つのカルノーサイクルを結合させた理想サイクルが提案されている。文献42)に示されたTS図を簡略化して図3-4-13に示す。以下の説明は、水飲み鳥との比較を目的として周期的動作のみについて行い、量的なものは省略する。なお、説明に必要な「エントロピー」は環境理解に欠かせない物理量であり、本章第5節で詳しく説明する。図3-4-13で、Iは胴体の、IIは頭部の理想化されたサイクルである。温度T、エントロピーSの点aは、装置が転倒して管の下端が液面より上に出て、胴体の蒸気と頭部の蒸気が混合した時点を示す。

・その後、頭部では、液体が下降して蒸気体積が増えるため温度が低下する。胴体では、液体が落下してくるので蒸気体積が減少し温度が上昇する。この過程を断熱変化で考えるのが、a→1(I)、a→1'(II)の変化である。その結果、胴体温度はT_1に、頭部温度はT_2になる。

・次に、胴体での吸熱、頭部での放熱が等温変化で起こると考えるのが、1→2(I)、1'→2'(II)の変化である。このとき、胴体のエントロピーはS_1に、頭部のエントロピーはS_2になる。

・2→3(I)、2'→3'(II)の変化は、装置が傾いていく過程で生じ、これを断熱変化と考える。このとき、頭部では断熱圧縮で温度が上がり、胴体では断熱膨張で温度が低下する。

・そして、胴体と頭部の温度がほぼ等しいくらいにまで近づき(理想的には等しくなり)、装置が転倒して管の下端が液面より上に出て胴体の蒸気と頭部の蒸気が混合した時点aに向かう。これを等温変化と考えるのが、3→a(I)、3'→a(II)の変化である。

以上のような考え方から、結合された2つのカルノーサイクルを水飲み鳥の等価サイクルとする説明は、現実の動作を理想化したものであることが理解される。ランキンサイクルによる説明よりは、妥当性があるように見受けられる。

以上、研究してみると、水飲み鳥の物理は奥が深いことが理解されよう。水飲み鳥は、現在デパートなどに少し残っているかもしれないが、外国のネット販売

では十分に購入可能である[44]。2011年9月29日現在で、1台6.95ドル（≒560円）である。なお、水飲み鳥の周期的運動モデルについては、桐山による提案があり、詳細は文献43)を見ていただきたい。

第5節　エネルギーとエントロピー

1．熱学第2法則―不可逆過程の物理―

やかんに熱いお湯を入れておくと冷えていく。熱が伝導・対流・放射などにより、周囲の空間ややかんの下の物に移動していくためである。しかし、これとは逆に周囲の空間からひとりでに（自然に）熱が移って、やかんの湯が熱くなることはない。熱は高温の物体から低温の物体へと自然に移るが、逆に低温の物体から高温の物体へ自然に移ることはない。ここで「自然に」というのは、"物体とその周囲（外界）にも何の変化も残すことなしに"という意味である。電気冷蔵庫は、熱を低温から高温に移している。この場合は、外界では電力を投入してコンプレッサーでフロンなどの気体を圧縮して液化している。それを減圧して気化させるときに周囲から熱を奪う。このとき外界は変化している。熱の移動のように、自然には逆の向きに進まない現象を不可逆過程という。

（1）不可逆過程の表現

不可逆過程には次のようなものがある。
① 運動している物体は、様々な摩擦によって発熱し、ついには止まる。このとき、物体がはじめにもっていた運動エネルギーは、物体が止まるまでに発生した摩擦熱（熱エネルギー）に等しい。これがエネルギー保存である。逆に、静止している物体が周囲から摩擦熱に相当する熱をとって、自然に動き出すことはない。
② 仕切りの入った容器の一方を真空にして、仕切りをはずす。空気は真空の方に噴出し、ついには全体が一様な圧力になる。この現象を自由膨張という。しかし、逆に空気の一部が移動してその部分が真空になり、移動したところが高圧になることはない。

③ 煙が空気中に拡がったり、インキが水中で拡がっていく拡散現象も、逆は起こらない。

これらは一例であり、地上の現象はすべて不可逆な現象である。ところが、真空中の単振り子の振動のように、外界に何の変化も残すことなく逆行させることができる純粋に力学的現象を可逆過程という。この場合、振り子の支点においても摩擦による熱の発生はないと考える。また、熱的な可逆過程に準静的過程というものがある。それは、考えている系が熱平衡状態を保ったままで、非常にゆっくりかつ静かに状態を変化させることをいう。もし、可逆変化が起こったとしても、エネルギー保存則に矛盾することはない。しかし、自然現象に関する経験から、1854年頃、クラウジウス（R. Clausius）は

　　熱は、それに関連した変化が同時に生じることなしには、低温物体から高温物体に移動することはありえない《原理A》

という事実を原理として述べた。原理Aはクラウジウスの原理とよばれている。熱は、他から何の操作も加えないで放っておけば常に低温に流れるという当たり前の経験事実を原理として措定したことに重要な意味があるとされている。一方、1851年頃、トムソン（W. Thomson、Load. Kelvin）も

　　一つの熱源から熱をとり、外部に対して正の仕事をする熱機関をつくることはできない《原理B》

と述べている。トムソンの原理とよぶ原理Bは、海水から熱をとり、動力を生み出す船は作れないということでもある。クラウジウスの原理Aあるいはトムソンの原理Bを熱学第2法則とよぶ。ひとつの熱機関が外部から何のエネルギー補給も受けないでいくらでも仕事をする第1種永久機関は、エネルギー保存則（熱学第1法則）によって否定されるのに対し、いま仮に大地を熱源として熱を取り、これを正の仕事に変えて外に出すことができたら、地球上のどこにでも工場を立てて、機械を運転することができるだろう。これは、熱学第1法則に反しないし、しかも石油のような化石燃料もいらなくなり貴重なものになるだろう。このような装置を、第2種永久機関という。トムソンはこれを否定した。高校物理教科書では、《原理A》と《原理B》は自然界の変化の方向を示す法則として並置していることが多い。ここでは、これらが数学でいう同値の関係（必要十分条件）にあることを、クラウジウスの原理の具体例に即して論証する展開例を示

す。この展開例は、論理的思考を鍛えるよき教材である。理科離れの根底に論理的な考え方を嫌う精神的傾向がうかがえる以上、こうした教材は地味ではあるが学習者の将来に確かな力となり得る。

(2) 論理展開の道筋の整理

数学Aでは、高校1年の段階で必要条件と十分条件および背理法を学習している。それを、上述の問題を解決する方向に整理する。

命題①「A → B」

が真であるとき、AをBであるための十分条件、BをAであるための必要条件という。さらに、命題①の逆命題

命題②「B → A」

が立証されたとき、AとBは同値（＝物理的には同じ法則）となる。次に、AやBの否定型をnotA、notBとする。ここで、命題①を、否定型を用いて対偶命題として言い換えると、

命題③「notB → notA」

命題②を同様に言い換えると、

命題④「notA → notB」

となる。命題③の証明には背理法（Bを否定すればAに矛盾が生じAが否定される）を用いる。命題④も同様である。以上、命題③④の証明により、AとBの同値が導かれる。

(3) クラウジウスの原理の具体例

熱機関を用いた具体例を考える。ここでは、100℃の水蒸気を熱源（高熱源）R、0℃の氷水を冷却器（低熱源）Sとして、その間に働く熱機関Cを考える（図3-5-1）。水蒸気を凝結させて水にすることによってRから熱を取り、Sに熱を移してC自身が元にもどる過程を考える。このとき、氷がいくらか融ける。このような過程は可能で、最も簡単な場合はCが外に仕事をしない場合（RとSの接触による熱伝導と等価）である。ところが、逆に水を少し凍らせてSから熱を取り、Rに熱を移し、水を少し蒸発させてC自身は元にもどって他には影響を残さないようにする過程は、クラウジウスの原理（原理A）によって否定される。し

たがって、高熱源から熱を受け取り、低熱源に熱を移す他は何の変化も残さないような過程は不可逆である。

（4）論証の仕方—2つの原理は同値である—

まず、命題③「notB → notA」を証明する。仮に、トムソンの原理が否定しているような装置があるとする（notB）。これは、1サイクルCの間に熱源Rから熱Qを取り、外に正の仕事W（Q）を行う。このWを使って熱源RとSとの間に、カルノーサイクルを逆に運転させることができる。これを逆カルノーサイクルC'とする。C'は低熱源Sから正の熱（Q_1）を取り、高熱源RにQ_2を移すことができる。設定された状況を図3-5-2に示す。このとき、熱学第1法則（エネルギー保存則）により、

$$Q_2 = W + Q_1 \quad \cdots\cdots (1)$$

となる。CとC'をひとまとめにして一つのサイクルとみなせば、これは結局低熱源から熱Q_1を取り、高熱源に熱$Q_2 - Q$を与え、他には何の影響も残さないように働く。

$$Q_2 - Q = W + Q_1 - Q = Q_1$$

このような装置はクラウジウスの原理に反することが導かれる（notA）。ゆえに、命題③「notB → notA」が成り立つ。

次に、命題④「notA → notB」を考える。高熱源Rから熱を取り、Cでその一部を仕事に変え、残りの熱を低熱源Sに移したとする。今、Aが成り立たないとしているから（notA）、Sに移された熱は他に影響を与えないでRに移す

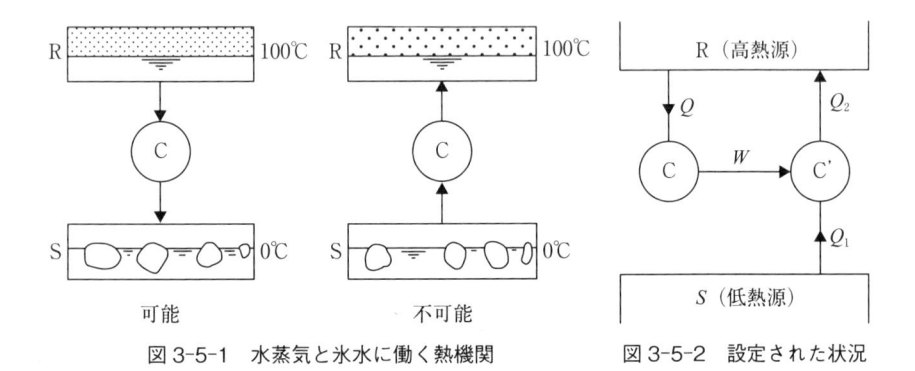

図3-5-1 水蒸気と氷水に働く熱機関　　　図3-5-2 設定された状況

ことができる。この熱は再びCに移され、その一部を仕事に変えることができ、その残りをSを経てRに移すことができる。このことが繰り返されて、結局一つの熱源から取った熱がすべて仕事に変わったことになるので、トムソンの原理が否定されたことになる（notB）。ゆえに、命題④「notA → notB」が成り立つ。こうして、クラウジウスの原理Aとトムソンの原理Bが、同値（equivalent）であることが導かれる。ちなみに、種々の現象の不可逆性はそれぞれ独立のものではなく、互いに関連している。これは、不可逆性が起こるのは、物質を構成する巨大な数の分子の運動に根拠があるからである。以上のように、熱学第2法則が表現しているのは不可逆性であり、それは自然現象の変化の方向を決める法則であるといえる。次に、熱学第2法則が表現する不可逆性は、どのような量で表すことができるのか。明らかに、それはエネルギーではあり得ない。

2. エントロピー

カルノー（Nicolas Leonard Sadi Carnot）は、熱機関の各部の熱伝導や摩擦などによるエネルギー損失のない理想的な熱機関（カルノーサイクル）を研究した。その際、本章第2節で述べたように、熱を仕事に変換する作動物質が理想気体である場合を調べた。理想的な熱機関は、本節の1で述べた準静的過程をたどる可逆熱機関である。そして、1824年頃次のような定理に到達した。

① カルノーサイクルの熱効率は、熱源（高熱源）と冷却器（低熱源）が同様の温度なら、どのような不可逆熱機関の熱効率よりも大きい。

② カルノーサイクルが生み出す動力の最大値は、作動物質や周期的動作（サイクル）の仕組みにはよらず、熱源（高熱源）と冷却器（低熱源）の温度差だけで決まる。

定理①は、仮にカルノーサイクルの熱効率を上回る不可逆熱機関Cがあり、カルノーサイクルで得た仕事を用いてCを逆回りに運転した場合、クラウジウスの原理

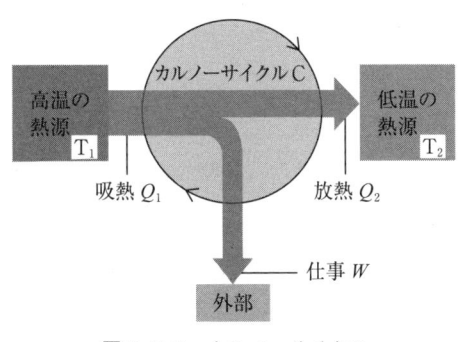

図3-5-3 カルノーサイクル

(1) 熱力学的温度目盛り

図3-5-3のように、2つの熱源の間に働くカルノーサイクルCを考える。Cは、1サイクルで高熱源から熱 Q_1 をとり、低熱源に熱 Q_2 をすてて元の状態に戻る。熱効率 e は、本章第2節で述べたように、

$$e = 1 - Q_2/Q_1 \quad \cdots\cdots (2)$$

である。両熱量の比 Q_2/Q_1 は一定であり、カルノー定理②により、これは両熱源の温度により決まる。そこで、両熱源の温度をそれぞれ、T_1、T_2 とすると、

$$T_2/T_1 = Q_2/Q_1 \quad \cdots\cdots (3)$$

となるように温度を定義する。その温度を熱力学的温度（thermodynamical temperature）という。可逆熱機関の熱効率は1より大きくなれないので、$Q_2 = 0$ となる熱源の温度が最低温度で、式（3）より $T_2 = 0$ となる。これを熱力学的温度の零度とすると、それ以外の温度はすべて正の値になる。

1気圧のもとで沸騰する水の温度（沸点）を T_b、1気圧のもとで融解する氷の温度（凝固点）を T_m とする。これらの間を100等分して目盛りをきざむ。

$$T_b - T_m = 100 \quad \text{deg}$$

ここで、deg は目盛りの単位である。水の沸点と凝固点の間にカルノーサイクルを働かせるときの吸熱、放熱をそれぞれ Q_b、Q_m とすれば、

$$T_b/T_m = (T_m + 100)/T_m = Q_b/Q_m$$

となる。Q_b/Q_m は作動物質の種類などによらず一定であり、原理的には測定できるはずであるから、この式から T_m の絶対値が決まることになる。

ところで、式（2）、式（3）より、Q_2、Q_1 を消去すると、

$$e = 1 - T_2/T_1 \quad \cdots\cdots (4)$$

となり、本章第2節で示した理想気体を用いたカルノー効率 e_r の表式に等しくなる。このことは、"理想気体の" という形容詞は残るが、絶対温度を熱力学的温度とみなしてよいということになる。したがって、絶対温度と摂氏温度との関係から、熱力学的温度 $T_m = 273.15 \text{K}$ が得られる。

（2） クラウジウスの不等式

図3-5-3のような2つの熱源の間に働く熱機関がカルノーサイクルのような可逆機関の場合、その熱効率 e_r は式（4）で与えられる。2つの熱源の間に働く熱機関が不可逆熱機関の場合、カルノー定理①により、式（2）で表される熱効率は e_r よりも小さくなる。

$$\left.\begin{array}{l} 1-Q_2/Q_1 = 1-T_2/T_1 \quad \text{可　逆} \\ 1-Q_2/Q_1 < 1-T_2/T_1 \quad \text{不可逆} \end{array}\right\} \cdots\cdots (5)$$

式（5）をまとめると、

$$Q_1/T_1 \leqq Q_2/T_2 \quad \cdots\cdots (6)$$

の形に表される。Q_1、Q_2 の符号を熱機関から見て吸熱は＋、放熱は－とする。符号を考慮して式（5）をまとめると、次のように表現できる。

$$Q_1/T_1 + Q_2/T_2 \leqq 0 \quad \cdots\cdots (7)$$

ここで、Q_1/T_1 などは換算熱量とよばれる。式（7）の等号は可逆熱機関の場合で、熱源の温度と作業物質の温度は同じであるから、T_1、T_2 は熱源の温度であり作動物質の温度でもある。不等号の場合は、不可逆熱機関の場合で、熱源の温度と作動物質の温度は同じではないから、T_1、T_2 は熱源の温度である。作動物質の受熱側の温度は T_1 より低く、放熱側の温度は T_2 より高い。その温度差で熱伝導が生じ、過程は不可逆となるのである。また、熱機関内部でも摩擦や熱流失のような不可逆変化が起こっているのが、現実の熱機関である。式（7）をクラウジウスの不等式とよんでいる。

（3） エントロピーの導入

図3-5-4（左側）のように、熱源から可逆熱機関に熱 Q_1 が入る。このとき同時に、$S_1 = Q_1/T_1$ という量が入ってくると考えてみる。そして、可逆熱機関が仕事 W を行って、冷却器に熱 Q_2 が放出するとき、量 $S_2 = Q_2/T_2$ が出ていくと考えてみる。式（6）によると、可逆熱機関では、S_1 と S_2 は等しい。つまり、1サイクルで量 S の変化 ΔS は0になっている。

$$\Delta S = S_2 - S_1 = 0$$

これは、1サイクルで熱機関の作動物質がもとの状態に戻ることと符合してい

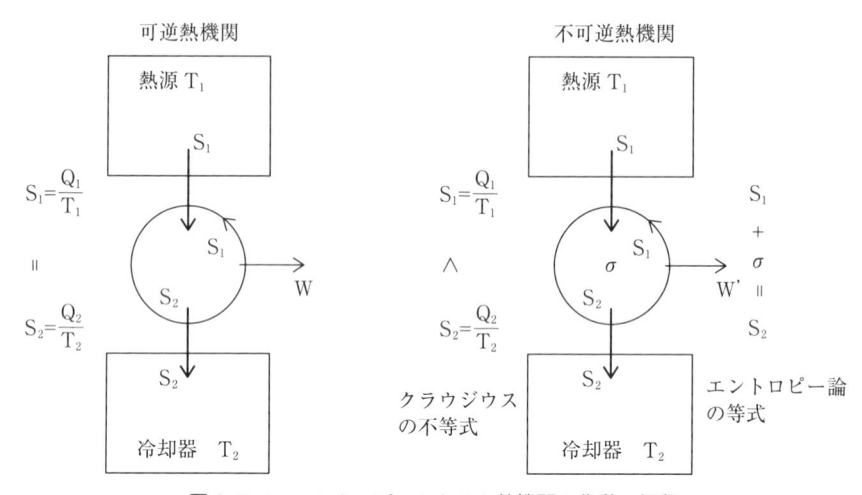

図3-5-4 エントロピーからみた熱機関の作動の解釈

る。詳しい論証を行うと、Sという物理量は、作動物質の状態によって決まり、周期的動作における移動の経路にはよらないことが示される。このような物理量を状態量とよび、温度や圧力、エネルギーなども状態量である。Sには「エントロピー（entropy）」という名前が付けられている。エントロピーはen（内部の）とtrope（変化）が語源となっている。温度Tで熱Qが移動すると、

$$S = Q/T \quad \cdots\cdots (8)$$

だけエントロピーが変化する。図3-5-4（右側）のように、不可逆熱機関の場合は、クラウジウスの不等式（6）により、

$$S_1 < S_2$$

となる。熱源と冷却器は熱機関の周囲に存在する。これらを一括して、熱機関の環境と考えると、環境のエントロピーが$\Delta S(=S_2-S_1)$だけ増加したことになる。熱機関と環境という全体は孤立系とよばれるが、

「孤立系で不可逆変化が生じると、エントロピーは必ず増加する」

ことになる。これをエントロピー増大則といい、熱学第2法則の数学的な表現である。このように、エントロピーは不可逆性の指標となる物理量である。

また、熱機関は1サイクルで元に戻っている。これをどう考えればよいのだろうか。それには、熱機関が1サイクルする間に、S_1とS_2の差ΔSに相当するエ

ントロピー σ が発生したと考えるのが合理的である。理由は、作動時の熱伝導や摩擦などの力学的損失である。その分だけ仕事 W' は可逆熱機関の仕事 W より減っている（W'＜W）。そう考えると、式 (9) が成り立ち、不等式 $S_1 < S_2$ が回避されて等式で表現できることになる。

$$S_1 + \sigma = S_2 \quad \cdots\cdots \quad (9)$$

$$Q_1 = Q_2 + W \quad \cdots\cdots \quad (10)$$

熱機関では、熱源からエントロピー S_1 が流入し、さらに作動中に発生した σ を含めて、冷却器に S_2 を放出して、復元していることになる。式 (9) は熱機関のエントロピー収支とよばれ、エネルギーの保存を示す式 (10) はエネルギー収支とよばれる。これらを連立させると、熱機関のする仕事が次のように求まる。

$$W = Q_1 \cdot (1 - T_2/T_1) - T_2 \sigma \quad \cdots\cdots \quad (11)$$

右辺第1項は、カルノー効率で行われる最大仕事である。右辺第2項は、熱機関のする仕事は、熱機関の内部で生成されるエントロピー σ に比例して低下することを示す。

(4) 熱機関とエントロピー

　熱機関を運転すると、高温熱 Q_1 の一部が仕事 W に変わり、残り Q_2 は低温熱として冷却器を通して環境に廃棄される。一般に、Q_1 は熱エネルギーとよばれるが、Q_2 は熱汚染とよばれる。高温の熱は、それより低温の場所があればそこに移動させることができるので、エネルギー源になる。一方、環境温度とほとんど同じくらい低い温度になってしまった常温熱は移動させることができなくなり汚染源になる。熱のエネルギーとしての"質"は、その（絶対）温度によって変化する。それは熱のエントロピーで決まるといってよい。高温熱は低エントロピーであり、常温熱は高エントロピーである。第2節で述べたカルノーの疑問「もし熱が何らかの運動であるならば、動力を取り出すのに低温物体がなぜ必要なのか？」に答えるとすれば、低温物体（冷却器）はエントロピーをすてる廃棄場所であったということができよう。冷却器に放熱することの意義は、作動物体が1サイクルでもとの状態に復元され

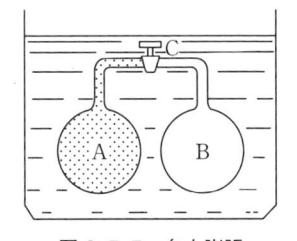

図 3-5-5　自由膨張

るために、作動時に生じたエントロピーを捨てることにある。冷却器あるいは冷却機能は熱機関に必須の装置であり、その周期的動作を保証する命綱である。

　以上のことから、熱機関を運転すると、必ず廃熱を捨てる。したがって、環境汚染は熱機関を運転する現代文明には必然の結果であるということになる。その本質はエントロピーの廃棄である。

（5）自由膨張とエントロピー

　1で述べたような自由膨張の場合、Bが真空であるため、Aの気体は何の抵抗もなしに膨張する。したがって、膨張の仕事をしないので、全体に拡散した後も気体の内部エネルギーは変化しない。気体の内部エネルギーは、分子の運動エネルギーの総和であるから、それが変化しないということは気体の温度も変わらないということである。気体の温度は、分子の平均運動エネルギーに比例する量だからである。分子が拡散しただけの自由膨張の場合、エントロピーはどう考えたらよいのだろうか。図3-5-5のように、コックCが閉じられて気体がAだけにある状態をⅠ、コックCが開いて気体が全体に拡散するという不可逆過程が生じた状態をⅡとする。この場合、式（8）を用いてエントロピーの増加量を計算するためには、ⅠからⅡへ可逆過程で移動する別の経路を考えなければならない。それは、本章第2節で理想気体のカルノーサイクルを説明したときの等温膨張である。状態Ⅰの気体が全体に拡散して状態Ⅱになるのと同じ効果を生じる。ⅠからⅡへの等温膨張という等価過程を考えるのである。その場合、外部から熱ΔQを吸収しなければならない。温度が一定であるため、式（8）に示すように吸熱ΔQを温度Tで割るとエントロピーの増加量ΔSが求められる。このように、気体分子などの物質が拡散した場合も、エントロピーが増加する。したがって、拡散は不可逆である。不可逆変化が起こるのは、物質を構成する巨大な数の分子が運動することによる。

3. エントロピー論入門―物質循環からみた熱機関―

（1）環境問題はエントロピー問題である

　熱機関は作動物質についての単純な往復運動ではなく、図3-5-3のような過程を循環的に運転することによって仕事を生産できるひとつのシステムである。

したがって、熱機関は近代の動力発生装置の原型として、原発を含むあらゆる文明装置の基本構造となっている。

　一般に、火力発電や自動車、エアコンなどの熱機関の周期的動作により、熱源や冷却器が接している大気や水といった生活環境には、廃熱・廃物が放出され蓄積されていく。その本質はエントロピー蓄積である。生活環境は、廃熱を地表の水・大気循環などによって大気上空に移動させ、赤外線放射によって宇宙空間に放熱している。しかしながら、地表の物質循環が滞ると、生活環境に温度上昇などをもたらす可能性がある。都市温暖化などがそれにあたる。また、廃物のうち窒素酸化物などの有機物は、土中の微生物が支える生物循環に乗って分解され、無機物に戻り再利用されるものもある。しかし、もともと自然界に存在しないような廃棄物、生物循環を含む自然の物質循環に乗らない廃棄物が蓄積されると生活環境は悪化する。オゾン層の破壊、重金属汚染などがそれにあたる。このように、環境問題はエントロピー問題であるいうことができる。

　さらに、冷却機能の喪失などにより熱機関の周期的動作ができなくなった場合、熱機関内部の循環が滞り、破損などの事故によって溜まった廃熱が環境に一気に放出され、熱拡散というかたちでエントロピー増加をまねく。また、熱を担っている物質粒子も拡散していく。自由膨張でみたように、粒子の拡散もエントロピー増加に寄与する。その際、どのような粒子であったかということが問題になる。炭酸ガスであると緩やかな温暖化に寄与するであろうし、有害な重金属粒子だと人命を損なうことにもなる。

（2）原発事故とエントロピー問題

　原発の場合は単純な周期的動作をするわけではないが、核分裂で発生した熱エネルギーの一部をタービンで電力に変換している。その際、廃熱を捨てるための冷却水の循環が、一連の周期的動作（便宜上、これを原発のサイクルとよぶ）には必須である。冷却水の循環が滞ったとき、廃熱を原発の1サイクルで捨てることができなくなるが、本質的には、式（8）にあらわれたSを捨てることができなくなることにある。そして周期的動作が不可能になり圧力容器内部の圧力が上昇し、やがては水素爆発などを起こして分厚い鉄板でできた格納容器さえ破損して環境に放熱することになる。そして、熱を担っている物質粒子も拡散してエン

トロピー増加に寄与する。原発事故ではヨウ素131、セシウム137・134、ストロンチウム90など、ごく微量でも生体に危険な放射能をもった粒子が生活環境にばらまかれていく。IAEAへの報告書によれば、福島第一原発事故で放出された放射性物質は77万テラベクレルであったとされているが、仮にそれがすべてヨウ素131だったとすると、その質量はたった167グラムでしかない（このような計算方法は本章第7節で示す）。これだけで、何十万人もの子どもを甲状腺ガンの危険にさらすことになった。したがって、原発事故は他の熱機関の事故とは異なり、単なるエントロピー問題として捉えることができない事象である。ただし、ばらまかれた放射性元素が、風雨による移動や人為的な廃棄物の移動などにより、河川、下水道などを通って最終的に下水処理場などに集積され、放射能が濃縮されることは、エントロピー問題としての観点からは重要な意味をもっている。本来、増加したエントロピーは自然には減少しない。減少させるためには、コストをかけて外部から電力などのエネルギーを投入しなければならない。例えば、放射性セシウムに汚染されたグラウンドの表土を注意深く除去して、別の場所に掘った穴に埋めるなどして一カ所へ集積させるためには、ガソリンなどのエネルギー物資投入が必要である。したがって、下水処理場の焼却灰の放射能が、国や電力会社に都合よく決められた可能性がある暫定基準値と比較して低い場合であっても、せっかく集積してきた放射性物質を安易に薄めて埋め立てたり、肥料として利用したりして、空間的に再拡散させて人や動植物を再被曝させる可能性を許すことは戒めなければならない。

(参考1) エントロピー増大則

式 (7) は、周期的動作に2つの熱源が関与する場合であった。周期的動作に、温度 T_1、T_2、T_3……の n 個の熱源が関与するとき、式 (7) は、

$$Q_1/T_1 + Q_2/T_2 + Q_3/T_3 + \cdots\cdots = \Sigma Q_k/T_k \leq 0 \quad \cdots\cdots (7)'$$

となる。Σはn個の熱源に関する和をとる。さらに、温度が連続的に違う熱源がある場合、Σは積分に置き換えられる。温度 T の熱源から熱機関が吸収する熱量を dQ とすると、次のように一般化される。積分記号は、1サイクルにわたる合計を意味する。（熱の変化は完全微分ではないがここでは dQ と表す）

$$\oint \frac{dQ}{T} \leq 0 \quad \cdots\cdots \quad (7)''$$

　等号は可逆熱機関の場合に成り立ち、Tは作業物質の温度でもある。不等号は不可逆熱機関について成り立つ。式 (7)'' は、任意の周期的動作の中で得られる全換算熱量は正になることができないことを意味する。

　式 (7)'' の等号が成り立つ可逆変化において、微少な換算熱量 dQ/T の総和が一つの周期的過程を経ると 0 になるということは、作業物質がもとの状態に戻ることと一致する。ある状態 I から別の状態 II へ作業物質が変化したとすると、変化の道筋に関係なく、式 (12) で表される値 S は一定値をとることになる。もし、変化の道筋によって異なるとすれば、状態 II から状態 I にもどったときに式 (7)'' の等号が成立しなくなることが起こり得るからである。

$$S = \int_{I}^{II} dQ/T \quad \cdots\cdots \quad (12)$$

式 (12) は、微少な換算熱量 dQ/T を状態 I から II まで積分した (加えあわせた) 量である。物理量 S を、状態 I に対する状態 II のエントロピーとよぶ。状態 I のエントロピーを基準にとれば、S は状態 II のエントロピーになる。次に、ジュワー瓶の中のお茶のような、「孤立系では、必ずエントロピーは増大する」ということを証明する。孤立系とは、外部から熱や物質の出入りのない物質系である。物質の出入りを考えなくてもよい場合は、孤立系のかわりに外部から熱の出入りのない断熱系で考えてもよい。図3-5-6で、孤立系 (あるいは断熱系) の不可逆過程によって、状態 A から状態 B に変化したとする。次に、この系が、ある可逆過程によって B から A に戻されたとしよう。この可逆過程においては、系は孤立する必要はなく、外部と熱および仕事を交換できる。このサイクル全体としては、不可逆過程を含むためクラウジウスの不等式が成立する。このサイクルを、不可逆過程の部分 (第1項) と、可逆過程の部分に対応する部分 (第2項) の2項にわけて書く。

$$\int dQ_{A \to B}/T + \int dQ_{B \to A}/T < 0 \quad \cdots\cdots \quad (13)$$

A → B の過程では、系は孤立していて熱の移動がないので、第一項は0である。第二項は、エントロピーの定義により、AB 間のエントロピー差 $S_A - S_B$ に等し

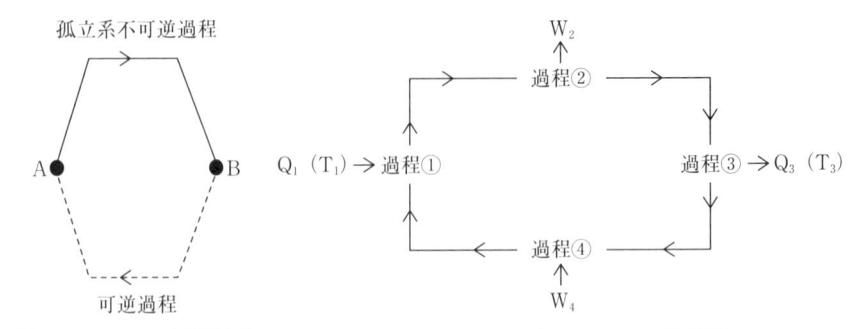

図3-5-6 2つの状態間変化

図3-5-7 物質循環からみた熱機関

い。したがって、

$$S_A - S_B < 0 \quad すなわち \quad S_A < S_B \quad \cdots\cdots (14)$$

が得られる。孤立系（断熱系）が、不可逆的に状態Aから状態Bに変化するとき、終状態Bのエントロピーは、始状態Aのエントロピーより常に大きくなることが示される。これを、エントロピー増大則といい、熱学第2法則の一つの表現である。そして、エントロピーこそが、不可逆性の指標となる物理量であることがわかる。

もし、A→Bの過程が孤立系でも断熱系でもない場合、

$$\int dQ_{A \to B}/T < \Delta S (= S_B - S_A)$$

となり、不可逆変化で状態Aから状態Bに変化するとき、$\int dQ_{A \to B}/T$ は、エントロピー差 ΔS より小さいということができる。

(参考2) エントロピー論による文明装置の基本構造

熱機関の周期的動作を、物質の循環を構成するそれぞれの過程の結合ととらえてみる（図3-5-7）。過程①で熱 Q_1 を取り入れ、過程②で仕事 W_2 を行い、過程③で廃熱 Q_3 を捨て、過程④で外部から仕事 W_4 を受けて最初の状態にもどるものとする。クラウジウスの不等式の代わりに、作業物質の1サイクルで発生したエントロピー σ をはじめから考慮してエントロピー収支式を立て、それが熱効率などの内部系や環境にどのような影響を与えるのかを明らかにしていこうとする学問はエントロピー論とよばれる。熱機関内部の受熱部の温度を T_1、廃熱を捨

てる放熱部の温度を T_3 とする。T_1、T_3 はそれぞれの熱源の温度に近い値であると考えてもよい。エネルギー保存則（熱学第1法則）は、この循環におけるエネルギー収支式で表される。以下の展開では、熱量は絶対値で示し、吸熱は+、放熱は−の符号をつける。

$$Q_1 + W_4 = Q_3 + W_2 \quad \cdots\cdots (15)$$

変化の方向を決める法則（熱学第2法則）は、エントロピー収支式（16）で示される。流入エントロピー＋生成エントロピー＝流出エントロピーであるから、

$$Q_1/T_1 + \sigma = Q_3/T_3 \quad \cdots\cdots (16)$$

が得られる。σ は、熱機関内部で生成したエントロピーである。式（15）、（16）を連立して解くと、外部へする仕事Wが発生したエントロピーを含む式として求められるのである。これは、式（11）と同様の形をしている。

$$W = W_2 - W_4$$
$$W = Q_1 \cdot (1 - T_3/T_1) - T_3 \cdot \sigma \quad \cdots\cdots (17)$$

式（17）の右辺第1項は高温熱源から得られる熱を用いてこの熱機関で得られる理論仕事、第2項はこの熱機関が外部へする仕事が熱機関内部で発生するエントロピーに比例して低下することを示す。温度差のあるところを熱が流れるとエントロピーが発生することはよく知られている。槌田によれば、その発生量は熱機関の中を流れる熱についてその劣化に関する平均温度差 ΔT に比例し、

$$\sigma = Q_1 \cdot \Delta T / T_1 T_3 \quad \cdots\cdots (18)$$

となる。そこで、エントロピー発生の場所を調べ、その場所で ΔT を小さくすることによって熱効率を上げることが可能になる。

　また、理論効率は熱機関に固有の高温部 T_1 と低温部 T_3 の条件で決まるので、このところは技術と関係している。カルノーの研究は、理論効率の改良の極限として可逆熱機関があることを示している。その熱効率は、T_1 を高熱源（資源）の温度 T_H、T_3 を環境の温度 T_L で置き換え、$\sigma = 0$ としたものである。これを、最大効率とよんで理論効率と区別する。最大効率は、式（11）の第1項に等しい。

$$W/Q = 1 - T_L/T_H \quad \cdots\cdots (19)$$

　このように、熱機関は作動物質について単純な往復運動ではなく、図3-5-7のような過程を循環的に運転することによって仕事を生産できる。図3-5-7の

ように熱機関を解釈すると、それは近代の動力発生装置の原型として、原発を含むあらゆる文明装置の基本構造となっているとみなすことができる。

本節の執筆には、文献45)～49)を参考にした。

第6節　粒子モデルの世界観

1. 錬金術

(1) 化学のはじまり

錬金術（alchemy）は、広義には、金属などの様々な物質や、人間の肉体・魂を対象として、それらをより完全な存在に錬成する試みを指す。狭義には、鉄や鉛、水銀などの卑金属から貴金属（特に金）を精錬するために行う物質の化学的操作である。錬金術は、ヨーロッパ、アラビア、中国、インドなどでさかんに行われた。ヨーロッパの錬金術は、紀元2世紀頃からエジプトのアレクサンドリアではじまり、中世を経て18世紀初めまで続いた。人間の操作によって物質を変えられるという信念があったから、錬金術は興隆した。物質変成の理論として、中国では陰陽五行説、アレクサンドリアでは四元素説、アラビアではイオウ・水銀説が用いられた。16世紀になって、スイスのパラケルススは錬金術を医療と結びつけ、化学物質を薬として使うなど、医化学の道を開いた。ニュートンも晩年まで錬金術を行っていたことが知られている。

現代科学の視点からは、鉛を金に変成しようとする錬金術の試みは不可能にみえる。しかし、歴史を通してみれば、錬金術は古代ギリシャの学問を応用したものであり、その時代においては正当な学問の一部であった。そして、錬金術の試行過程で、硫酸・硝酸・塩酸など、現在の化学薬品が数多く発見されており、実験道具も発明された。金づくりの夢は実現しなかったが、化学物質についての知識の蓄積や実験技術の発達をうながすなど、錬金術が近代化学に残した遺産は大きい。

(2) 古代ギリシャの学問

人間は物質とは何かを理解するために、まずその構成要素が何からできているかを考える。このような態度から、元素、原子、分子などの粒子概念も形成され

ている。B.C.500年頃、古代ギリシャの哲学者達は、一見複雑な自然現象の背後には単純な仕組みが普遍的に存在すると考えた。そして、物質は究極的に安定したアルケー（arche）から成り立っていると考えた。これが元素にあたる概念のはじまりである。タレスはアルケーを「水」であるといい、別の哲学者は「火」であるとした。これらは、この世界になくてはならないと思われる基本的なものをアルケーと考えた結果である。

（3）アリストテレスの四元素説

アリストテレスはアルケーを、火、空気、水、土の四元素であり、すべての物質世界はこの四元素が様々な割合に配置されたものであると考えた。この4元素は、もとは「第一質料」とよばれる共通の素材からできている。これに、温、冷、乾、湿の性質が適当な組み合わせで与えられて、それぞれの元素が生じる。図3-6-1に四元素説の概念図を示す。図3-6-1では、四元素は□で囲んである。例えば、元素 水 は、次のように生じる。

$$\boxed{水} = 第一質料 + 湿 + 冷 \cdots\cdots (1)$$

水は加熱されると水蒸気に状態変化を起こすが、当時は加熱により水は空気に変化すると考えられていた。これに関連して、沸騰している湯の中にできる泡（水蒸気）は空気であると考える小中学生の前概念の実例が報告されていて興味深い[50]。水が空気に変化することは、次のように考えられた。式(1)のように、水 は第一質料に冷と湿が付与された元素であるが、加熱により冷が温に変わり、温と湿の組み合わせの元素である 空気 に変わるのであると。四元素説は、人為的な操作によって元素変換ができるとする思想であり、ヨーロッパの錬金術に取り入れられた。アレクサンドリアの錬金術師は、鉛を化学処理して第一質料を取り出し、それに金の元素の性質を付与することで、鉛を金にできると考えた。四元素説は、17世紀頃まで西洋の学者に支持され生き残ったため、次に述べる原子論が近代になるまで2000年近くの間、顧みられることはなかった。

（4）古代の粒子モデル

B.C.400年頃、デモクリトスらはアルケーを原子（atomos）と空虚（真空）であると考えた。原子は、語源的にはギリシア語の「atomos＝a（できない）＋

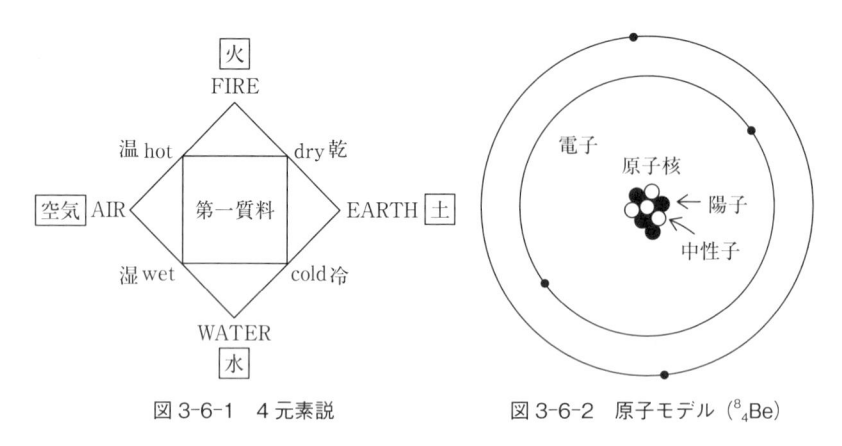

図3-6-1　4元素説　　　図3-6-2　原子モデル($^8_4$Be)

tomos（分割）」からきている。物質を細かく分けていくと、それ以上は分割不可能な小さな粒子（原子）にまでいきつく。原子はもともと運動しているので、それを保証するための物質の存在しない空間が必要となる。それを、空虚とよんだ。デモクリトスは、「認識には二つあり、知覚によるものと思惟によるものとがある」と述べたとされている[51]。甘さ、辛さ、温かさ、冷たさ、色などの現実は、感性（知覚）によってとらえられる認識である。一方、原子は目に見えない存在であるから、感性ではなく理性（思惟）によってとらえられる。原子には形、大きさ、配列、位置などの固有の性質がある。これらの2つの認識による性質は、はっきりと区別された。そして、理性でとらえられる固有の性質（model）によって、感性でとらえられる現実（real）が説明される。甘いものは丸い原子、苦いものは小さく丸いが鉤がある原子による、など形による説明であった。様々な形や大きさの原子が機械的に組み合わされて、多様な物質の姿となり、また固体・液体・気体などの変化も生じると考えられた。

2. 現代の粒子モデル

物質の性質の違いを、物質を構成する基本粒子の数量の違いで説明しようとするのが現代化学である。これは、デモクリトスの原子論を精密にした概念装置を用いて、中世の錬金術（物質変成理論）を再編成しようとする文化的試みである。原子の実在が実験的に証明されたのは、20世紀初めのことである。19世紀の終わり頃、J. J. トムソンによって電子が発見された。1911年頃、ラザフォードら

は、金箔にα線を照射して原子核を発見し、原子が原子核とそれをとりまく電子でできていることを明らかにした。

（1） 原子の構造

　原子の中心部には原子核があり、その外側にはいくつかの電子がある。図3-6-2にベリリウム（Be）の原子モデルを示す。さらに、原子核はいくつかの陽子と中性子からなる。原子の大きさは、約10^{-10}m（0.1nm）くらいである。原子核も電子も原子の大きさに比べるとたいへんに小さく、原子はすき間だらけの構造である。現代の原子像は、デモクリトスの構造のない原子像とは大きく異なることがわかる。また、原子の内部に真空（すき間）を含んでいる。

　陽子と電子は、同じ量の電荷をもっているが符号が異なる。

　　　　陽子：$+1.60\times 10^{-19}$C　　　電子：-1.60×10^{-19}C

中性子は電荷をもたない。原子全体では電気的に中性であるから、陽子の数と電子の数が等しい。原子の電気的性質（または化学的性質）は、陽子の数（または電子の数）で決まるから、原子を区別するのに陽子の数をつかい、これを原子番号Zとする。

　　　　Z＝陽子数＝電子数　……（2）

陽子と中性子の質量はほぼ等しく、電子質量はそれらの1840分の1程度であるから、原子の質量は原子核の質量にほぼ等しい。したがって、陽子数Zと中性子数Nの和は、原子の質量の目安になる。この和を質量数といいAで表す。

　　　　A＝Z＋N　……（3）

原子の性質は、原子番号だけできまり、中性子数（したがって質量数）には依存しない。中性子数が異なっている原子も、原子番号が同じなら同じ元素と考えられる。中性子の数が異なる同じ元素の原子を同位体（アイソトープ）という。自然界に存在する多くの元素には、2種類以上の安定な同位体があり、その存在比はほぼ一定である。同位体を区別するには、元素記号の左下に原子番号、左上に質量数を記す（図3-6-3）。

　炭素には、$^{12}_{6}$C、$^{13}_{6}$C、$^{14}_{6}$Cの3つの同位体がある。$^{12}_{6}$C、$^{13}_{6}$Cは安定であるが、$^{14}_{6}$Cは放射線を出して別の原子核に変わる放射性同位体（ラジオアイソトープ）で

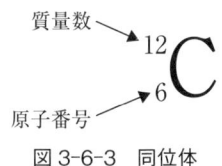

図3-6-3　同位体

(2) 電子配置の考え方

原子核のまわりの電子は、エネルギーの決まった殻（電子が運動することのできる薄い空間）に入る。殻モデルは、水素原子の量子力学から得られた。殻は内側ほどエネルギーが低く、内側から順にK殻（n=1）、L殻（n=2）、M殻（n=3）、N殻（n=4）……とよばれ、K、L、M、Nの順にエネルギーが高くなる。（　）内のnは主量子数とよばれる変数である。図3-6-4にカリウム原子（K）の電子殻を示す。殻に入ることのできる電子数は決まっていて、K殻には2個、L殻には8個、M殻には18個、N殻には32個……である。収容できる電子数は、$2n^2$で与えられる。

$2n^2$の値：$2×1^2=2$(K)、$2×2^2=8$(L)、$2×3^2=18$(M)、$2×4^2=32$(N)……

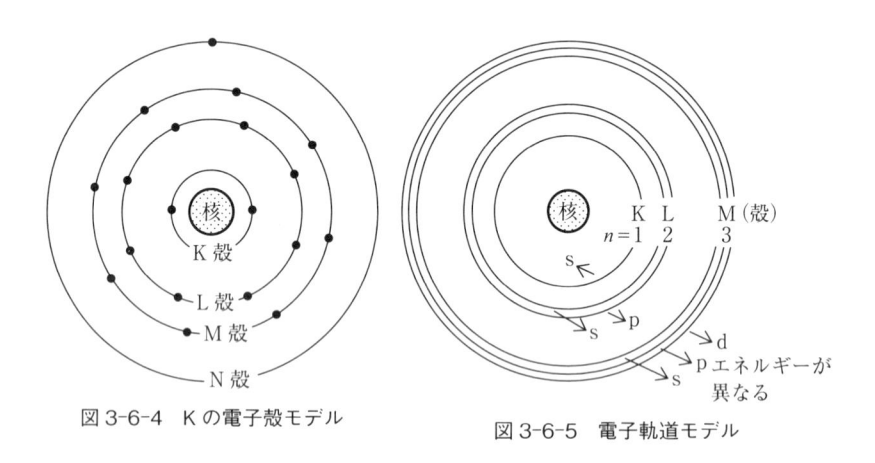

図3-6-4　Kの電子殻モデル　　　図3-6-5　電子軌道モデル

各元素では、エネルギーの低い内側の殻から電子が配置されていく。いくつかの原子の電子配置を次に示す。

  原子番号2のヘリウム原子（He）　　　K(2)
  原子番号9の塩素原子（Cl）　　　　　K(2) L(7)
  原子番号10のネオン原子（Ne）　　　 K(2) L(8)
  原子番号11のナトリウム原子（Na）　　K(2) L(8) M(1)

原子番号20のカルシウム原子（Ca）　　K(2) L(8) M(8) N(2)

Caのように、電子数が多い元素の場合、M殻、N殻には初めから18個、32個までは入らず、次の殻に先に入ることがある。これには次の2つの理由があるが、いずれも複数の電子間の相互作用が原因である。図3-6-5に示すように、各殻（シェル）には、サブシェルともいえるような細かいエネルギー構造があり、それらはもはや電子殻とはよべず、電子軌道とよばなければならない。

① K殻は1種類の電子軌道（s軌道）であるが、L殻にはエネルギーの異なる2種の電子軌道（s、p軌道）、M殻には3種の電子軌道（s、p、d軌道）、N殻には4種の電子軌道（s、p、d、f軌道）……が存在する。

② M殻の軌道のうち最も高いエネルギー E_{3d} と、N殻の軌道のうち最も低いエネルギー E_{4s} を比較すると、E_{3d} が E_{4s} より大きくなる逆転現象がある。

2つの理由により、Caの20番目の電子はM殻の E_{3d} には入らず、N殻の E_{4s} に入る。このような事情を構成原理とよぶ。各軌道の特徴については、s軌道とp軌道は化学結合に、d軌道は磁性に関係している。

原発事故でばらまかれた、原子番号38の放射性ストロンチウムは、理由①、②により次のようになる。

ストロンチウム原子（Sr）　　K(2) L(8) M(18) N(8) O(2)

また、原子番号55の放射性セシウムも理由①および、②と同様の理由で次のようになる。2つの同位体 $^{134}_{55}Cs$、$^{137}_{55}Cs$ は同じ電子配置である。

セシウム原子（Cs）　　K(2) L(8) M(18) N(18) O(8) P(1)

最も外側の電子は最外殻電子とよばれ、そのうち化学結合に関係する電子を価電子という。ネオンのように、最外殻電子数が8個になる場合は化学的に安定になる。その場合を除くと、最外殻電子は必ず化学結合に関係するので、最外殻電子数が価電子数に等しい。価電子数が同じ元素は化学的に似た性質を示す。例えば、NaとCsは価電子数が1であり、CaとSrは価電子数が2で同じになるので、これらは化学的に似た性質を示す。

（3）元素の周期律

元素を原子番号の順に電子配置にしたがって並べていくと、周期律表ができる（図3-6-6）。元素記号の上に原子番号、下には原子量が示されている。原子量

は、^{12}C の相対的質量（陽子6個、中性子6個）を12と決め、これを基準にとった原子の相対的質量であり、各元素の質量数に近い値である。原子量が整数ではなく端数がついているのは、次の3つの理由による。

① 陽子の質量と中性子の質量が微妙に異なる。

② ミクロの世界では、質量の保存（加算則）が成り立たないため、^{12}C の相対的質量を12と決めた場合、例えば陽子2個と中性子2個でできた ^{4}He 核の相対的質量は4にならない。

③ 例えば炭素の場合は、$^{12}_{6}C$、$^{13}_{6}C$、$^{14}_{6}C$ の3つの同位体があり、一般にいくつかの同位体の平均値を取って原子量としている。

周期律表は、次のような5つの見方をする。

(1) 元素の縦の配列を族といい、族は1～18まである。それぞれの族内にある元素を同族元素という。NaとCsは1族の同族元素、CaとSrは2族の同族元素である。同族元素は、化学的に似た性質を示す。

(2) 元素の横の配列を周期といい、周期は第1周期から第7周期まである。周期の数字は主量子数 n に等しい。第1周期の元素はK殻に、第2周期の元素はK・L殻に、第3周期の元素はK・L・M殻に電子が入る。以下同様である。

(3) 第6周期にはランタノイドとよばれる元素群が、第7周期にはアクチノイドとよばれる元素群が存在し、表の外に取り出して記した。

(4) 第7周期には、原子番号112番 Cn（コペルニシウム）まで記されているが、今後は発見されて増加していく可能性がある（図3-6-6で*のところ）。

(5) 1族、2族、12～18族を典型元素、3～11族を遷移元素といい、遷移元素はその単体がすべて金属である。

典型元素は、最外殻電子数が族の数字と等しい元素である。水素を除く1、2族が金属元素、17、18族は非金属元素である。18族は希ガスとよばれ、電子配置が安定しているために、化学的にも非常に安定である。12～16族では、Al―Ge―Sb―Po のラインより左は金属元素、ラインより右は非金属元素である。中には、金属と非金属の両方の性質をもつ元素（両性元素）がある。アルミ Al、亜鉛 Zn、錫 Sn、鉛 Pb は両性元素であり、酸にもアルカリにも溶けて反応する。

第3章　学校で学ぶエネルギーから生活科学へ　*147*

族\周期	1	2	3	4	5	6	7	8	9	10	11	12	13	14	15	16	17	18
n=1(K) 1	1 H 1.0079																	2 He 4.0026
n=2(L) 2	3 Li 6.941	4 Be 9.0122											5 B 10.811	6 C 12.011	7 N 14.007	8 O 15.999	9 F 18.998	10 Ne 20.180
n=3(M) 3	11 Na 22.990	12 Mg 24.305											13 Al 26.982	14 Si 28.086	15 P 30.974	16 S 32.065	17 Cl 35.453	18 Ar 39.948
n=4(N) 4	19 K 39.098	20 Ca 40.078	21 Sc 44.956	22 Ti 47.867	23 V 50.942	24 Cr 51.996	25 Mn 54.938	26 Fe 55.845	27 Co 58.933	28 Ni 58.693	29 Cu 63.546	30 Zn 65.409	31 Ga 69.723	32 Ge 72.64	33 As 74.922	34 Se 78.96	35 Br 79.904	36 Kr 83.798
n=5(O) 5	37 Rb 85.468	38 Sr 87.62	39 Y 88.906	40 Zr 91.224	41 Nb 92.906	42 Mo 95.94	43 Tc (98)	44 Ru 101.07	45 Rh 102.91	46 Pd 106.42	47 Ag 107.87	48 Cd 112.41	49 In 114.82	50 Sn 118.71	51 Sb 121.76	52 Te 127.60	53 I 126.90	54 Xe 131.29
n=6(P) 6	55 Cs 132.91	56 Ba 137.33	57-71 *	72 Hf 178.49	73 Ta 180.95	74 W 183.84	75 Re 186.21	76 Os 190.23	77 Ir 192.22	78 Pt 195.08	79 Au 196.97	80 Hg 200.59	81 Tl 204.38	82 Pb 207.2	83 Bi 208.98	84 Po (209)	85 At (210)	86 Rn (222)
n=7(Q) 7	87 Fr (223)	88 Ra (226)	89-103 #	104 Rf (261)	105 Db (262)	106 Sg (266)	107 Bh (264)	108 Hs (277)	109 Mt (268)	110 Ds (281)	111 Rg (272)	112 Cn (285)	*	*	*	*	*	*

ランタノイド系列	57 La 138.91	58 Ce 140.12	59 Pr 140.91	60 Nd 144.24	61 Pm (145)	62 Sm 150.36	63 Eu 151.96	64 Gd 157.25	65 Tb 158.93	66 Dy 162.50	67 Ho 164.93	68 Er 167.26	69 Tm 168.93	70 Yb 173.04	71 Lu 174.97
アクチノイド系列	89 Ac (227)	90 Th 232.04	91 Pa 231.04	92 U 238.03	93 Np (237)	94 Pu (244)	95 Am (243)	96 Cm (247)	97 Bk (247)	98 Cf (251)	99 Es (252)	100 Fm (257)	101 Md (258)	102 No (259)	103 Lr (262)

元素記号 ← 1 H 1.0079 → 原子番号
　　　　　　　↓
　　　　　　 原子量

図3-6-6　元素の周期律表

（4）1族元素の性質

1族元素は、アルカリ金属ともよばれる。アルカリ金属は極端に反応性が強く、酸化されやすいため、天然には単体として産出することはない。単体は、いずれも銀白色で、やわらかく密度が小さい、融点が低いなどの特徴をもつ（表3-6-1）。リチウム（Li）、ナトリウム（Na）、カリウム（K）は水より軽い。脱気密閉した容器中のセシウム（Cs）は融点が27℃であり、体温で融かすことができる。また、金属としては沸点も低い。Csを含む廃棄物などを670℃以上で燃やすと、気化し大気中に拡散する。

アルカリ金属は水と激しく反応して水酸化物（NaOH、CsOHなど）と水素を発生し、多量の発熱を生じる。酸素と反応して酸化物をつくるのはLiだけであり、他のアルカリ金属はO_2^{2-}イオンを含む過酸化物（Na_2O_2）、あるいは、O_2^-イオンを含む超酸化物（CsO_2など）をつくる。アルカリ金属の酸化物は塩基性である。アルカリ金属は、アンモニアに溶けて青色溶液となり、$CsNH_2$などの無色の金属アミドとよばれる化合物になる。

アルカリ金属の塩は、そのほとんどが水溶性である。食塩（NaCl）や塩化セシウム（CsCl）は水によく溶ける。人体を構成する主要24種の元素の中では、NaやKはイオンまたは化合物の成分として含まれており、人間は0.03% Na、0.06% Kの含量をもつ[52]。したがって、放射性のCsも同様に人体に取り込まれやすい[53]。また、原子番号が大きいほど反応性が高い。

表3-6-1 アルカリ金属の特徴

元素	Li	Na	K	Rb	Cs
原子番号	3	11	19	37	55
融点［℃］	179	97	64	39	27
沸点［℃］	1336	880	760	700	670
酸化物の液性	塩基性	塩基性	塩基性	塩基性	塩基性

（5）2族元素の性質

ケイ酸塩鉱物中に存在するベリリウム（Be）とその多くの化合物は極めて有毒である。マグネシウム（Mg）は海水中に自然に存在するが、多くのケイ酸塩

中にも存在する。カルシウム（Ca）は炭酸カルシウムとしてチョーク（白亜）、大理石、石灰石中に存在する。ストロンチウム（Sr）とバリウム（Ba）は、硫酸塩として産出する。単体はいずれも銀白色で炎色反応を生じ、空気中の酸素とすみやかに反応する。Ca、Sr、Baは冷水とも容易に反応するが、Mgは高温水でないと反応しない。Ca、Sr、Baはアルカリ金属と同様に、アンモニアに溶けて青色溶液となり、$Sr(NH_2)_2$などの無色の金属アミドになる。MgとCaは、人体を構成する主要24種の元素に含まれる。放射性のSrはCaと性質が近いため、人体に取り込まれると骨に入ってきて、骨をβ線で被曝させる。そのため、骨髄ガンや白血病の原因となるとされている[54]。Be、Mg以外の2族元素は、アルカリ土類金属とよばれる。

（6） 17族元素の特徴

17族元素はハロゲンとよばれ、金属との反応性が大きく、単体は天然には存在しない。単体は、F_2、Cl_2などの二原子分子で特有の色がある。原子番号が大きいほど融点、沸点が高くなり、反応性は小さくなる。

ヨウ素（I）は室温では固体で反応性は低いが、昇華性で気体になりやすい。原発事故では、まず放射性の^{131}Iの放出が問題になった。ヨウ素を成分とするチロキシン（thyroxin）などの甲状腺ホルモンは、甲状腺から分泌され、全身の細胞に作用して細胞の代謝率を上昇させる働きをもつ。甲状腺は、のどの付け根、のどぼとけの下の辺りにある器官で気管の前にあり（図3-6-7）、ちょうど蝶が羽を広げたような形をしている。人体中のヨウ素は、20～30mgだが、その半分以上が甲状腺に集まっている。

半減期8日の^{131}Iは、呼吸や食品から人体に取り込まれると、甲状腺に集まり、急激に被曝させるので、ホルモン分泌機能の低下を起こしたり、ガンを発生させたりする。アメリカやヨーロッパでは、核戦時用にヨウ化カリウムのカプセルが用意されている。島根

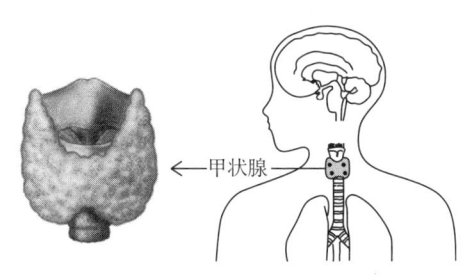

図3-6-7　甲状腺

県や福井県でも、原発事故に備えて5万人分のカプセルが用意されているという。緊急時には、まず放射性でない普通のヨウ素を飲んでおいて、甲状腺をヨウ素で飽和させてしまい、^{131}Iがきた場合それ以上取り込まないようにするためである。福島県が、2011年10月9日（日）に、18歳以下の全県民約36万人を対象に、生涯にわたる甲状腺検査をスタートさせた[55]。医師の確保など問題があるという。チェルノブイリでは、甲状腺ガンの年間発生率は、事故前の100万人に1人程度から、事故後の1万人に1人程度まで、およそ100倍に増加している。

文献53）の著者である（故）高木仁三郎は次のように書いている。

> ……一方で核兵器をいっそう強化し、一方でそれから身を防ぐ対抗手段を強化するという、こんなやり方こそが、人類を破滅に追い込むものだ、とぼくは切実に思う[56]。

第7節　原子核と放射能

高等学校の物理や化学では、原子核の学習まで行けないことが多い。中学理科でも、ほんの少し原子の構造にふれる程度である。しかし、生徒が学校を卒業して市民になったとき、原子核と放射能の知識が必要な現代社会になっていることは間違いない。本節では、原子核の学校理科学習内容の中で、原発事故の環境影響を理解するための基礎になると思われる事項を述べる。したがって、中学・高校の理科のような項立てはしていない。

1. 原　子　核

（1）同位体の安定性

1930年頃、α粒子をホウ素（$^{10}_{5}B$）にあてると、陽子（proton）と同程度の質量をもつ中性の粒子が飛び出す現象が発見された。チャドウイックは、この粒子を中性子（neutron）と名付けた。中性子発見により、原子核構造の理解が急速に進んだ。図3-7-1に原子核の構造模式図を示す。

水素の3つの同位体のうち、$^{1}_{1}H$、$^{2}_{1}H$は放射能がない安定同位体である。ところがトリチウム$^{3}_{1}H$は放射線を出す不安定同位体である。3種の水素の違いは中性子の数であるから、これが原子の安定性に直接関係しているとみられる。

もし原子核が、陽子だけでできていたらどうなるか。正電気をもつ陽子同士が反発して、安定な核ができるとは考えにくい。中性子が、核を安定に保つのに特殊な機能を果たしていると考えなければならない。陽子の数が増加するにつれて、安定性を保つのに要する中性子の数は増加する。質量数（＝陽子数 Z ＋中性子数 N）を A とすると、

① A≦40 のとき　N＝Z　の原子核が安定
② A＞40 のとき　N＞Z　の原子核が安定

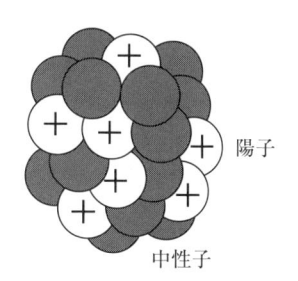

図 3-7-1　原子核の構造

になっていて、A＝40 の元素である $_{20}$Ca をさかいに、中性子の数は漸次増加する。①の一例として、$^{16}_{8}$O では、8 個の陽子に対して、同じ 8 個の中性子をもつ。したがって、比 N/Z は 1 である。②の一例として、チタン（$^{48}_{22}$Ti）では、22 個の陽子に対して、4 個多い 26 個の中性子をもつ。$^{208}_{82}$Pb では、82 個の陽子に対して、44 個多い 126 個の中性子をもつ。比 N/Z は 1.54 になる。中性子数に対して陽子数を目盛ると、図 3-7-2 が得られる。多くの元素は安定帯とよばれる狭い範囲に入っている[57]。例えば、放射性の不安定同位体である $^{14}_{6}$C では、陽子 6 個と中性子 8 個を含み、安定帯に入っていない。$^{6}_{3}$Li は安定で $^{8}_{3}$Li は不安定であることも確かめられる。1960 年代に大気圏内の核実験が何度も行われ、多量の放射性物質が生じたが、そのなかに放射性のストロンチウム 90（$^{90}_{38}$Sr）がある。$^{90}_{38}$Sr も安定帯には入らない。

　原子核の大きさは 1 フェムトメートル（fm　10^{-15}m）程度で、原子の大きさの 10 万分の 1 である。原子核を構成する成分である陽子と中性子を核子とよぶ。核子どうしには何らかの力が働いていると考えないわけにはいかない。それを核力とよぶ。核力により、陽子間には静電気力による反発力が働いているにも関わらず、原子核が安定を保っている。湯川秀樹は、核子（陽子と中性子）がπ中間子という電子の 300 倍くらいの質量をもつ粒子を交換して核力が生じるという中間子理論で、原子核の安定性を説明した。

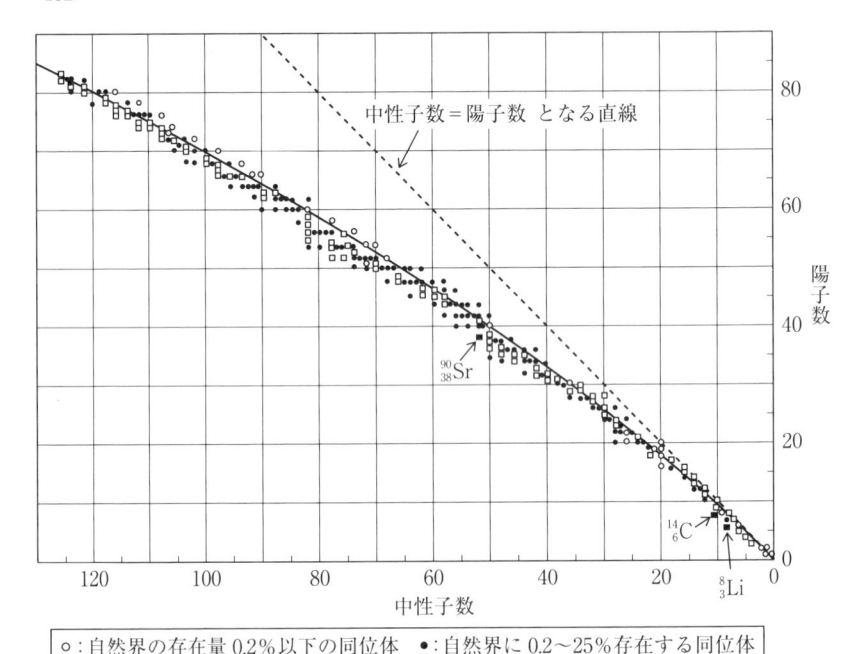

図 3-7-2　原子核の安定帯
（文献 57）より作成）

（2）原子核の結合エネルギー

　安定な原子核は、核を構成する核子がばらばらになった静止状態より安定で、エネルギーが低くなっている。そのエネルギー差 ΔE を結合エネルギーという。1995年、アインシュタインが発表した特殊相対性理論によると、エネルギーと質量は同等であり、物体のもつエネルギーの増加・減少にともなって、その物体の質量が増加・減少する。つまり、物体がエネルギーをもつということは、そのエネルギーに対応する質量をもつことに相当し、逆に、物体が質量をもつということは、その質量に対応するエネルギーをもつことであるといってよい。

　安定な原子核の質量は、構成核子がばらばらになった静止状態の質量の和よりわずかに小さい（図3-7-3）。その質量差 Δm を質量欠損という。結合エネルギー ΔE に対応するのは質量欠損であると考えられる。アインシュタインは、

$$\Delta E = \Delta m \cdot c^2 \quad \cdots\cdots \text{(1)}$$

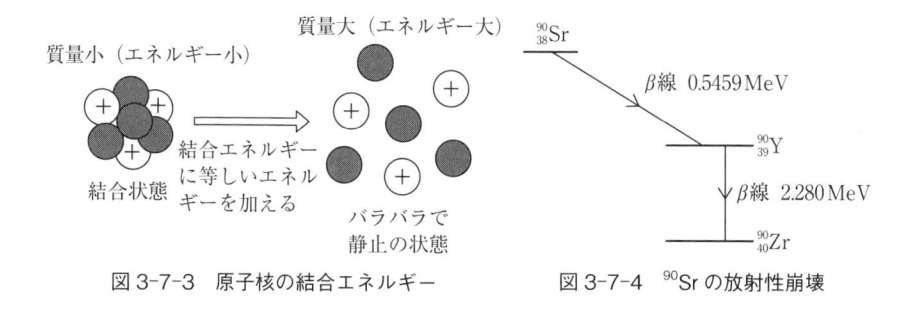

図 3-7-3　原子核の結合エネルギー　　　図 3-7-4　^{90}Sr の放射性崩壊

の式で2つを結びつけた。ここで、c は光速度である。c^2 は非常に大きい量（9×10^{16}）であり、たとえ Δm が微少であったとしても、ΔE は巨大な量になる。^{235}U の核分裂が起こるとき、反応の前後で質量が減少する。その減少分が、式(1)で決まる巨大なエネルギーとなって解放されるのが原子爆弾である。

2. 放射性崩壊

（1）β崩壊

放射性崩壊の概要は、第2章第3節でも説明した。^{14}C は中性子が過剰なため、図 3-7-2 の安定帯からはずれているが、中性子が1個放出されるような現象は起こらない。^{14}C が自然に崩壊するときには、核の1個の中性子 $^1_0$n が1個の陽子 $^1_1$p と電子 $^0_{-1}$e および反ニュートリノ $^0_0\nu$ とよばれる質量のない微粒子に変換されている。$^1_0$n などの記号で、左上は質量数、左下は電荷数（陽子を +1、電子を −1 とする）である。電子は核外へ放出され、これが β 線（β粒子）とよばれる。陽子は核内に残る。反ニュートリノのゆくえは不明である。比 N/Z は減少し、核は安定帯へ移る。核内のこの変化は次のように表される。これが可能ということは、中性子は陽子よりわずかに質量が大きく、その差によって電子と反ニュートリノが生まれうるということである。

$$^1_0n \rightarrow {}^1_1p + {}^0_{-1}e + {}^0_0\nu \quad \cdots\cdots (2)$$

このとき、陽子数の変化にともなって、元素自体も変化したことになる。この元素はもはや ^{14}C ではなく、^{14}N になっている。^{14}C での変化は式(2)をもとに、次の式で表される。

$$^{14}_6C \rightarrow {}^{14}_7N + {}^0_{-1}e + {}^0_0\nu \quad \cdots\cdots (3)$$

反応前は質量数が14、荷電数が6であるが、反応後も、

　　質量数＝14＋0＋0＝14　　荷電数＝7＋(－1)＋0＝6

となり、反応の前後で質量数と荷電数が保存される。核子から放出される電子は、β線（β粒子）とよばれるのは、軌道の電子ではないことを意味する。

(2) α崩壊

　原子番号83以上の重い元素は、通常は安定帯より上にある。$^{235}_{92}$U は、α線（α粒子）を放出して壊変する。前述したように、α粒子は2個の陽子と2個の中性子からなるヘリウム核と同じ粒子であり、記号 $^{4}_{2}$He で表される。

$$^{235}_{92}U \rightarrow \, ^{4}_{2}He + \, ^{231}_{90}Th \quad \cdots\cdots (4)$$

$^{235}_{92}$U は、原子番号90のトリウム（$_{90}$Th）に変化する。このような核反応をα崩壊という。ここでも質量数と荷電数は保存されている。この過程では、核子の個数は保存されるが、結合エネルギーの差だけ質量が減少する。その減少分に相当するエネルギーが、α粒子（$^{4}_{2}$He）と $^{231}_{90}$Th の運動エネルギーになる。α崩壊とβ崩壊にともなって、γ線が放出される。γ線は粒子の放出がない場合でも不安定な核から放射されることがある。^{90}Sr の放射性崩壊を図3-7-4に示す。^{90}Sr はβ線を放出してイットリウム90（$^{90}_{39}$Y）となり、$^{90}_{39}$Y は半減期64時間で安定なジルコニウム90（$^{90}_{40}$Zr）となる。その際、高エネルギーで危険度の高いβ線を放出する。$^{90}_{39}$Y は、核分裂直後はほとんど存在しないが、時間の経過とともに量が増し、1ヶ月後には放射平衡が成立して、^{90}Sr と $^{90}_{39}$Y の放射能強度は等しくなるとされている[58]。^{90}Sr → $^{90}_{39}$Y → $^{90}_{40}$Zr はひとつの崩壊系をつくる。

　福島第一原発から約250km離れた横浜市港北区のマンション屋上の堆積物から、福島第一原発事故で放出されたとみられる195Bq/kg の ^{90}Sr が民間の分析機関により検出された[59]。100km圏外では初である。これは、4～5月に福島市内の土壌から検出された77Bq/kgと比べても高い値である。同じ堆積物からはおよそ6万Bq/kgのCsも検出され、市衛生研究所での再検査でも、同じ堆積物から10万Bq/kgのCsが検出された。放射性セシウムが検出された場合、同時に放射性ストロンチウムが同じような配分で存在する可能性がある。

(3) 放射性崩壊は制御できるのか

化学反応の速度を変化させるには、通常の方法、例えば、温度、圧力、液性（酸性、塩基性など）を変化させる、などを用いる。しかし、このような化学的な作用では、放射性崩壊の速度を変化させることができない。放射崩壊系列の過程は、すべての同位元素が放射線を放出し終わるまで、それを止めることが原理的に不可能である。したがって、現在は、核エネルギーの電力利用技術はあっても、放射能を制御する技術は存在しない。また、拡散した放射能（極微量の放射性核種）を回収する科学も技術もない。

3. 生活科学的アプローチによる原子核の学習 I ―半減期―

原子核の崩壊は確率的な事象である。多数の原子核があるときに、単位時間にその何%が崩壊するかはわかっても、1個の原子核に着目したとき、それがいつ崩壊するかは理論的に予言することができない。したがって、原子核の崩壊は、次のような統計的扱いによって記述される。半減期（Half-life）は、放射性核種（同位体）が崩壊して別の核種に変わるとき、元の核種の半分が崩壊する期間を言う。これは核種の安定度を示す値であり、半減期が短ければ不安定な核種ということになる。同じ放射性核種であれば、すべての原子核がある時間内に崩壊する確率は等しい。1モル（≒ $6.02×10^{23}$ 個）のような多数の原子核の集団を考えると、崩壊する確率に応じて一定の速度で集団内の原子核が崩壊していく。この速度を言い換えた量が半減期であり、はじめに存在した数の半分が崩壊するまでにかかる時間である。各放射性核種の半減期は測定されていて、各放射性核種に固有の定数である（表3-7-1）。仮に、ある核種が1モルあり、その半減期が千年（ $3.65×10^5$ 日）であるとすると、1日後には $1.1432×10^{18}$ 個が、100日後には $1.1431×10^{20}$ 個が崩壊する（100日後は、1日後の100倍よりわずかに少ない量が崩壊する）。その放射能を、時間を追って注意深く測定すれば、半減期を推定することが可能である。

はじめに不安定な核種が N_0 個あり、それが崩壊して時刻 t に残っている数を $N(t)$ とする。時間 Δt を十分小さく取れば、その間

表3-7-1 核種の半減期

核　種	半減期	主な放射線
^{131}I	8.0 日	β 線
^{90}Sr	29 年	β 線
^{137}Cs	30 年	β 線、γ 線
^{239}Pu	2.4 万年	α 線

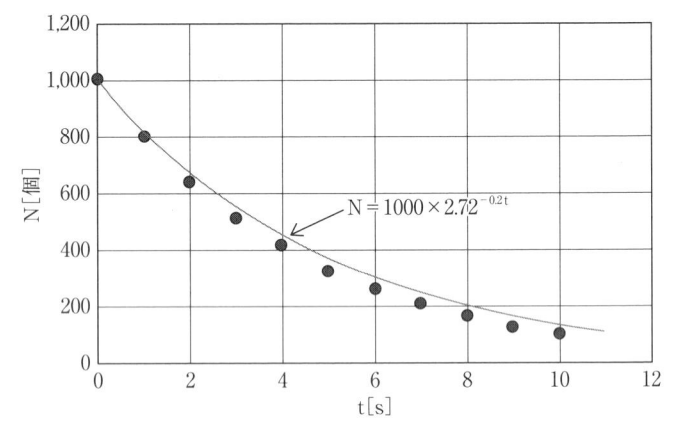

図 3-7-5 崩壊のモデル（N_0=1000、λ=0.2）

の崩壊数 ΔN はそのときの数 N に比例し、かつ時間 Δt に比例すると考えてよい。

$$\Delta N = -\lambda \cdot N \cdot \Delta t \quad \cdots\cdots (5)$$

これが、確率的に起こる崩壊を記述する基本方程式である。比例定数 λ は崩壊定数とよばれる。右辺のマイナスは核種の減少を意味し、$\Delta N < 0$ に設定されている。式 (5) は微分方程式の形をしているので、本来はそれを解けば数学的解が得られる。ここでは、中学・高校生・文科系大学生の探究的学習を想定し、次のような近似的解法を示す。初めに 1,000 個の核種があり、1 秒にそのときの数の 20% が崩壊するモデルを考える。したがって、$\lambda = 0.2$ である。

t = 0 　　$N = N_0 = 1000$

t = 1 　　$\Delta N = 0.2 \times 1000 = 200$ 　　∴　$N = 1000 - 200 = 800$

t = 2 　　$\Delta N = 0.2 \times 800 = 160$ 　　∴　$N = 800 - 160 = 640$

t = 3 　　$\Delta N = 0.2 \times 640 = 128$ 　　∴　$N = 640 - 128 = 512$　　以下同様

以上のように、N の時間的な変化が求められる。これをグラフにすると、図 3-7-5 のようになる。これらのデータは図中に示されている曲線とよく合っている。時間 Δt を 1 秒よりもっと細かくするとさらに一致度はよくなる。曲線を表す式は次のようになり、実験式とよばれる。

実験式：$N(t) = 1000 \cdot 2.72^{-0.2t}$

実験式の係数 1000 は N_0、指数 − 0.2t の 0.2 は崩壊定数 λ である。また、2.72 を記号 e に代えると、実験式は式 (6) のように表される。

$$N(t) = N_0 e^{-\lambda t} \quad \cdots\cdots (6)$$

ここで、定数 e は、$e = 2.71828\ 18284\ 59045\ 23536\ 02874\ 71352\cdots$ と続く超越数でネピア数とよばれ、自然対数の底として用いられる。基本方程式（7）の解は式（6）で表される。式（6）に、式（7）で定義される $T_{1/2}$ を代入して底を e から 1/2 に変えると、式（8）が得られる。

$$T_{1/2} = \log_e 2 / \lambda = 0.693/\lambda \quad \cdots\cdots (7)$$

$$N(t) = N_0 \left(\frac{1}{2}\right)^{\frac{t}{T_{1/2}}} \quad \cdots\cdots (8)$$

この $T_{1/2}$ を半減期という。式（8）に $t = T_{1/2}$ を代入すると、

$$N = N_0 \times (1/2)^1 = N_0/2$$

となって、はじめの半分の量になっている。式（7）より半減期は崩壊定数の逆数に比例していることがわかる。図 3-7-5 の場合、半減期は約 3.5 秒になる。

$$T_{1/2} = 0.693/0.2 \fallingdotseq 3.5\text{s}$$

崩壊定数の大きい核種は半減期が短くなり、急激な被曝をする。

表 3-7-1 の半減期を用いると、1000Bq の ^{137}Cs の場合、30 年で半分の 500Bq に減る。さらに 30 年で、250Bq、次の 30 年で 125Bq になる。したがって、1/10 の濃度になるには 100 年くらいかかる。^{131}I では 1 ヵ月くらいで濃度は 1/10 になるが、放射線の放出は激しい。

4. 生活科学的アプローチによる原子核の学習 II ―放射能の強さ―

（1）基本的な考え方

放射能の強さは、1 秒に 1 個の原子核が崩壊するとき、1 ベクレル（Bq）としている。以前は、レントゲン（r）という単位が使われていた。1 秒に B 個の原子核が崩壊するときは、B[Bq] になる。

B[Bq] の放射能の場合、$1/\lambda$ 秒間の崩壊数は B/λ なので、この値が崩壊した原子核数 n に等しい。原子核数 n を、$1/\lambda$ 秒間に崩壊した原子核の質量 w[g] に直すには次のようにする。質量 w は、原子核 1 個の質量に原子核数 n を乗じて求められる。原子核 1 個の質量は、質量数 A をアボガドロ数 N_A で割ると求められると考える。したがって、A/N_A に n を乗じた値が w になる。ゆえに、

$$w = n \cdot A/N_A = (B/\lambda) \cdot (A/N_A) = (B \cdot T_{1/2}/0.693) \cdot (A/N_A)$$

となり、整理すると次式が得られる。ここで、式（7）を用いた。

$$w = \frac{B T_{1/2} A}{0.693 N_A} \quad \cdots\cdots \quad (9)$$

式（9）により、質量 w は半減期 $T_{1/2}$、質量数 A、放射能の強さ B に比例し、B は $T_{1/2}$ に反比例することがわかる。このことから、次の2つが言える。

① 同じ放射能ならば、半減期が短い核種ほど、含まれている質量は少ない。
② 同じ質量ならば、半減期が短い核種ほど、放射能は強い。

（2）実 例

2011年7月頃、1kgあたり2300BqのCsを含む牛肉が出回って問題になった。これは、国の暫定基準値500Bq/kgを5倍近く上回る。すべて ^{137}Cs として、式（9）で計算すると、その質量 w は、

$$w = 7.15 \times 10^{-10} \text{g}$$

となり、百億分の7グラム程度であることがわかる。このような極微量で問題になったわけだから、放射性物質は極微量でもいかに恐ろしい物質なのかが理解される。なお、計算には、

$$T_{1/2} = 30 \text{ 年} = 9.46 \times 10^8 \text{ 秒} \quad B = 2300 \text{Bq} \quad A = 137$$

を用いた。また、このような極微量の放射性物質が土壌に含まれているとすると、その除去は現代の科学・技術では不可能であることが理解されよう。

5. 原発事故でばらまかれた放射性物質

福島第一原発からばらまかれた主な放射性同位体（核種）全31種のうち、1京Bq（10^{16}Bq）以上のものは次の通りである（表3-7-2）。キセノン（^{133}Xe）はベータ崩壊して安定同位体 ^{133}Cs になる。^{133}Xe の人体影響についての詳細は不明で

表3-7-2　福島第一原発から飛散した主な放射性同位体

核 種	放出量（Bq）	$T_{1/2}$	特　徴
^{133}Xe	1100×10^{16}	5.2 days	体内で変化せず排出
^{131}I	16×10^{16}	8.0 days	甲状腺に集中
^{134}Cs	1.8×10^{16}	2.1 years	筋肉・全身に分布
^{137}Cs	1.5×10^{16}	30 years	筋肉・全身に分布

あるが、^{133}Xe ガスは局所肺換気機能の検査に用いられていて、^{133}Xe を含む空気を吸入しても体内で変化することなく肺より排泄されるとされている[61]。したがって、^{133}Xe の人体滞留時間は短いと考えられる。主な γ 線エネルギーは、81keV と低い。Cs については2種の同位体があるが、ほぼ同量放出されている。事故後2年程度は半減期の短い ^{134}Cs の影響が主で、その後は半減期の長い ^{137}Cs の影響が続くだろう。

第8節　原発事故・核実験と放射能拡散

1. 原子力発電

（1）原子力発電所の燃料と使用済み燃料
1）ウラン鉱石から燃料棒まで

　2001年の世界のウラン資源埋蔵量は、出所により異なるが400万トン前後であるとみられる。埋蔵地域は世界中に分布しており、供給の不安定性は比較的少ないといわれている。30万トン以上の資源国は、オーストラリア（93）、カザフスタン（85）、カナダ（44）、南部アフリカ（37）、米国（35）である[62]。

　ウラン鉱石は、地下の鉱脈からウラン酸化物と他の鉱物の混合物として採掘される。砕鉱場では、鉱石から酸化ウランを溶出させ濃縮させる。水分を除けば、70〜90%の八酸化三ウラン（U_3O_8）を含むイエローケーキ（ウラン精鉱）が得られる。精錬所では、U_3O_8 を硝酸に溶解して得られる硝酸ウラニル溶液を加熱し、脱硝して、三酸化ウラン（UO_3）を作る。UO_3 を粉砕した後、流動床炉などの反応炉中で水素を吹き込んで550〜600℃で反応させ、二酸化ウラン（UO_2）

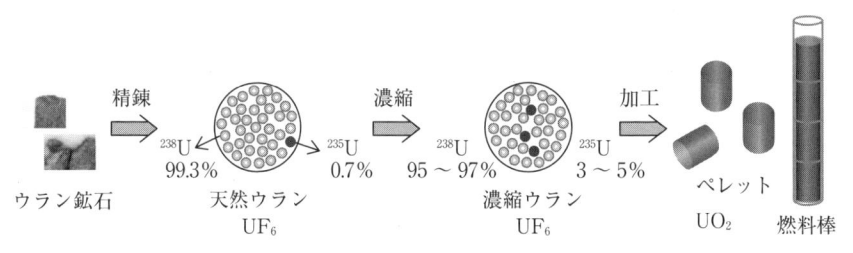

図 3-8-1　ウラン鉱石から燃料棒まで

に還元する。UO_2 を流動床炉などの反応炉でフッ化水素ガス（HF）を吹き込んで反応させると、グリーンソルトとよばれる緑色固体状の四フッ化ウラン（UF_4）が得られる。UF_4 にフッ素（F_2）を反応させて、ガス状の六フッ化ウラン（UF_6）を製造する。次に、ウラン濃縮の作業がある。

図 3-8-1 に示すように、核分裂を起こすことが可能な ^{235}U は、すべてのウラン原子中のわずか 0.7％であり、存在比の約 99.3％をしめる ^{238}U は核分裂を行えない。したがって、天然ウランを濃縮して、^{235}U の濃度を 3 〜 5％まで高める必要がある。現在、実用化されている濃縮方法にはガス拡散法と遠心分離法があるが、日本原燃六カ所ウラン濃縮工場では 1 回あたりの濃縮の割合が大きい遠心分離法を導入している。遠心分離法では、高速で回転する筒の中にガス状の六フッ化ウランを注入し、質量の大きい ^{238}U は外側に押しやられ、中心部には質量の小さい ^{235}U の割合が多くなる。この ^{235}U がわずかに増えた部分を取り出す作業を何回も繰り返すことにより、^{235}U の濃度を高め、濃縮されたガス状の UF_6 が作られる。濃縮ウラン UF_6 は化学処理されて、粉末状の二酸化ウラン（UO_2）へ再転換され、直径約 1 センチ、高さ約 1 センチの小さな円柱状のペレットに焼き固め、細長いジルコニウム製被覆管の中に詰めて燃料棒をつくる。燃料棒を束ねて、原子力発電所の燃料となる燃料集合体をつくる。鉱山では、放射性の選鉱屑やラドンガス（Rn）による被曝の危険性がある。砕鉱場では、機械的粉砕により、ウラン、トリウム（Th）を含む塵が生じ、被曝を低減するには空気浄化装置が必要である。精錬所では、化学反応による放射性液体廃棄物が発生する。濃縮ウラン 1 トンを作るのにウラン鉱石 4,300 トンが必要で、ウラン残土 8 万トンが出るといわれる。また、濃縮過程で 5 トンの劣化ウラン（^{235}U が 0.7％以下）が発生する。劣化ウラン弾はアフガン戦争で使用されてから、帰還兵の放射線被曝による障害が問題化した。

2）使用済み燃料に関わる問題

原子炉で使用された使用済み燃料は、水中で数ヵ月蓄えられ放射能が減少してから溶解される。そして、使用済み燃料は、未分裂のウランと新たに生成したプルトニウム（Pu）を分離し、残りの核分裂生成物を廃棄物として処分する再処理という工程に入る。Pu の生成については次の（2）で述べる。日本はこれまで再処理をフランスなどに委託し、2003 年時点で 40 トンのプルトニウムを貯めた

といわれる。プルトニウムは、わずか4kg程あれば原爆が造れる軍事物質である。軍事的緊張を避けるために余剰プルトニウムを持たないという国際公約を守るには、プルトニウムを消費する必要がある。そのひとつが、回収されたプルトニウムをウランと混ぜて原発（軽水炉）で利用するプルサーマル計画である。この混合物をMOX燃料（モックス燃料　混合酸化物燃料）というが、福島第一原発の第3号炉はプルサーマルであった。プルサーマルの危険性は、プルトニウムは吸い込むと1gで約50万人を肺ガンにできるといわれる猛毒性をもつこと、再処理後の高レベル廃棄物の処理の目処が立っていないことが挙げられる。また、原発一炉に入れられるプルトニウム量は約200kgにすぎないから、再処理により増えるばかりの余剰プルトニウムがプルサーマルで吐けるはずはなく、再処理を見直すしかないといわれる。しかし、プルトニウムを増やさないためには、プルトニウムを作らないことが基本であることは論を待たない。したがって、根本的には原発を止めるしかない。

（2）連鎖反応と臨界
1）核分裂

原子核を中性子で衝撃すると原子核変換がよく生じる。そこで、ウランに中性子を当てて原子番号92以上の超ウラン元素を作ろうと研究した。1938年頃、生成物中にバリウムやクリプトンなどの原子番号の低い元素ができた。まもなく、これらの元素は^{235}Uの原子核が大きく2つに割れて生じることが明らかになった。このような反応は様々に起こるが、上の例は次のようになる。

$$^{235}_{92}U + ^{1}_{0}n \rightarrow ^{144}_{56}Ba + ^{89}_{36}Kr + 3^{1}_{0}n \quad \cdots\cdots (1)$$

ここで、質量数と電荷数は保存されるが、わずかな質量減少が生じ、それがp152の式（1）によって約200MeVのエネルギー発生となり、同時に2～3個の中性子が放出される。もし1gのウランがエネルギーに変換されると、8.4×10^{10}Jのエネルギー発生があり、石炭3トンの燃焼熱に相当する。このような反応は核分裂とよばれ、普通の核反応の場合よりも発生するエネルギーは大きい。図3-8-2に核分裂のイメージ図を示す。

核分裂をしない$^{238}_{92}$Uは、中性子を捕獲するとウラン239（$^{239}_{92}$U）となり、それがβ崩壊してネプツニウム239（$^{239}_{93}$Np）になり、更にそれがβ崩壊してプルト

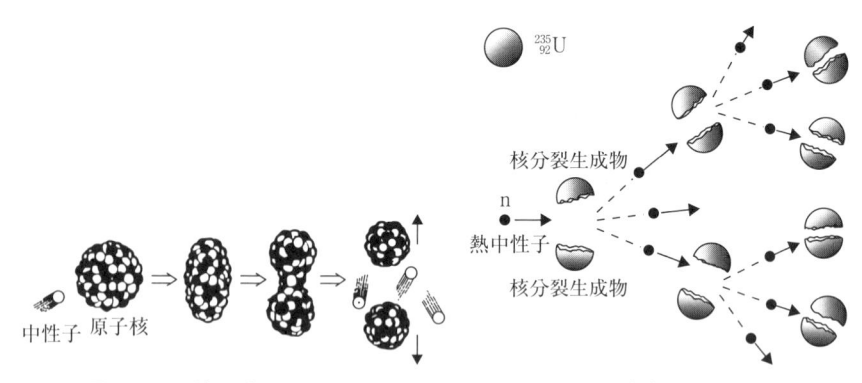

図 3-8-2　核分裂のイメージ図　　図 3-8-3　に連鎖反応のイメージ図

ニウム239（$^{239}_{94}$Pu）ができる[63]。原子炉内では他のプルトニウム同位体も多数できる。$^{239}_{94}$Pu は $^{235}_{92}$U と同様に核分裂性をもち、原爆や原子炉に使うことができる。原発運転により、地上で処理できない40トンの余剰 $^{239}_{94}$Pu が蓄積されている。

2）連鎖反応

核分裂の際に放出される中性子のうち、少なくとも1個が次の核分裂を引き起こすならば、この反応は次々と起こることになる。このように、引き続いて起こる反応を連鎖反応とよぶ。連鎖反応を引き起こす中性子は、およそ 2.0×10^3 m/s 程度の熱運動の速さくらいであり、熱中性子とよばれる。図3-8-3に連鎖反応のイメージ図を示す。核分裂生成物は放射性元素であり、福島第1原発事故でばらまかれた ^{137}Cs や ^{90}Sr も、原子炉内で生じた核分裂生成物である。連鎖反応を起こすとき、発生する大きなエネルギーを用いたものが原子爆弾や原子力発電の原子炉である。人類最初の自己継続的連鎖反応は、原爆開発のために、1942年12月2日にシカゴ大学の体育館の地下で秘密裏に行われた。シカゴ大学の装置は、世界第一号の原子炉である。

3）臨界量

核分裂の際、ウランの量が少ない場合には連鎖反応は起こらないか短時間で終息する。しかし、ウランの量がある一定の量を超えると、中性子の吸収数と放出数が釣り合って連鎖反応が持続する。この状態を臨界という。一般に、連鎖反応が起こるためには、ある量以上のウランが1個所に集まっていなければならな

い。この連鎖反応をおこすウランの最小量を臨界量という。一般に、ウランの臨界では、入射する中性子のエネルギーが高い場合は原子核が中性子を捕獲しないため、臨界量は大きくなる。例えば水は中性子を減速させるが、減速して熱中性子になると原子核に捕獲されて核分裂が始まるため、一般に水溶液の場合は臨界量が少なくなる。臨界量は20%の濃縮ウランで、約20kgといわれる。

（3）原発と原爆
1）沸騰水型軽水炉と加圧水型軽水炉

炉の冷却に水（軽水）を使う原子炉を軽水炉とよぶ。沸騰水型軽水炉は、原子炉の中の冷却水を沸騰させて水蒸気とし、それをパイプでタービンに導く（図3-8-4）。水蒸気の熱エネルギーの一部が、タービンを回す力学的エネルギーに変化し発電する。失った熱エネルギーの分だけ冷えた水蒸気は、復水器に入ってさらに冷却され凝結して水にもどる。その水は、再び原子炉に戻る。構造は単純であるが、炉水（汚染水）がタービンに接するため、事故が起これば深刻な状況となる。福島第1原発はすべて沸騰水型軽水炉である。復水器には、海水を循環させて放熱している（二次冷却系）。

加圧水型軽水炉は、原子炉内を高圧にして水の沸点を100℃よりも高め、水を

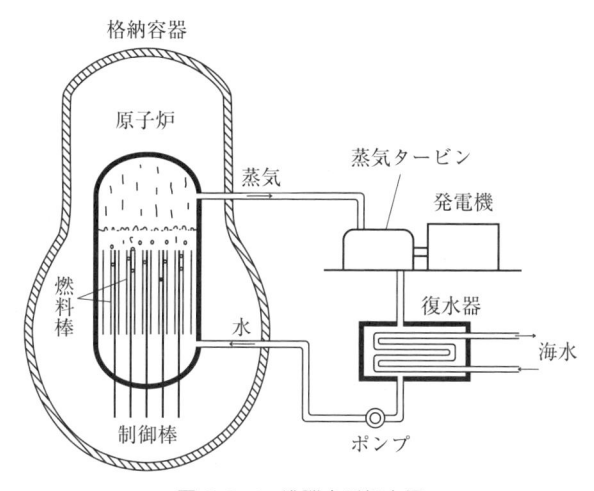

図3-8-4　沸騰水型軽水炉

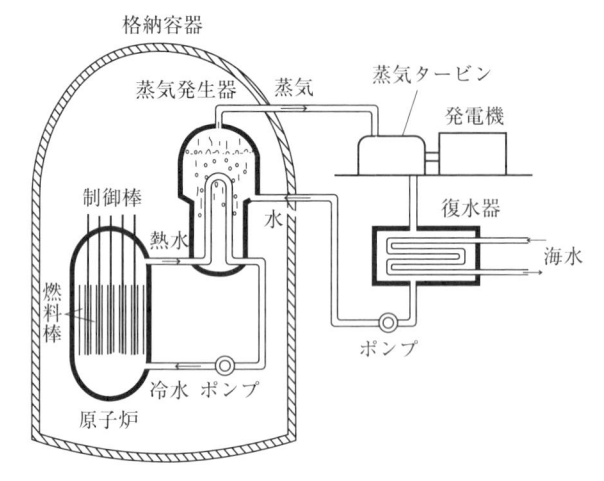

図3-8-5　加圧水型軽水炉

　高温の液体にしたまま、蒸気発生器に導く（図3-8-5）。蒸気発生器を循環する水は沸騰して水蒸気を作り、タービンを回す。水蒸気は冷えて水に戻り蒸気発生器へ再び入る。蒸気発生器が原子炉内にあるため構造は複雑になるが、汚染水がタービンに接することはない。絶えず循環する水は、中性子を減速し、蒸気発生器との熱交換により熱を除去する役目をはたしている。制御棒は中性子吸収性能のよいカドミウムまたはホウ素鋼製で、連鎖反応を制御する。制御棒が引き抜かれると、原子炉（圧力容器）内で生ずる連鎖反応の度合いは増大する。制御棒が完全に挿入されると中性子を吸収し、連鎖反応を止める。

　沸騰水型軽水炉の110万kW級では、圧力容器は直径7メートル、高さ20メートル、重量700トン程になるといわれる。福島第1原発4号機用圧力容器は、最終熱処理後の容器断面が円形からひずみ、それは法規が許容するレベルを逸脱していた。その後極秘に行われたジャッキ整形後、1974年頃に東京電力に引き渡され運転されていた[64]。1988年になって、4号機の安全性を懸念する新聞記事が流れた[65]。図3-8-4、3-8-5は文献64)より引用した。

2）原子爆弾

　広島原爆はリトルボーイ（little Boy）と名付けられ、高濃縮ウランを材料にして作られた砲身型原爆である。図3-8-6に、その概念図を示す[66]。原子爆弾

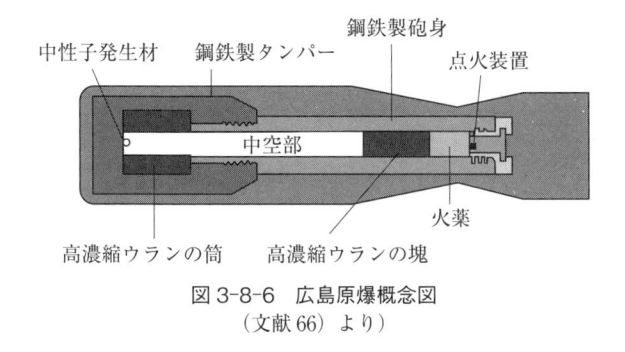

図 3-8-6　広島原爆概念図
（文献 66）より）

の内部には、純度 90%以上の 2 つ以上の（$^{235}_{92}$U のような）核分裂物質塊が、爆発の瞬間まである距離を隔てて配置されている。次に、これらの塊は、臨界質量を超えるようにすみやかに合体される。また、これらの塊は、$^{235}_{92}$U 原子核から出た中性子が他の原子核に最大の効率で入り得るように配置され、爆発力が蓄積されるのに十分な時間だけ一緒にされている。

原発と原爆を比較した場合、原子炉では燃料はわずかに 3～5%の $^{235}_{92}$U であり、燃料棒の形態もまったく異なっている。連鎖反応の制御が不可能になって、熱で炉心溶融が生じたとしても、燃料を一塊にするような力は存在しないとされている[67]。しかし、核爆発は起こらないまでも、JCO 事故のような再臨界が生じ、炉内の圧力が高まって水素爆発のような現象が起きる。

2. 放射能と人体影響

（1）福島第 1 原発事故の経緯

日本近海の三陸沖で 2011 年 3 月 11 日 14 時 46 分に発生した東北地方太平洋沖地震で、原発のある大熊町は震度 6 強の揺れになった。点検中の 4 号機、定期検査中の 5・6 号機を除く 1～3 号機は、制御棒が上がり緊急停止した。この地震による土砂崩れで、原発に電力を供給していた 6 系統の送電線のうちの鉄塔 1 基が倒壊し、5 号機・6 号機が外部電源を喪失した。1～4 号機も、送電線の断線やショート、関連設備故障により、外部電源を喪失した。外部電源が失われたため、一旦は非常用電源であるディーゼル発電機が起動し切り替わった。しかしその後の津波は低い防波堤を越え、施設を大きく破壊し地下室や立坑にも浸水し

写真 3-8-1　水素爆発後の 1 号機 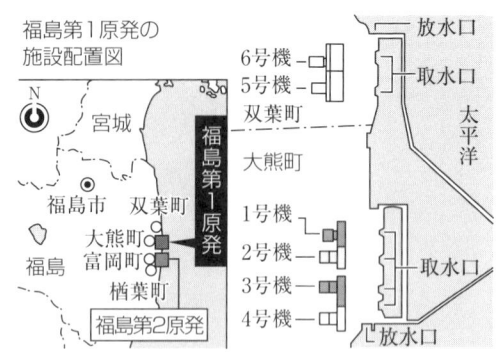　　図 3-8-7　福島第 1 原発配置図

た。地下にあった 1 〜 6 号機の非常用電源が水没し、二次冷却系海水ポンプや、燃料のオイルタンクも流失したため、各プラントは全交流電源喪失（ブラックアウト）に陥った。この最初の数日間で、全電源を喪失し冷却機能を失ったことで、1 〜 3 号機すべて炉心溶融に至った。さらに一部では、圧力容器の底が抜ける炉心貫通（メルトスルー）も起きた。

図 3-8-7 に福島第 1 原発配置図を示す。一般に、炉心内部の放射性物質は、原子炉が停止して連鎖反応が起こらない場合でも、放射性崩壊の過程で放出される放射線が周囲の物質を加熱する。これを、崩壊熱（decay heat）とよぶ。連鎖反応停止 1 秒後で運転出力の 7% の崩壊熱が新たに生じ、時間の 0.2 乗に比例して減少しながら 1 日後でも 0.6% の崩壊熱が発生する。崩壊熱をそのまま放置すると炉心溶融が起こり、同時に高温の水蒸気が発生する。燃料被覆管が 1,000℃ を超える高温になると、冷却水や水蒸気が高温のジルコニウム合金に接触して還元反応が起こり、酸素が奪われて水素が発生する。

$$Zr + 2H_2O \rightarrow ZrO_2 + 2H_2 \quad \cdots\cdots (2)$$

水蒸気と水素の混合気体が溜まって爆発した場合、炉心を囲んでいる圧力容器を破損し、格納容器の外壁も破壊される。福島第 1 原発事故では、各号機で水素爆発が次々と起こり、77 万テラベクレル（TBq）の放射性物質がばらまかれた。水素爆発で、1 号機と 3 号機の原子炉建屋が吹き飛んだ（写真 3-8-1）。

1 号機：水素爆発、3 月 12 日 15 時 36 分頃。

3 号機：水素爆発、3 月 14 日 11 時 1 分頃。

2号機：水素爆発、3月15日6時頃。

4号機：水素爆発、3月15日6時頃、その後2回の火災。

（2） 放射線と人体影響
1） 確定的影響と確率的影響

　放射線の影響は、確定的影響と確率的影響に分類される。放射線の影響をはっきりと観察できるのは、高線量の被曝に関するものである。8グレイ（Gy）の線量では、被曝した人は治療を受けても助からないことが知られている。4Gyの線量では、治療を受けなければ被曝者の50％が死亡する。2Gyではめまいや疲労感が現れ、1Gyでは被爆者の半数にこれらの症状が現れる。250mGyの被曝は血液検査で探知できる[68]。確定的影響とは、以上のようなある限界線量（しきい値）以上で比較的早期に（数カ月以内）症状が現れる放射線影響である。代表的な症状としきい値は表3-8-1のようである[69]。慢性被曝の線量は、1年間の被曝量で表されている。卵巣は慢性被曝のしきい値が低い。確定的影響には、その他にも造血組織障害や晩発性の白血病なども含まれる。

　一方、各種の放射線による発ガンと、子孫に影響が現れる遺伝的影響は確定的影響で見られるようなしきい値はないと考えられている。これらを確率的影響とよぶ。確率的影響の特徴は2つある。

① 線量が高いほど、発症する確率が高くなる。LNTモデル（Linear Non-Threshold）では、線量と影響とは比例する。

② 発症してしまうと、症状の重さは線量に関係がない。

　白血病は被曝後数年で発症がはじまるが、甲状腺ガンや乳ガンなどの固形ガンの場合は、被爆してから10年以上して発症してくる。ところが、もし自分の身

表3-8-1　代表的な症状としきい値

臓器・組織	影　響	急性被曝	慢性被曝
胎児	奇形発生	100mGy	－
胎児	重度精神発達遅延	120〜200 mGy	－
精巣	一時的不妊	150 mGy	400 mGy/year
精巣	永久的不妊	3.5〜6Gy	2.0Gy/year
卵巣	永久的不妊	2.5〜6Gy	200mGy/year

体に異変が見いだされたとしても、生活環境において数多くの化学薬品が使用されていることなどから、異変を放射線のみの原因に帰することは極めて難しい。しかし、その難しさにこそ、放射線の本当の恐怖があるといえよう。

2） 放射線の人体影響のメカニズム

第2章第3節でも書いたように、放射線の怖さはエネルギーではなく、人体への作用の仕方にある。現在のところ、放射線の人体影響のターゲットはDNAであり、DNAにできた損傷が、人体影響の重要な要因になると主に考えられている。損傷の過程は純粋に物理・化学的過程であり、直接効果①と間接効果②に分類される。これを図3-8-8に示す。

① DNAに直接放射線があたって損傷ができる。
② DNAの周りの水や生体物質に放射線がエネルギーを与えて、化学的エネルギーの高いラジカル類ができ、これがDNAを攻撃する。

ここで人体が有しているDNAの修復機能がうまく働かなかったり、修復時にミスが起きた場合、DNAの変化（突然変異）が起きたり、細胞死という細胞レベルの影響が現れる。一度に100mSv以上を受けると、修復能力が追いつかなくなるともいわれる。確率的影響の放射線ガンは、一つの異常な細胞ができ、これが増殖することによって引き起こされる。異常な細胞ができるには、DNA突然変異などの重要な傷が蓄積するまでに長い時間がかかると考えられる。したがって、放射線被曝からガンになるまでの期間が長いと考えられている。

3） 生物学的効果比 RBE (Relative Biological Effectiveness)

RBEは、各種の放射線が被照射体に吸収され電離をおこさせるとき、相対的な能力を考慮して決められる数値である。RBEは、線量率や生物効果の種類、生物効果のエンドポイントにより変化する値であり、定数ではない。したがっ

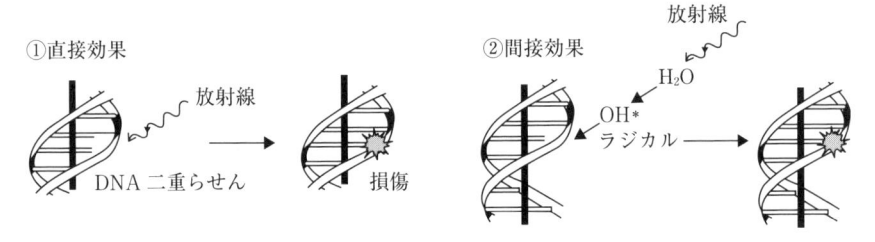

図 3-8-8 DNA 損傷の直接効果と間接効果

て、防護施策上は、それぞれの放射線が有する RBE 値の最大値に近い値を用い い、その値を線質による生物作用の違いを表すために用いる。これを放射線荷重 係数（WR）とよぶ。WR 値は、γ 線と β 線（β 粒子）では 1、α 線（α 粒子）や 核分裂でできる重い原子核では 20 と決められている。中性子の WR 値は、その エネルギーにより 5〜20 の範囲にある。吸収線量［Gy］の線量当量［Sv］へ の単位の換算は、WR を用いて次のように行う。

$$Sv = Gy \times WR \quad \cdots\cdots (3)$$

式（3）では、1Gy の吸収線量でも、γ 線と β 線なら 1Sv、α 線なら線量当量は 20Sv になり、α 線被曝はより大きな生物的損傷を与えることを意味している。

3. 放射能汚染の生活科学的アプローチⅠ
―福島原発事故による定時降下物データから見る土壌汚染の評価―

（1）データに見る都道府県別土壌汚染レベル
1）文部科学省の定時降下物データから

各自治体では、毎日 24 時間降水採取装置によりサンプルを採取し、ゲルマニ ウム半導体核種分析装置を用いて核種分析調査を行っている。検出限界は自治体 によって異なるが、降雨のない場合、放射性ヨウ素、放射性セシウムとも、最 も検出下限値の高いところで約 10MBq/km^2 である。ここで、1MBq/km^2 は 1Bq/m^2 である。文部科学省では、放射性降下物の放射能値について、定期的 に 1 日に 1 回行われる各都道府県等からの報告に基づき、環境放射能水準調査 結果（定時降下物）がまとめられる[70]。図 3-8-9 は、文部科学省が発表した都 道府県別定時降下物調査結果における ^{137}Cs、^{134}Cs の降下量で、2011 年 3 月・4 月・5 月の合計値を、都道府県ごとに表示している。図 3-8-9 で各都道府県の値 は測定地点での値であり、自治体エリア全体の値ではないことに注意する必要が ある。しかし、100MBq/km^2 超の都道府県の色塗りにより、定時降下物の移動 や蓄積の特徴を知ることができる。放射性物質は土壌だけでなく森林、家屋など にも降下するが、定時降下物のデータは土壌汚染の指標として考えることもでき る。図 3-8-9 から、次の 2 つの特徴が見て取れる。

① 山形、茨城・千葉、栃木・群馬・埼玉・東京の汚染レベルが高いことから、 放射能を含む大気は主として北西、南南西、南西に向かい、汚染は原発を

170

図 3-8-9　^{137}Cs、^{134}Cs の都道府県別降下量
（定時降下物のモニタリング、単位 MBq/km^2）
（2011 年 3 月 18 日〜5 月中　文部科学省）
(http://savechild.net/wp-content/uploads/2011/10/big.gif をもとに作成)

北海道 16.4
青森 137.5
秋田 338.9
岩手 2973
山形 22502
宮城 測定不能
福島 測定中
福島第1原発 (310000)
群馬 10320
栃木 14190
茨城 40660
埼玉 12480
東京 17318
千葉 10995
山梨 4088
神奈川 7750
新潟 84.5
長野 2192
富山 32.1
石川 25
福井 62.1
岐阜 27.2
静岡 1286
愛知 17.5
滋賀 13.4
京都 14.8
大阪 18.3
奈良 1.4
三重 17.5
和歌山 19.1
兵庫 17.2
鳥取 20.7
島根 9.5
岡山 8.9
広島 8.4
山口 4.7
香川 11.1
徳島 16.4
愛媛 13.3
高知 72.8
福岡 1.6
大分 0.6
長崎 1.4
佐賀 3.1
熊本 0.2
宮崎 9.9
鹿児島 1.5
沖縄 8.9

中心とする同心円状ではない（後述の図3-8-10からもうかがえる）。

②　富山・岐阜・愛知のラインの東西で、汚染のレベルが2桁違う。
　　例）静岡1,286、愛知17.5……など。

そして、データの信頼性に関する問題点が2点挙げられる。

③　4回の水素爆発前後、最も強い放出があったと考えられる、事故当日3/11～3/17のデータが見あたらない（または公表されてない）。

④　6月の段階でも、福島・宮城のデータが測定中あるいは計測不能ということで存在しない（または公表されてない）。

2）定時降下物データのない福島県の評価

　文部科学省、米国エネルギー省共同による航空機モニタリング結果を用いて、データのない福島の土壌汚染を再現した[71]。文献71）の写真から切り取って、福島の汚染状況を図3-8-10に示す。図では、汚染レベルが、1万 Bq/m^2 以下から300万 Bq/m^2 以上までの9段階に設定されている。各段階別の面積に関する数値データを探したが、見あたらなかった。

　そこで、各面積を次のような原始的方法で求めた。

①　グラフ用紙に地図を写し取って、それを拡大コピーする。

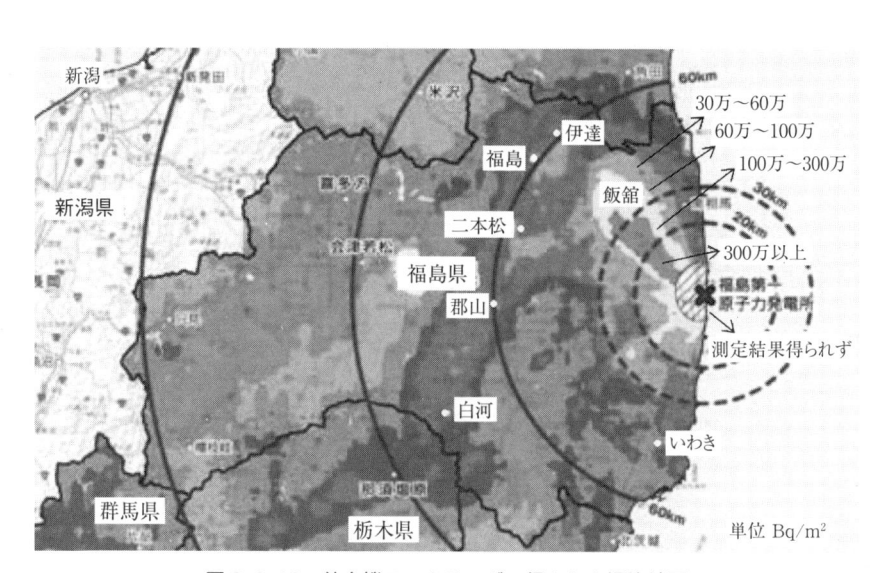

図3-8-10　航空機モニタリングで得られた汚染地図

② 汚染の段階別に切り抜き、各段階の質量を電子天秤で測定する。
③ 福島県の面積値から、各段階の質量を面積に換算する。
④ 各段階の面積に汚染レベルの代表値を乗じて、各段階の汚染量を求める。

その際、次の2つの問題が生じた。

(1) 原発周辺から北西に細長く伸びる、最も汚染の強いエリアが300万 Bq/m^{2}以上となっており、値が明記されていなかった。

(2) 原発近辺の円形領域（恐らく半径10kmくらいか？）が、「測定結果が得られていない範囲」となっている。

5月8日の東京電力原子力発電所・事故対策統合本部による共同会見では、同様の地図において、(1) に相当するエリアの説明が300～3,000万 Bq/m^2 と説明されている。したがって、(1) のエリアは300万 Bq/m^2 ではすまされない。数値の範囲が広いこともあり、ここでは試行的に1,000万 Bq/m^2 とした。次に、測定結果が得られていない (2) のエリアについては、周辺の分布から外挿して汚染レベル別面積を求めた。ちなみに、航空機モニタリングにおいて、何故このような円形の「測定結果が得られない範囲」が存在するのか解せない。汚染レベル別の面積を表3-8-2に示す。

各汚染レベルの代表値と面積の積 $R_i \cdot S_i$ を、すべてのレベルで加え合わせて汚染総量を出し、それを福島県全面積で割ると次のようになった。

$$\Sigma R_i \cdot S_i = 4.3 \times 10^9 \text{ Bq}$$

表3-8-2 汚染レベル別の面積（1Bq/m^2＝1MBq/km^2）

汚染レベル [Bq/m^2]	代表値 R_i [Bq/m^2]	面積 S_i [km^2]
300万～(3000万)	1,000	209
100万～300万	200	418
60万～100万	80	261
30万～60万	45	783
10万～30万	20	2,401
6万～10万	8	1,723
3万～6万	4.5	2,871
1万～3万	2	3,498
1万以下	0.5	1,618
福島県全面積 S_t		13,782

$$\Sigma R_i \cdot S_i / S_t = 3.1 \times 10^5 \text{ Bq/m}^2 \quad \cdots\cdots \text{ (4)}$$

福島県全体の汚染総量は 4.3×10^6 GBq になり、その平均表面土壌汚染量は、31万 Bq/m^2 に達する。この値を図3-8-9に、（　）付きで入れた。福島県の平均表面土壌汚染量は、1986年のチェルノブイリ原発事故で強制移住の対象になった55.5万 Bq/m^2 に迫る値である。汚染レベル30〜60万の面積の半分が55.5万 Bq/m^2 を超えたとして見積もると、それは福島県全面積 13,782km^2 の9.3%（1,279km^2）になる。表面汚染量31万 Bq/m^2 は、1kgあたりに換算すると6,200Bq/kgになる。これは、土壌密度を1g/cm^3、土壌表面から5cmの範囲に放射性物質が存在すると仮定して計算すると、広さ1m^2 で厚さ5cmの土壌は50kgになるからである。土壌表面から何cmの範囲に放射性物質があるかは、土壌の性質（粘土質か砂が多いかなど）によって5〜15cmという幅がある。

$$310000 \text{ Bq/m}^2 \div 50 \text{ kg/m}^2 = 6200 \text{ Bq/kg}$$

（2）米の汚染量の推定

2011年度は、稲の作付制限は土壌汚染5,000Bq/kgまでが許可された。土壌中の放射性セシウムは、その何割かは根から吸収され稲へ移行していく。放射性物質に汚染された土壌で農作物を育てた場合、水分や養分を吸い上げる際に農作物に放射性物質が移行する。土壌中の放射能がどれだけ農作物に移行するかを表わすために、作物中の放射性物質の濃度を土壌中の放射性物質の濃度で割った移行係数が用いられる。また、移行係数は土壌の性質や気候条件、作物の種類、生育状況によって異なるとされている。土壌から稲への移行係数は最大で0.1であると考えると、

$$5000 \times 0.1 = 500 \text{ Bq/kg}$$

となるため、米の暫定基準値500Bq/kgを10倍して稲の作付制限について5,000Bq/kgという数値が導き出された。日本土壌肥料学会によれば、稲全体の中で玄米のセシウム比率は最大0.3である[72]。よって、計算上は、

$$\text{玄米に含まれる放射性 Cs} = 0.3 \times 500 \text{ Bq/kg} = 150 \text{ Bq/kg}$$

となる。したがって、政府や福島県は、玄米を検査すれば500Bq/kg以内に収まると考えていたのではなかろうか。しかし、福島県は9月23日、一般米の放射性セシウムの予備検査で、二本松市小浜地区産の「ひとめぼれ」から国の暫定

図 3-8-11　セシウムの移行　　　　図 3-8-12　魚の汚染

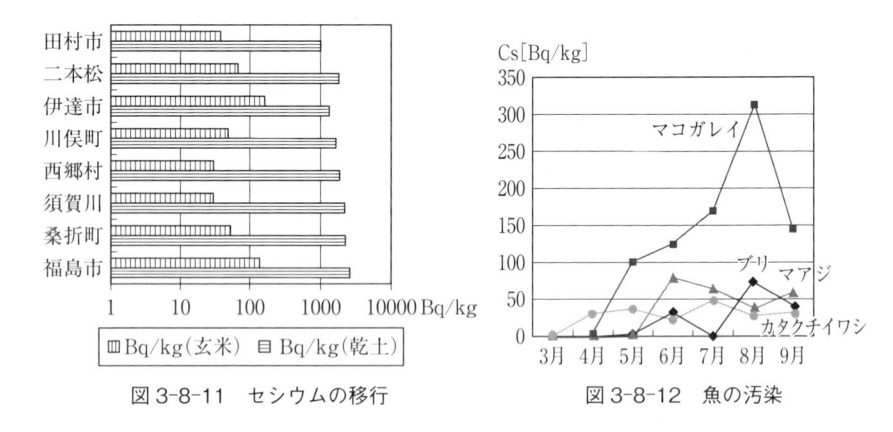

規制値と同じ 500Bq/kg の放射性セシウムが検出されたと発表した。

本節（1）で導いた、平均的な土壌汚染量である 6,200Bq/kg から見積もると、稲の汚染量は、6,200 に 0.1 を乗じて 620Bq/kg となり暫定規制値を超える。玄米では、

$$\text{玄米に含まれる放射性 Cs} = 0.3 \times 620 \text{ Bq/kg} = 186 \text{ Bq/kg}$$

となる。玄米を精米する際に、玄米の表面が削り取られ、放射性物質の量が減る。同学会によると、白米に残る比率は最大 0.4 ということであり、186 に 0.4 を乗じて 74Bq/kg となる。したがって、平均的に見た場合、白米で 74Bq/kg 程度の汚染は避けられないと考えられる。

ホームページ「ふくしま新発売」には、魚、肉類、穀類、野菜などすべての食物の汚染量データが示されている[73]。これをもとに、創価大学教育学部桐山ゼミの卒業研究では、穀類、キノコ・野菜の汚染量と土壌汚染の関係および魚の汚染の生物濃縮による予測を探究している。

9〜10 月にかけての米の本調査では、土壌から玄米へのセシウムの移行は 10%未満であった（図 3-8-11）[74]。キノコの調査では、9 月にとれたハツタケでは全体的に暫定基準値をはるかに超える汚染度であった（1,800〜20,000Bq/kg）。一方、チチタケでは原発からの方位によって汚染度が異なるという傾向が見られる[75]。また、海洋魚類の汚染量の経月変化を追いながら、食物連鎖をもとに魚類の汚染の進行を調べようとしている（図 3-8-12）[76]。

（3）茶葉の汚染と土壌汚染

　神奈川県南足柄市で収穫した新茶の生葉から、食品衛生法上の暫定規制値 500Bq/kg を上回る放射性セシウムが検出された。県によると、9 日に採取した茶葉を 2 回検査、それぞれ 550Bq/kg と 570Bq/kg の放射性セシウムを検出した。県は 5 月 11 日、市と出荷元の JA かながわ西湘に出荷の自粛を要請している。当初は、根から吸い上げたものではないかと考えられていた。しかし、土壌中の放射性セシウム濃度は、畝間で 260Bq/kg 以下、株元で 40Bq/kg 以下と低く、土壌からの吸収は考えられないなどの理由から、生葉（新芽）で検出された放射性セシウムは、土壌中から吸収されたものではなく、古葉に付着したものが葉面から吸収され、新芽に移動したものと推定されている[77]。

（4）生活者の視点から

　生活者が買うスーパーマーケットでは、産地が明記されない食材、加工食品が多く見られる。これらの食品は、3 月 17 日に急遽決められた暫定基準値以上の放射性物質を含んでいる可能性が否定できない。また、産地が明記された食材、加工食品であっても、暫定基準値以下で流通していると期待されているが、サンプル調査である以上、その確実な証拠はない。また、暫定基準値そのものも批判的検討に値する。暫定基準値は、外部被曝と内部被曝の合計が被曝上限を超えないようにそれぞれの上限を定めてから、内部被曝について食品別・核種別の上限を設定し、その上限を守るために、食品の汚染がどこまで許容できるかを年齢別に計算して決めている[78]。^{89}Sr、^{90}Sr、^{134}Cs、^{137}Cs という 4 種類の放射性物質に配分された、安全とされる 5mSv/year を、飲料水、牛乳・乳製品、野菜類、穀類、肉・卵・魚介類の 5 品目にそれぞれ 1mSv ずつ割り当てる。半減期の異なる 4 種の比率は、チェルノブイリの降下物の分析結果から与える。結果、放射性セシウムについて、

　　　飲料水・牛乳：200 Bq/kg　　野菜類・肉：500 Bq/kg

であれば、4 種類の放射性物質が 1 年間取り込まれた場合、トータルで 5mSv 以内に収まるという計算になるらしい。これには預託実効線量[79] という考え方を用いている。このモデルは、現状の汚染が放射性崩壊によって消えていくだけという状況を仮定しているため、放出が長期化する場合は妥当ではない。したがっ

て、ここで少なくとも、

① ^{89}Sr、^{90}Sr、^{134}Cs、^{137}Cs の4種類に配分された5mSv/yearは、本当に安全なのか。他の核種についてはどうなのか。
② 福島第一原発からの放射性物質の放出は、今どうなっているのか。

を議論しなければならないことが理解されよう。ところで、国際法では原発の排水基準値は^{137}Csで90Bq/kgとなっている。3月17日以降は、日本では原発排水の2倍以上の基準値の水を飲むことになった。

これまでに見たように、食物汚染は土壌汚染と連動している。したがって、図3-8-9は、内部被曝のリスクを避けるため、放射性物質に汚染されていない産地の農産物を選択・判断する際の一つの参考にはなるだろう。また、全国的であり流通網が複雑な動物性食品、加工食品の放射能汚染状況は未知であるが、決してよい方向ではないはずで、国民（特に関東・東北の国民）は内部被曝のリスクに曝されているのではなかろうか。我々生活者には、店頭にならぶ食品について放射能汚染の情報がまったく示されない。効果的な情報提供の仕方を工夫し、それを明示して実行するのが国と東京電力の道義的責任である。情報があれば大人や子どもが、汚染量を見ながら購入すべきかすべきでないかを選択できるので、風評被害など起こりようがない。3・11以降、衣食住をはじめとして、生活全般において自分の身の安全を自分で守る時代になってしまった。

4. 子どもの鼻血は福島原発事故による被曝が原因か？

福島の子ども達に、大量の鼻血、下痢、倦怠感が起きているという報道にふれ、症状と放射性物質の関連を考察した。

（1）放射性セシウム吸入による内部被曝の評価
1）福島県における放射性セシウムの平均的吸引量

事故当日3/11～3/17の定時降下物データが見あたらないため、平均表面土壌汚染量31万Bq/m^{2}から放射性セシウムの平均的吸引量を見積もる。ここでは簡単のため、事故当日から図3-8-10のデータが取られた9月14～18日までの約180日間にわたり、平均的に汚染が蓄積したと考える。図3-8-13のように、放射性セシウムを含むダストP_a[Bq/m^2]が、土壌に沈着する速度をv[m/s]と

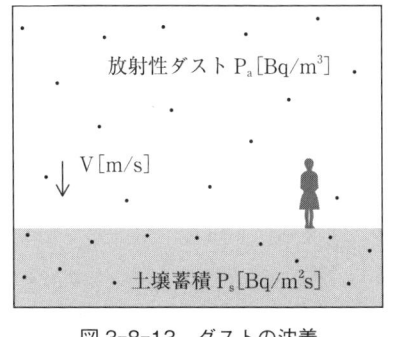

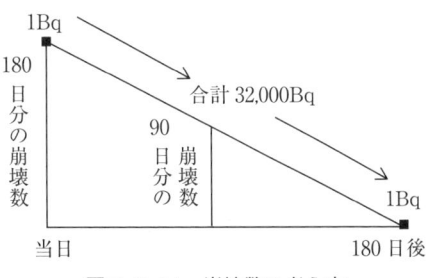

図 3-8-13 ダストの沈着　　　　図 3-8-14 崩壊数の考え方

する。土壌汚染の速度を $P_s[Bq/m^2s]$ とすると、

$P_a = P_s/v$ ……（5）

ここで、京大原子炉実験所の今中の資料によれば、希ガスと無機ヨウ素以外の放射性物質を含む放射能の沈着速度の値については、$2×10^{-3}$ m/s が用いられている[80]。今中先生の沈着速度の値から、1秒あたりの表面汚染量 P_s を 180 日分加算すれば、31 万 Bq/m^2 になると考える。これより、

$P_s = 3.1×10^5/(180×24×3600) = 1.9×10^{-2}$ Bq/m^3s

$P_a = P_s/v = 1.9×10^{-2}/(2×10^{-3}) = 9.5$ Bq/m^3 ……（6）

となり、1立方メートルあたり約 10Bq のダストになる。文献 80) では、毎秒の呼吸数は 0.22 リットル（$2.2×10^{-4}m^3$）が用いられる。子どもの呼吸数はこれより少し小さいが、ここでは $2.2×10^{-4}m^3$ を用いる。180 日間の呼吸量は、

$2.2×10^{-4}×(180×24×3600) = 3.4×10^3 m^3$

になる。したがって、180 日間の放射性セシウムの蓄積量 P は、180 日間の呼吸量と式（6）の P_a を乗じて求められる。

$P = 3.4×10^3 × 9.5 = 3.2×10^4$ Bq ……（7）

となり、約3万 Bq のダストを吸い込んだことになる。

2）吸入による預託実効線量の計算

預託実効線量とは、放射性物質を取り込んだ後、50 年間の全身被曝線量当量である。放射性物質が体内に摂取され、体内の組織や臓器に沈着した場合、組織や臓器の受ける線量を算出することは容易ではない。そのため、内部被曝の場合、人が摂取した放射性物質の量と人体の組織や臓器が受ける線量の大きさとの関係

表 3-8-3 実効線量係数（一例）

核　種	経口摂取 [Sv/Bq]	吸入摂取 [Sv/Bq]
^{137}Cs	1.3×10^{-8}	3.9×10^{-8}
^{131}I	2.2×10^{-8}	7.4×10^{-9}
^{90}Sr	2.8×10^{-8}	1.6×10^{-7}

から、摂取した放射性物質の量（Bq）を基準にして人の被曝量（Sv）を算出する方法がとられている。国際放射線防護委員会（ICRP）が勧告している実効線量係数の一例を、表 3-8-3 に示す（ICRP Puble72）。例えば、^{137}Cs の場合の内部被曝の評価は、吸入によって摂取した放射性物質の量に、3.9×10^{-8} を乗じることにより、預託実効線量が求められる。経口摂取の場合には、放射性物質の量に 1.3×10^{-8} を乗じる。預託実効線量 P_{in} は、

$$P_{in} = (3.2 \times 10^4 \text{ Bq}) \times (3.9 \times 10^{-8} \text{ Sv/Bq}) = 1.2 \times 10^{-3} \text{ Sv}$$

となり、180 日で約 1.2mSv の被曝になる。この状況が 1 年続くとすれば、空気を吸っているだけで、一般に安全であるとされる 1 年間の総被曝量 1mSv を大きく超える。実際は、これに外部被曝、食物摂取による内部被曝が加わる。預託実効線量は全身の内部被曝の影響を示す指標であるが、吸入された放射性ダストの一部は鼻腔などに沈着し、集中的な被曝を引き起こす可能性がある。

（2） 放射性セシウム吸入による鼻腔内被曝の評価
1） 子どもの体調に異変あり

2011 年 6 月 12 日、NPO 法人「チェルノブイリへのかけはし」が福島県郡山市で医師の無料診察会を開いた。診察に訪れたのは 50 組の親子連れであった。子ども達に、大量の鼻血、下痢、倦怠感が起きているという。東京新聞がこの事象を報道している[81]。郡山市は福島第一原発から 50km 離れているが、3 週間鼻血の止まらない子どもの診察を受けた小児科医師は、白血球の検査をしなければ、即断はできないとしながらも記録を残すことの重要性を指摘している。東京新聞の記事では、現時点では放射線との関係は不明であるとしている。

2） 吸入した放射性セシウムの崩壊数

吸入した放射性セシウムの、180 日間の崩壊数を求める。図 3-8-14 のように、3.2×10^4 Bq のうち当日の最初に吸入した 1Bq は 180 日間にわたり崩壊を続ける。

しかし、180日目の最後に吸入した1Bqは1回だけ崩壊すると考えれば崩壊数にはこれら平均値（＝90日間の崩壊数N）をとればよいと考えられる。

$$N = 3.2 \times 10^4 \times (90 \times 24 \times 3600) = 2.5 \times 10^{11} \text{ 回}$$

文献81)の東京新聞が6月16日付けということで、事故後3ヵ月間で評価すると吸入期間は約90日となる。したがって、崩壊数は上記の値の半分になる。

$$N = 2.5 \times 10^{11}/2 = 1.3 \times 10^{11} \text{ 回} \quad \cdots\cdots \quad (8)$$

3) 鼻腔内の内部被曝評価

一般に、ダストを吸い込むと、その粒径によって鼻腔内の沈着度が異なる。1966年のICRP専門部会のモデルでは、粒径が1μで10%、10μを超えると90%以上が鼻腔で沈着される[82]。ここでは、試験的にダスト粒径が1μ、鼻腔における吸着度が10%であるとして評価する。鼻腔内で放出されたエネルギーをE_{total}とすると、E_{total}は崩壊数と崩壊時のエネルギーの積に沈着度0.1を掛けて求められる。計算を簡単にするため、崩壊時のエネルギーは、^{137}Csのβ線エネルギーを全崩壊の94.6%である0.512MeVと考えて計算する（図2-3-3参照）。第2章第3節で述べたように、1eVは1Vの電圧で電子を加速するときのエネルギーであるから、$1eV = 1.6 \times 10^{-19}$Jである。ここで、電気量$1.6 \times 10^{-19}$Cは電子の電荷の絶対値である。したがって、

$$E_{total} = (1.3 \times 10^{11}) \times (0.512 \times 10^6) \times (1.6 \times 10^{-19}) \times 0.1$$
$$= 1.1 \times 10^{-3} \text{ J} \quad \cdots\cdots \quad (9)$$

が得られる。次に、鼻腔内の被曝面積、被曝部分の質量の評価が必要である。

事故後の放射性ヨウ素^{131}Iの拡散から、鼻腔内の被曝を推測する考察がある。これによれば、鼻腔内の細かいひだの存在を考慮しつつも、その表面積を10cm^{2}と見積もり、β線を吸収する粘膜組織の厚みを約2mmに設定している。また、粘膜組織の密度を水ファントム程度の1.0g/cm^{3}と見積もっている[83]。ここでも、文献83)の値を用いて計算を進める。被曝部分の質量をM[kg]とすると、

$$M = 密度 \times 体積$$
$$= (1.0 \times 10^3) \times (10 \times 10^{-4} \times 2 \times 10^{-3}) = 2 \times 10^{-3} \text{ kg} \quad \cdots\cdots \quad (10)$$

となる。吸収線量E_a[Gy]は、1kg当たりの吸収エネルギーであるから、式(9)、式(10)により、

$$E_a = E_{total}/M = 1.1 \times 10^{-3}/2 \times 10^{-3} \text{ J/kg} = 0.55 \text{ Gy} \quad \cdots\cdots \quad (11)$$

が得られる。β線の放射線荷重係数（WR）は1であるから、式（3）により、線量当量 $E_e[Sv]$ は、

$$E_{Cs} = WR \times E_a = 0.55 \text{ Sv} \quad \cdots\cdots (12)$$

となり、内部被曝は 0.55 Sv である。文献 83) の研究者の値によると、^{131}I による内部被曝 E_I は 0.62Sv であった。これらを加えると、放射性ヨウ素と放射性セシウムによる鼻腔内の内部被曝 $E_{internal}$ が求められる。

$$E_{internal} = E_I + E_{Cs} = 0.62 + 0.55 = 1.17 \text{ Sv} \quad \cdots\cdots (13)$$

預託実効線量は 1.2mSv であるが、鼻腔という局所的な内部被曝は 1Sv を超える値である。

4） 放射線治療の副作用からみた $E_{internal}$ の評価

活発に分裂・増殖するガン細胞を攻撃する放射線治療では、その副作用は分裂が盛んな細胞に現れる。造血組織である骨髄や皮膚、口腔粘膜、消化管粘膜、毛根などは細胞分裂が盛んなため、放射線の影響を受けやすい。文献 83) の研究者は、参考意見としながらも、次のように記している。

> 経験的には頭頸部癌患者の粒子線治療などで、粘膜等の被曝が数 Sv くらいになると、ちょっとしたことでも血痰や鼻血は普通に起こる。

これまでの鼻血に関する数値的考察から、福島の子ども達の大量の鼻血、下痢、倦怠感といった症状は、放射性物質と関連がないとは言えない。

放射線によって骨髄に障害が起こると血小板や白血球が減少し、出血しやすくなる。出血が起こりやすいのは鼻腔、口腔の粘膜、皮下などである。血小板の正常値は1マイクロリットル当たり 12万〜38万個であるが、数が少なくなるほど症状は重くなる[84]。1) で紹介した小児科医師の言うとおり、白血球や血小板の検査をし、記録を残すことが必要であるように思える。

5. 放射能汚染の生活科学的アプローチⅡ—人はどのくらい被曝するか—

ここでは、原発事故の影響によって、日本の自然放射線量 1.25mSv/year（第2章第3節参照）に加えてどのくらい被曝量が増えるかを考えてみる。どの産地の食材を購入するかは個々人で異なるため、内部被曝は個々人でかなり異なると考えられる。まず、関東地方に住む人の一般的な内部被曝量計算の考え方を示

す。一般に、体重1kgあたり水50mlが必要といわれる。下記に、平均的な大人の1日の飲食物摂取量の目安（g表示）を示す。

　　　水分 2.5kg　米 0.5kg　肉・魚・野菜類 0.5kg　　合計 3.5kg

ここで、食材ごとの放射能を列挙することができないので、関東・東北産の食材を使う場合の概算を示す。データがあれば、食材ごとの計算が可能であり、個々人の生活スタイルにそった内部被曝量を計算することができる。本節3では、福島県の土壌汚染データから試算から、白米で平均74Bq/kg程度の汚染は避けられないことを示した。したがって、東北・関東各県の土壌汚染が福島県の約1/10のオーダーである以上、東北・関東産の米では、その1/10程度の汚染は避けられない。2011年7月頃、暫定基準値をはるかに超える2400Bq/kgのセシウム汚染牛肉が関東はじめ日本各地に広がったことは記憶に新しい。米については、9～10月にかけての予備調査・本調査の後、福島県知事の安全宣言が行われた。しかし、2011年11月頃、暫定基準値以上のセシウムに汚染された米が、JAの自主調査で見つかっている。このように、県や国のサンプル検査は、ほんの一部の検査にすぎず、楽にすり抜けることが明白になっている。したがって、暫定基準値以上の食材が市場に出ていない保障は何もない。この考え方をすべての食材に適用すると、1kgあたり10Bq程度という訳にはいかない。ここでは、試験的に1kgあたり30Bq程度であると推定して試算を進める。

　　1日に摂取する汚染量 = 30Bq/kg × 3.5kg = 100Bq
　　1年に摂取する汚染量 = 100Bq × 365 = 36500Bq
　　預託線量 = $36500 \times (1.3 \times 10^{-8} + 1.9 \times 10^{-8}) \div 2$
　　　　　　 $\fallingdotseq 5 \times 10^{-4}$Sv = 0.5mSv　……（14）

ここで、年間の汚染量3万6,500Bqについては、核種比 ^{137}Cs/^{134}Cs を1対1とし、表3-8-3に示した ^{137}Cs の経口摂取の実効線量係数 1.3×10^{-8} と、^{134}Cs の経口摂取の実効線量係数 1.9×10^{-8} を用いた。次に、外部被曝線量を求める。第2章第3節に示したように、一時間値は3・11以前の値 0.036μSv から以降の値 0.08μSv に変化している。変動分は、これらの差とする。

　　外部被曝線量 $\fallingdotseq (0.08 - 0.036) \times 9 \fallingdotseq 0.4$mSv　……（15）

式（14）（15）の和をとって、

　　年間被曝線量 = 0.5 + 0.4 = 0.9mSv　……（16）

この値には、次のものは入っていない。

① ^{131}I の吸入・経口による内部被曝、外部被曝
② ^{1347}Cs、^{137}Cs 以外の ^{90}Sr などによる内部被曝

その理由は、明確なデータが示されていないためである。特に、国が水素爆発後のスピーディ（SPEEDI）による放射能飛散情報を国民（特に福島県民）に知らせなかったのは、半減期の短い ^{131}I による激烈な被曝を見て見ぬ振りをしたのと同じ非人道的行為である。結論として、事故後の被曝については、関東では最低でも約 1mSv の増加ということになる。LNT モデルによる放射線被曝リスク推定では、1 万人の人がそれぞれ 1mSv 被曝すると、その中の 1 人が被曝による白血病ないし固形ガンになる可能性があるとしている。東京都の人口が 1,000 万人なら、新たに 1,000 人にガンが発生することになる。国際放射線防護委員会（ICRP）は、職業被曝限度を 5 年間で 100mSv 以内、1 年間では 50mSv を超えないように勧告し、公衆の 1 年間の被曝限度は 1mSv である。ちなみに、式（16）の値には、①②の影響を加えねばならない。この計算を行うには、専門家がデータを復元するしかない。空間線量率が 1μSv/h を超える原発近郊に住む場合、平均的には式（16）の 10 倍程度ではすまないと考えられる。

6. 核実験と放射能汚染—ソ連の核実験とカザフスタン住民の被曝—

1943 年に、ソビエト連邦共産党書記長であるスターリンが原子力プログラムの開始を命じ、ソビエト連邦の原子爆弾開発が始まった。核物理学者イーゴリ・クルチャトフがプロジェクトの責任者となって進められ、1949 年 8 月 29 日、カザフスタンのセミパラチンスク核実験場で、プルトニウム型原爆 RDS-1 を用いた最初の核実験が行われた。以後、470 回ほどの核実験が行われた。筆者は、広島セミパラチンスクプロジェクト（ヒロセミ）副代表の黒川冨秋氏らとともに、2011 年 8 月 23 〜 31 日まで、カザフスタンを訪れた。セメイ医科大学で行われた学会に参加し、被爆者の聞き取り等に同行した。黒川氏は 4 回目のカザフ訪問である。40 年間に 470 回ほどの核実験が行われた結果、放射能汚染の影響と傷痕は、今も残り続けている。「死の灰」の影響は 120 万人以上ともいわれ、現在でも 30 万人余りの被曝者が、癌、白血病、流産、死産、色々な障害や病気等で苦しんでいる。アルマティから北東へ空路 2 時間、緑深い人口 35 万人のセミパラチンスク市があ

第3章　学校で学ぶエネルギーから生活科学へ　183

写真 3-8-2　クルチャトフ研究所近辺 　　　写真 3-8-3　核実験実行操作パネル

る。8月25日に、セミパラチンスクからマイクロバスで西へ2時間のクルチャトフ研究所を訪れた（写真3-8-2）。その南方には、四国くらいの広さを有する核実験場（ポリゴン）があり（図3-8-15）、現在も高い放射能汚染地帯のままに放置されている[85]。クルチャトフ研究所内に、核実験実行操作パネル（実物）が展示されていた（写真3-8-3）。操作スイッチを押したのは人間であり、放射能によって被曝者となったのも同じ人間である。カザフスタン共和国市民によって、旧ソ連の核実験場を閉鎖させる運動が展開された。カザフスタンの国民的歌手ローザ・リムバエバによって反戦歌「ザマナイ（ZAMAN-AI）」が歌われ、核実験場を閉鎖させる運動は「ザマナイ」の歌と共にカザフスタン全土に広がった。ザマナイはカザフ語で「ああ、時代」という意味をもち、"なんという酷い時代！"という意味がこめられている[86]。そして、ソ連崩壊の4ヶ月前、1991年8月29日に核実験場はついに閉鎖された。「ザマナイ」はCDになっており、日本語の歌詞（高橋朋子 訳）を次に示す。

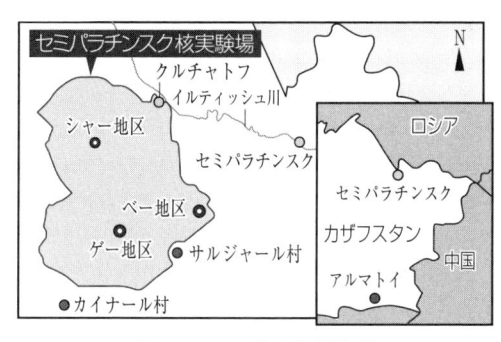

図 3-8-15　核実験場位置

1　健やかな子らは　なぜ消えた　風になびく髪は　なぜ消えた
　　心ないしうちよ　Zaman-ai　Zaman-ai　Zaman-ai
　　清き故郷は　なぜ消えた
　　哀れなるわが大地　数え切れぬ　爆発　閃光に　引き裂かれたわが心よ
2　父祖の眠る地を壊して　豊かな大地を汚して
　　罰として苦しみ続けよと　Zaman-ai　Zaman-ai
　　ひとの誇りよ　今いずこ
　　哀れなるわが大地　数え切れぬ　爆発　閃光に　引き裂かれたわが心よ
3　泉に毒を流すものよ　愛しき子らを奪うものよ
　　何故ふるさとを貶めるのか　Zaman-ai　Zaman-ai
　　恥じてこの身が地に埋まる
　　哀れなるわが大地　数え切れぬ　爆発　閃光に　引き裂かれたわが心よ
　　哀れなるわが大地　数え切れぬ　爆発　閃光に　引き裂かれたわがふるさとよ

【引用・参考文献】
1)　文部科学省編：小学校学習指導要領解説理科編（大日本図書　2009）
　　文部科学省編：中学校学習指導要領解説理科編（大日本図書　2009）
　　文部科学省編：高等学校学習指導要領解説理科編（実教出版　2009）
2)　桐山信一：小学校理科「物理・天文分野」の指導（大学教育出版　2011）
3)　吉川弘之他57名：未来へひろがるサイエンス3（啓林館、平成23年2月4日検定済中学校理科教科書　61 啓林館／理科 925）
4)　桐山信一：「Jの測定」における熱流失の検討と指導例　日本物理教育学会誌 42-1 (1994) pp.18-21.
5)　http://ja.wikipedia.org/wiki/% E3% 82% AA% E3% 83% BC% E3% 83% 88% E3% 83% 90% E3% 82% A4
6)　金工・機械「外燃機関」教材、ベビーエレファント製作説明書
7)　石坂善久：蒸気自動車を作ろう（1）(2) (3)、子供の科学、実験工房第56～58回
8)　黒川冨秋：日本物理学会第64回秋季大会講演予稿集 25aVE-3
9)　木立英行：水スターリング熱機関とその数学的モデル、日本物理教育学会近畿支部主催第26回物理教育研究集会発表予稿集　1995
10)　C. D. West: Principles and applications of Stirling engines (New York: Van NostrandReinhold COMPANY, 1986) pp.200-206.
11)　兵働務・米田裕彦：スターリングエンジン―その生い立ちと原理―（パワー社　1992）pp.71-82.
12)　木立英行ほか：熱力学教材研究としての水スターリング熱機関の数学モデル　大阪教育大

学紀要　第V部門　第45巻　第1号（1996）pp.47-56.
13)　桐山信一：水スターリング熱機関を用いた熱学分野の教材化　日本物理教育学会誌 47-3 (1999) pp.125-128.
14)　桐山信一：熱学分野の環境教育的な教材化の試み—熱学第2則の指導を通して—　日本物理教育学会誌　48-3 (2000) pp.214-219.
15)　桐山信一：前掲書5)
16)　桐山信一：第29回物理教育研究集会発表予稿集（日本物理教育学会近畿支部　1998) pp.39-42.
17)　桐山信一：第27回物理教育研究大会講演予稿集（日本物理教育学会　2010)、pp.20-21.
18)　桐山信一：水スターリング熱機関の観察を通した周期的動作の理解　日本物理教育学会誌 54-3 (2006) pp.183-188.
19)　桐山信一：水スターリング熱機関の水面振動の観察と教材化　近畿の物理教育　第17号 (2011) pp.20-25.
20)　前掲書13)
21)　桐山信一：第28回物理教育研究大会講演予稿集（日本物理教育学会　2011) pp.59-60.
22)　前掲書19)
23)　桐山信一：水スターリング熱機関の水面振動とその解析　創価大学教育学論集　第62号 (2011) pp.33-51.
24)　有山正孝：振動・波動（裳華房　1983) pp.24-25.
25)　C. D. West: Liquid Piston Stirling Engines, 1983, ISBN 0-442-29237-6　CHAP3
26)　槌田敦：熱学外論—生命・環境を含む開放系の熱理論—（朝倉書店　1992) p.109.
27)　宿谷昌則ほか：エクセルギーと環境の理論—流れ・循環のデザインとは何か—（北斗出版 2004) pp.216-221.
28)　フリー百科事典「ウィキペディア Wikipedia」など　http://ja.wikipedia.org/wiki/%E6%B0%B4%E9%A3%B2%E3%81%BF%E9%B3%A5
29)　P. E. Richmond: "The Thermodynamics of a Drinking Duck", Entropy in the school Proceedings of the 6th Danube Seminar on Physics Education sponsored by UNESCO, Balaton May 1983, pp.215-227.
30)　J. Guemez, C. Fiolhais: "Experiments with the drinking bird", Am. J. Phys. 71, pp.1257-1263.
31)　桐山信一、黒川冨秋：熱・エントロピー教材としての熱機関　エントロピー学会第28回全国シンポジウム京都大会予稿集　pp.54-57.
32)　トーマス・リー・バッキー　ジョセフ・P・ブランク補筆　小津次郎訳：アインシュタイン—ある個人的な回想録—　図書184号　1964年12月号
33)　前掲書30)
34)　黒川冨秋・桐山信一：環境の熱学モデルを理解するために—水飲み鳥のエントロピー生成

—エントロピー学会誌「えんとろぴい」第 65 号（2009.3）pp.145-151．
35)　AD595 データシート：http://www.analog.com/jp/
36)　石川産業株式会社（三鷹市新川 4-6-10）：
　　　http://www.ishikawa-sangyo.co.jp/products/thermocouples/index.html
37)　桐山信一：常温熱機関（水飲み鳥）の熱的特徴—学校理科の教材にするために—　創価大学教育学論集　第 61 号　2010　pp.33-50．
38)　信越化学工業　蒸気圧データ：
　　　http://www.shinetsu.co.jp/j/product/pvc_mechirenchro.shtml
39)　前掲書 34)
40)　戸田盛和：動くおもちゃ（日経サイエンス社 1983）pp.14-15．
41)　桐山信一：熱学分野の環境教育的教材化の試み—熱学第 2 則の指導を通して—　日本物理教育学会誌　48-3（2000）pp.214-219．
42)　Viorel I. MELNIG: NEW CONSIDERATION ON REAL HEAT ENGINES WHICH WORK IN A CLOSED THERMODYNAMIC CYCLE、
　　　ANALELE STIINTIFICE ALE UNIVERSITATII "AL, I. CUZA" DIN IASI Tomul XLIII-XLIV, s.I.b.fasc.2 FizicaSolidelor-FizicaTeoretica, 1997-1998
43)　桐山信一：常温熱機関「水飲み鳥」の周期的動作　近畿の物理教育 15（2009.3)、pp.8-13．
44)　http://www.drinkingbirdshop.com/index.htm　など
45)　槌田　敦：熱学外論（朝倉書店　1992）
46)　山本義隆：熱学思想の史的展開（現代数学社　1987）
47)　押田勇雄、藤城敏幸：熱力学（裳華房　1990）
48)　原島　鮮：熱学演習—熱力学—（裳華房　1990）
49)　奈良近代物理学史研究会編：高校生のための近代物理学史（私家版　2004）
50)　岡田康之：子供たちの素朴概念と科学概念の獲得　平成 8 年度小学校教育課程研究発表大会資料　平成 9 年 1 月　など
51)　山崎俊雄他 4 名：科学技術史概論（オーム社　1988)、p.24．
52)　ベッカー著、木下貫ほか訳：一般化学（上）（東京化学同人　2003）pp.307-310．
53)　高木仁三郎：元素の小事典（岩波書店　1991）pp.138-139．
54)　前掲 53）pp.98-99．
55)　読売新聞　2011 年 10 月 10 日（月）付
56)　前掲 53）pp.132-133．
57)　L．T．ブライド著、岡本剛監訳：新しい化学—生活環境と化学物質—（培風館、1997）pp.15-17．
58)　原子力資料情報室 HP: http://cnic.jp/modules/radioactivity/index.php/8.html
59)　朝日新聞：2011 年 10 月 12 日付
60)　朝日新聞出版：AERA　2011.6.27 号　pp.18-19．

61) JAPIC 医療用医薬品添付文書：
 http://www.genome.jp/kusuri/japic_med/show/00005848
62) 東京電力 HP　原子燃料サイクル：
 http://www.tepco.co.jp/nu/knowledge/cycle/index-j.html
63) バイザー著、佐藤猛ほか 3 名訳：再訂現代物理学の基礎（好学社　1981）pp.347-351.
64) 田中三彦著：原発はなぜ危険か―元設計技師の証言―（岩波書店　1991 年）、pp.2-4.
65) 朝日新聞　1988 年 6 月 29 日付
66) 原子力安全研究グループ HP：http://www.rri.kyoto-u.ac.jp/NSRG/index.html
67) 前掲 57) pp.38-39.
68) 同 pp.32-33.
69) 斉藤公明：原子力体験セミナーテキスト「放射線の人体への影響」　2002 年 8 月（財）放射線利用振興協会
70) 文部科学省放射線モニタリング情報・定時降下物のモニタリング：
 http://radioactivity.mext.go.jp/ja/monitoring_by_prefecture_fallout/index.html
71) 文部科学省による東京都及び神奈川県の航空機モニタリングの測定結果について 2011 年 10 月 6 日報道発表（測定は、9 月 14 ～ 18 日に実施）
 http://radioactivity.mext.go.jp/ja/1910/2011/10/1910_100601.pdf、12page/14page
72) 社団法人「日本土壌肥料学会」：原発事故関連情報（1）―放射性核種（セシウム）の土壌―作物（特に水稲）系での動きに関する基礎的知見―
 http://jssspn.jp/info/secretariat/post-15.html
73) ふくしま新発売「農林水産物モニタリング情報」：
 http://new-fukushima.jp/monitoring.php
74) 竹浪広美・島崎洋輔：2011 年度創価大学教育学部桐山ゼミ卒業論文
75) 鈴木悠紀・高橋大樹：2011 年度創価大学教育学部桐山ゼミ卒業論文
76) 竹井恵子・上ノ園芳樹：2011 年度創価大学教育学部桐山ゼミ卒業論文
77) 農林水産省「お茶の放射性セシウムの検出問題への対応等について」：
 http://www.maff.go.jp/j/kanbo/joho/saigai/tya_taiou.html
78) 勝川俊雄公式サイト「食品の放射性物質の暫定基準値はどうやって決まったか」：
 http://katukawa.com/
79) 原子力百科事典 ATOMICA：http://www.atomin.go.jp/atomica/index.html
80) 今中哲二「第 68 回原子力安全問題ゼミ資料」：
 http://www.rri.kyoto-u.ac.jp/NSRG/seminar/No68/Imnk68.html
81) 東京新聞　2011 年 6 月 16 日付：
 http://blog-imgs-44-origin.fc2.com/m/e/m/memolog177/20110616-11.jpg　など。
82) Medical and Biologic Medical and Biologic Effects of Environmental Pollutants18、和田攻ほか訳：環境汚染物質の生体への影響 18 気中粒子・状物質（東京化学同人　1986）pp.111-

113.

83) 福島第一原発事故　大気中の放射性ダストと鼻血（ノドの痛み）の関係について：
http://ameblo.jp/study2007/entry-10925145430.html
84) 唐澤克之：がんの放射線治療がよくわかる本（主婦と生活社　2009）p.144.
85) 中国新聞：21世紀　核時代　負の遺産［1］―土が水が　体むしばむ　説明も避難指導もなく― http://www.chugoku-np.co.jp/abom/nuclear_age/former_soviet/010916.html
86) ザマナイ―時代よ！― CD リリース：
http://blog.goo.ne.jp/song_of_eternity/e/54917583d68604ac87477cc9655765a2

第4章

生活科学的アプローチで培う科学的リテラシー
—学校理科のこれから—

1. 近代化による社会の行き詰まりと変革

　1976年頃、教育学者の村井 実はすでに、近代化を成就した日本社会に生じた社会的成熟と行き詰まり、それに対応する新しい教育上の対策の必要性を指摘していた。近代化による成熟の8つの現象は、科学技術の進歩と経済成長、政治・経済・産業の巨大組織化、都市化による連帯意識の衰え・核家族化、長寿化による時間的・経済的余裕の拡大、情報化、国際化による国際協調の自覚・国民的自覚、環境問題である[1]。その中で、3つ取り上げて紹介してみたい。

① 科学技術の進歩と経済成長にともなう不断に更新される知識・技術を繰り返し、新しく吸収すること。
② 社会の情報化により、国民は多種多様の情報への接触が可能になったが、情報を主体的に処理して、よりすぐれた生き方を創造していくこと。
③ 近代化にともなって生じた公害や環境破壊、近代化の物的思想的前提とされた天然資源自体の世界的枯渇に対処していくこと。

　村井は、文献1) で概要を次のように述べている。環境破壊と天然資源の世界的枯渇は人類の生存条件そのものを脅かす問題であり、単なる政治的あるいは経済的対策以上に、人間一人ひとりにおける自然、社会、および自己自身の生き方についての考え方の根本的な変革がなければならない。また、これらの近代化における「行き詰まり」を生んだものこそ、近代化を推進した中核の動力である過去の教育体制であった。変革に向けて要求される対応は、過去の教育体制の延長や拡大ではすまない。

　30年前の村井の指摘を、我々は真摯に受け取らねばならないのではなかろう

か。理科教育でいえば、過去の教育体制のソフトウェアであった"教えの文化"を、"研究の文化"に転換し、教育における科学的リテラシーの育成という人間形成を標榜していかねばならないと痛感される。

2. 科学的リテラシーの必要性—原子力教育の推進派シフト・世論操作から—

福島第1原子力発電所の原子炉溶融事故により、2011年9月現在においても、1～3号機から毎時2億ベクレルの放射性物質が外部へ放出され続けている。東京電力と政府は国民を被曝から守る義務を果たさず、事故の過小評価を印象づけるとともに、原子力発電を維持していく動きを強めているようにも見える。学校を原発安全神話の形成に利用してきたこともはっきりした。琉球新報の社説では、概要を次のように報道されている[2]。

福島第1原発事故の発生前、文部科学省と経済産業省が作製した小中学生向けエネルギー副読本に、原子力発電の安全性が誇大に記述されていた。小学生用の副読本「わくわく原子力ランド」、中学生用の副読本「チャレンジ！原子力ワールド」は「事故が起きないように、また起こったとしても人体や環境に悪影響をおよぼさないよう、何重にも対策が取られています」「大きな地震や津波にも耐えられるよう設計されている」と強調している。原発は生命をも脅かす危険な施設であり、安全性を疑問視する専門家が少なからず存在することにはまったく触れていない。

2012年度から使用される文部科学省検定済み高等学校理科教科書「物理基礎」における原子力エネルギーの単元で、温暖化ガス放出に関する記述を調べた。以下に記述されている文言を示す（原文ママ）。

ア）地球温暖化の原因といわれる二酸化炭素をほとんど発生させない[3]。
イ）原子力発電は化石燃料を使う火力発電と異なり、二酸化炭素などの排出ガスが生じないという長所をもっている[4]。
ウ）発電の過程で二酸化炭素が発生しないため、地球の温暖化に与える影響が小さいとされている[5]。

ア）イ）では虚偽が記されている。ウラン鉱石から燃料を作り、原発を建設して動かすには大量の化石燃料が必要であろう。また、30年以上かかるとされ

第 4 章　生活科学的アプローチで培う科学的リテラシー―学校理科のこれから―　　*191*

る福島第 1 原発の廃炉にも、巨大な化石燃料が必要となる。ウ）では、発電の過程以外ではどうなのかといった記述がまったくなく、切り取られた部分しか見ていない。このような欺瞞的記述のデタラメさを見抜く批判的検討精神（Critical Thinking）を養うのが、理科教育・科学教育の主たる使命ではなかろうか。

　九州電力は、2011 年 6 月、玄海原子力発電所 2、3 号機の運転再開に向け、経済産業省が主催し生放送された「佐賀県民向け説明会」実施にあたり、関連会社の社員らに運転再開を支持する文言の電子メールを投稿するよう指示する世論偽装工作を引き起こした（九州電力やらせメール事件）。この事件は、ガンジーの 7 つの罪で言えば「道徳なき商業」に値する社会的重罪である。さらに、この事件は、電力会社幹部社員という高度な理科教育・科学教育を受けたと思われる人々によって引き起こされている。とすれば、これまでの我が国の理科教育・科学教育における科学的リテラシーの欠落は慚愧に値する。

3．学校理科のこれから―生活科学的アプローチによる批判的思考の育成―

　英国の 21 世紀科学のホームページでは、科学的リテラシーを備えた人の特徴を次のように記している[6]。

- 日常生活に対する科学と技術の影響を評価し、理解することができる。
- 健康、食生活、エネルギー資源の利用などのような科学が関わる事例について、情報を踏まえた個人的な決定をすることができる。
- 科学が関わる問題に関するメディアのレポートを読み理解することができ、そのレポートに含まれる情報やそこには入っていない情報について、批判的考察ができる。
- 科学が関わる論争的問題について、他の人々との議論に自信を持って参加することができる。

以上のような、資質を養うには、第 1 章で示したような、教材を生徒の身近に現れる事象にしっかりと関連させながら「科学的に研究させる指導」が必要である。教えを中心に据える従来の学校理科的アプローチから、研究指導の生活科学的アプローチに転換させていかなければならない。そうでなければ、生徒に批判的思考は身に付かない。昭和初期の教育学者にして創価教育学会（現創価学会）創設者である牧口常三郎は、「……教育は知識の伝授が目的ではなく、学習法を指導することだ。研究を会得せしむることだ。知識の切売や注入ではない。自分

の力で知識することのできる方法を会得させること、知識の宝庫を開く鍵を与えることだ」(下線は筆者)と述べている[7]。そして、教育に世の批判が耐えないのは、教師の研究指導が足りないからであると、当時の教師の指導のあり方を批判している。牧口先生の指摘は、今日においても画期的な提案であって、日本における科学的リテラシーのルーツであると考えられる。

京大原子炉実験所の小出裕章は、次のように述べている[8]。

> 福島第1原発から放出された放射性物質は、県境を越えて日本中に広がっています。いや、国境さえも軽々と乗り越えて、世界中に広がっています。もはや地球上に、この汚染から逃れられる場所はないのです。放射能は目に見えないし感じることもできません。だからこそ行政はしっかりと線量を計測し、知らせなければなりません。そして、我々はどこにいようが、その数値に注意を払わなくてはならないんです。3・11を境に、私たちの世界はそんな場所に変わってしまった。そして私たちは、そこで生きていくしかないのです。(下線は筆者)

小出先生のこの文章は筆者の胸をえぐった。我々理科教師には、もはや面白い理科、楽しい理科といったものだけでは、教育の名に値しないと思われる。真摯に、批判的検討精神を養う科学的リテラシーを育成する指導方法を模索しなければならない。村井先生の指摘に帰るなら、原発を含むあらゆる"核"を世界からなくすことができたとき、人類は近代を越える文化を築きゆくスタート地点に立つものと筆者は考える。

【引用・参考文献】

1) 村井 実：教育学入門(下)(講談社学術文庫、1976)、pp208-210
2) 琉球新報「原子力教育 危険性教えなければ洗脳だ」、2011年9月25日付け：
   http://ryukyushimpo.jp/news/storyid-182043-storytopic-11.html
3) 佐藤文隆ほか：高等学校物理基礎、7実教 物基303、pp266-269
4) 高木堅志郎ほか：高等学校物理基礎、61啓林館 物基305、pp216-221
5) 中村英二ほか：高等学校物理基礎、183第一 物基309、pp261-265
6) 笠 潤平：「科学的リテラシーを目指す英国の義務教育の改革」、日本物理教育学会誌「物理教育」54-1(2006)、pp19-27
7) 牧口常三郎：創価教育学大系Ⅳ(聖教文庫146)、pp68-69
8) 週刊現代2011年7月2日号、p37

索　引

【あ行】

IEA　2
ICNIRP　35
アインシュタイン　57, 112
価電子　145
圧縮室　94, 105
アルカリ金属　148
アルカリ土類金属　149
アルケー　141
α 線　60
α 崩壊　154
生きる力　2, 21
移行係数　173
1サイクル　86, 136
ウラン　159
────濃縮　160
H管　97, 101
SAR　36
エックス線　58
エネルギー概念　73
エネルギーの学習　72
エネルギー保存則　74, 81, 86
LNTモデル　167, 182
エントロピー　132, 133, 134
────増大則　81
オゾン層　45

【か行】

加圧水型軽水炉　163
ガイガー計数器　64
外燃機関　82

概念の外延　99
概念の内包　99
外部被曝　62, 175
科学的リテラシー　18, 19, 191
可逆過程　126
可逆熱機関　122, 131
拡散現象　126
核子　151
確定的影響　167
核分裂　161
確率的影響　167
核力　151
家政学　15
家政学部　15
学校理科的アプローチ　18
活用　23
家庭科　14, 15
カルノー　129
────効率　92, 130, 133
────サイクル　124, 129
────定理　130, 131
────熱機関　91
────理論　90
カロリー　73
カロリック　91
環境　132
換算熱量　131
ガンジー　191
ガンマ線（γ線）　58, 60
技術科　14
基底状態　60

軌道電子　59
逆命題　127
吸収線量　61, 179
キュリー夫妻　60
凝縮熱　121
強制移住　173
共鳴管　94, 97, 107
局所吸収基準　36
空間線量率　64, 67
屈折法則　27
クラウジウス　126
──の原理　126, 129
クラッチ　84
クルチャトフ　182
グレイ　61
クロスカリキュラム　46, 49
軽水炉　163
携帯電話　43
ゲイリュサック・シャルルの法則　88
結合エネルギー　152
限界波長　54
原子　142, 143
──核　143, 151
──核変換　161
──爆弾　153, 164
──番号　143
研修講座　54
検証実験　22
元素変換　141
小出裕章　192
コイル　32
降下　91
高周波電磁波　34

甲状腺　149
光電効果　28, 51, 57
行動障害　39
誤概念　73
固形ガン　167
固有周波数　33
固有振動　107
孤立系　132
コンデンサー　32, 51

【さ行】

最外殻電子　145
再生器　94, 96
最大効率　139
最大仕事　133
定積気体温度計　90
殺菌灯　54
サディ・カルノー　90
ザマナイ　183
暫定基準値　173, 175
散乱紫外線　48
シーベルト　61
JCO事故　61
J. P. ジュール　79
磁界　29, 32
──強度　43
紫外線　45
磁極　29
刺激作用　34
自然放射線　61
実効線量係数　178, 181
質量数　143
周期的動作　93, 104, 106

索引 195

周期律表　146
自由電子　30
周波数　34
十分条件　127
自由膨張　125, 134
ジュール　61
主量子数　144
常温熱　121, 133
蒸気圧　119
蒸気機関　81, 82
条件制御　13
蒸発熱　119, 121
ジョージ・スチーブンソン　82
食物汚染　176
シンチレーション計数器　64
振動数　57
水素爆発　166
スターリン　182
スターリング　93
———熱機関　93
ストロンチウム　149
スネルの法則　27
生活科学　16
———的アプローチ　18, 23, 111
———部　16
生活学　17
静電気　30, 54
———力　30
静電誘導　30
生物学的効果比　169
セシウム　148
ゼノタイム　65
セミパラチンスク核実験場　182

遷移　60
———元素　146
線量当量　61, 180
相対湿度　112
素朴概念　73

【た行】
第1種永久機関　126
第2種永久機関　126
対偶命題　127
帯電系列　54
ダイポールアンテナ　33
太陽紫外線　45
WHO　35
多面的推論　13
単巻可変変圧器　42
探究実験　22
断熱圧縮　95
断熱膨張　95
注意欠陥・多動　39
抽出　13
中性子　143
直射紫外線　48
直流電流　32
DNA　169
定圧気体温度計　90, 101
低圧水銀灯　56
低周波磁場　40
低周波電磁波　34, 37
ディスプレーサピストン　94
デモクリトス　143
電界　30, 31, 32
電気振動回路　33

電気分解　101
電気容量　52
電気力線　31
典型元素　146
電子殻　145
電子軌道　145
電子顕微鏡　58
電子注入器　54
電磁波　24, 32, 34
電子配置　144
電磁波過敏症　39
電磁波測定器　40
電磁波による発がん　35
電磁誘導　32
天然ウラン　160
電波防護指針　36
電離放射線　58
等温圧縮　95
等温膨張　95
同位体　60, 143
同値　127
等電位面　31
都市温暖化　135
土壌汚染　169, 171, 176
凸レンズ　27
トムソン　126
　———の原理　126, 129

【な行】

内燃機関　82
内部被曝　62, 175
内容知　22
波　23, 24

日本家政学会　16
日本生活学　17
ニューコメン　82
熱汚染　75
熱学第1法則　74, 81, 126
熱学第2法則　126, 129
熱機関　81, 82, 109
　———の概念　98
熱効率　75, 100
熱作用　34
熱素　91
熱伝達率　80
熱伝導　121
熱の降下　75
熱の仕事当量　74, 76, 78, 79
熱量　73
　———概念　73
　———保存則　74
燃焼熱　86, 100
濃縮ウラン　160
箔検電器　30, 51

【は行】

波長　34
白血球　178
パラケルスス　140
バリコン　52
ハロゲン　149
パワーピストン　94, 101
半減期　61, 155, 157
反射法則　27
半導体検出器　64
PISA　18

pV 図　106
比較　13
光速度　34, 58
光量子　57
─── 仮説　57
比吸収率　36
必要条件　127
非電離放射線　58
比熱　76
火花放電　24
皮膚がん　55
不可逆過程　125
不可逆熱機関　131
物質循環　135
沸騰水型軽水炉　163
物理Ⅱ　51
物理基礎　28
物理離れ　7, 12
フライホイール　85
ブラックアウト　166
ブラックライト　46
プランク定数　57
プルサーマル　161
プルトニウム　161
β 線　60
β 崩壊　153
ベクレル　60, 157
ベビーエレファント　83
ヘルツ　57
変動磁界　40, 41, 42, 43
ボイルの法則　88
崩壊系列　60
崩壊定数　156, 157

崩壊熱　166
放射性核種　155
放射性降下物　169
放射性鉱物　65
放射性セシウム　173, 176
放射性同位体　60, 143
放射性物質　60
放射性崩壊　60
放射性ヨウ素　179
放射線　28
─── 荷重係数　169
─── 計測協会　62
放射能　60
膨張室　94, 105
方法知　23

【ま行】
マイクロ波　34, 40
─── 強度　43
─── の影響　37
─── の遮蔽効果　44
前概念　73
牧口常三郎　191
摩擦力　86
水飲み鳥　109, 117
村井実　189
目盛り付き箔検電器　56
問題解決学習　21

【や行】
有効数字　50
UV-A　58
UV-C　58

UV-B　45, 49, 58
ゆとり　2
陽子　143
ヨウ素　149
要素過程　94
預託実効線量　177
予防原則　36, 45

【ら行】
ランキンサイクル　122
理科離れ　9, 10
リスク評価　45
理想気体　89
理想スターリングサイクル　94, 122
リッター　46
粒子　23, 24
──の学習　72
──モデル　27, 72, 141
流体摩擦の実験　80
理論効率　139
臨界　162
──量　163
励起状態　60
冷却曲線　77, 78
励振　94, 97
劣化ウラン　160
レナード　57
錬金術　140
連鎖反応　162
レントゲン　59, 157
ローザ・リムバエバ　183
炉心溶融　166

■著者紹介

桐山　信一　（きりやま　のぶかず）

奈良県立畝傍高等学校卒業
広島大学大学院理学研究科物性学専攻博士課程前期修了
博士（学校教育学）
公立高等学校理科教諭（物理）、教育研究所研究指導主事（理科）
などを歴任
創価大学教職研究科教授

専門：環境物理／教育
興味ある分野：エントロピー論、天体観測
所属学会：日本物理学会、日本物理教育学会、日本環境教育学会、
　　　　　エントロピー学会

学校理科で探究する生活科学
― 生活科学的アプローチによる学校理科の学習転換 ―
【エネルギー・電磁波・放射能】

2012年4月30日　初版第1刷発行

- ■著　　者 ── 桐山信一
- ■発 行 者 ── 佐藤　守
- ■発 行 所 ── 株式会社　大学教育出版
　　　　　　　〒700-0953　岡山市南区西市855-4
　　　　　　　電話 (086) 244-1268　FAX (086) 246-0294
- ■印刷製本 ── モリモト印刷㈱

© Nobukazu Kiriyama 2012, Printed in Japan
検印省略　　落丁・乱丁本はお取り替えいたします。
本書のコピー・スキャン・デジタル化等の無断複製は著作権法上での例外を除き禁じられています。本書を代行業者等の第三者に依頼してスキャンやデジタル化することは、たとえ個人や家庭内での利用でも著作権法違反です。
ISBN978-4-86429-143-9